최진기의
글로벌
경제특강

최진기의
글로벌
경제특강

살아 있는, 삶에 유용한 경제 이야기

최진기 지음

글로벌 경제의 틀을 통해 세상을 보는 안목을 넓혀라!

글로벌 경제를 왜 알아야 하는 걸까

경제를 알아야 한다는 이야기를 많이 듣습니다. 이 당연한 듯한 말에 잠시 의문을 품어봅시다. 경제를 알면 무엇이 도움이 되길래, 이렇게 경제를 알아야 한다고들 하는 것일까요? 아무래도 경제가 돈과 관련된 학문이다 보니, 경제를 잘 알면 우리 주머니 경제에 조금이라도 도움이 될까 하는 희망 때문일까요?

하지만 유명한 경제학자들의 삶을 보면 꼭 그런 것 같지도 않습니다. 칼 마르크스 같은 세기적 천재 경제학자는 말년에 굶어 죽었고, 거시경제학의 얼개를 거의 그리다시피 한 어빙 피셔는 주식투자로 파산하고 거의 백 년이 다 되어가도록 놀림감이 되고 있습니다. 경제학자들 중에서 정말 부자가 된 사람은 리카르도와 케인즈 정도가 생각이 나지만, 이 천재들은 굳이 경제학을 공부하지 않았더라도 부자가 되었을 것 같습니다. 특히나 글로벌 경제를 공부한다는 것은 더욱 의문입니다. 하루 살아가는 것도 숨이 턱턱 막히는 판국에 남의 나라 경제를 알아간다고 해서 도대체 무슨 도움이 될 수 있을까요? 유럽의 재정위기가 심각하다느니, 중국의 부동산 거품이 언제 터질 것이라느니 하는 이야기들은 언뜻 우리의 삶과 저 멀리 떨어져 있는 이야기일 수도 있습니다.

그렇지만 한편으로는 그런 뉴스들에 의문을 품을 수도 있습니다. 왜 그리스 국민들은 허구한 날 거리로 뛰쳐나와 짱돌을 던지는지, 몇 년 전까지만 해도 그렇게 가난하다던 중국이 어떻게 이렇게 부자행세를 하고 있는지, 세계 최강국이라던 미국이 어쩌다가 저렇게 위기에 빠져들었는지, 도대체 일본은 어떻게 저렇게 부자나라가 되었고 어쩌다가 잃어버린 10년 소리를 듣게 되었는지. 늘 듣는 경제뉴스들은 한 꺼풀만 벗겨보면 그 속에 참 많은 이야기들이 담겨 있습니다.

평범한 사람들이 이해할 수 있는 경제학

매일 쏟아지는 경제뉴스의 한 겹 아래에 있는 그 이야기를 여러분과 나누고 싶었습니다. 책의 제목을 『글로벌 경제특강』이라고 지었지만, 사실 이 책의 진짜 내용은 우리를 둘러싼 세계가 어떻게 흘러가고 있는지에 대한 큰 그림을 알아보자는 것입니다. 수많은 경제학자들이 수천 편의 논문을 출간하고, 증권회사에서는 매일매일 수많은 분석 자료들을 발표하고, 각종 경제단체들도 리포트를 쏟아냅니다. 그 수많은 뉴스와 리포트들의 더미에서 우리가 정말 근본적으로 느끼는 의문점들을 '평범한 사람이 이해할 수 있는 말'로 나누는 것이 이 책의 목적입니다.

경제학 교과서를 보면 많은 연습문제들이 있고, 이 문제를 잘 푸는 사람들은 경제학 시험을 잘 치를 수 있습니다. 그런데 경제학 시험에서 높은 점수를 받는 것이 '경제를 잘 이해'하는 것과 똑같은 것 같지는 않습니다. 현실 속의 시장 경제는 교과서의 복잡하고 어려운 연습문제보다 훨씬 더 살아 있기 때문입니다. 이 책은 여러 가지 경제이론을 다루지만, 그 이론을 외울 필요는 전혀 없습니다.

요동치는 정치형국과 시시각각 변하는 북한과 주변 강대국의 이해관계에 우리는 놓여 있습니다. 그래서 이 책 『최진기의 글로벌 경제특강』을 쓰기로 마음먹었습니다. 그간 경제 기초와 경제 상식에 대한 책을 썼기에 복잡한 국제 형세와 자국의 이익에 목숨을 거는 나라 간의 살벌한 사정 속에서 '글로벌 경제'를 알지 못하고는 서민의 삶이 행복해지기 어렵다는 확신이 들었기 때문입니다.

미국이 들썩거리고 중국이 기침을 크게 하면 왜 우리 경제가 요동치는지 알아야 합니다. 다른 나라가 잘되면 부러워하고 안 되면 고소해하는 것으로 그칠 일이 아니란 소리입니다. 그 나라에서 날갯짓하는 크고 작은 나비들에 대해 우리는 철저히 대비하고 분석해야만 합니다. 그것이 불황기에 우리가 버티고 살아가는 강력한 힘이 될 것입니다.

세상을 보는 안목을 넓히고 지적인 재미를 느끼자

이 책에서 제가 그동안 썼던 경제학 책과 강의의 모든 노하우를 집대성하려고 애썼습니다. 무엇보다 최진기 경제학의 특징인 쉽고! 재미있게! 실생활에 당장 써먹을 수 있는! 생생한! 시민의 눈으로 바라본! 글로벌 경제를 말하고자 노력했습니다.

이 책은 크게 "미국, 중국, 유럽, 일본의 경제는 어떻게 형성되었고, 어디로 나아가는 것인가?"라는 질문에서 출발합니다. 그 질문에 대한 답을 찾아가는 과정으로 이 책이 쓰였습니다. 독자 여러분들도 역시 많은 질문들을 스스로에게 던져보시고 그 해답을 함께 생각해보셨으면 합니다. 그 과정에서 큰 지적 흥미를 느끼실 것이라고 확실하게 말씀드릴 수 있습니다. 이 책은 그 흥미를 돕기 위해서 썼습니다. 글로벌 경제의 미래를 족집게처럼 맞추는 것도 아니고, 경제위기의 해법을 정답으로 제시하는 것도 목적이 아닙니다. 먼저 글로벌 경제라는 틀을 통해 세상을 보는 안목을 넓히면서 지적인 재미를 느껴보자는 것이 진짜 목적입니다. 글로벌 경제는 우리가 목격할 수 있는 가장 스펙터클한 드라마라고 해도 좋습니다. 일단 그 드라마를 즐겨보자는 것입니다. 그 드라마 속에는 도덕적 교훈도 있고, 철저한 논리에 기반을 둔 학문적 체계도 있습니다.

아무리 좋은 내용이라도 독자 여러분이 조금이라도 이해가 가지 않는다면 소용이 없다고 생각했습니다. 그래서 최대한 쉽게 풀어쓰면서 책 속의 어려운 경제용어를 따로 수록했고, 강의 동영상을 통해 눈으로 보고 귀로 듣는 입체적인 학습이 가능하도록 하는 데 가장 중점을 두었습니다. 그러므로 소설을 읽듯 쭉 읽어나가시길 바랍니다. 그러면 자신도 모르는 사이 어느새 한눈에 쫙 펼쳐지는 글로벌 경제를 보시게 될 것입니다.

글로벌 경제는 늘 위험한 순간들을 마주쳐왔고, 불굴의 노력으로 이를 극복해왔습니다. 지금도 마찬가지입니다. 글로벌 경제가 거쳐 온 그 거대한 풍랑의 실체를 조금이라도 더 구체적으로 이해하고 우리 삶의 중심을 잡는 데 도움이 될 수 있다면 이 책의 실용적 목적도 충분히 달성된 것입니다. 이 책을 통해 많은 분들이 글로벌 경제가 더이상 복잡하고 어려운 강 건너 남의 일이 아님을 느끼셨으면 좋겠습니다. 이제 시작입니다. 글로벌 경제의 맥을 파악하고 우리 경제를 보는 독자 여러분의 눈이 더욱 폭넓어지기를 바랍니다. 아무쪼록 예측하기 어려운 혼돈의 이 시기에 글로벌 경제의 기초를 튼튼하게 쌓으시길 바랍니다.

2013년 4월
최진기 경제연구소 대표 최진기

Part 2. / **중국** 경제특강
China Economy

Part 3. /

유럽 경제특강
Europe Economy

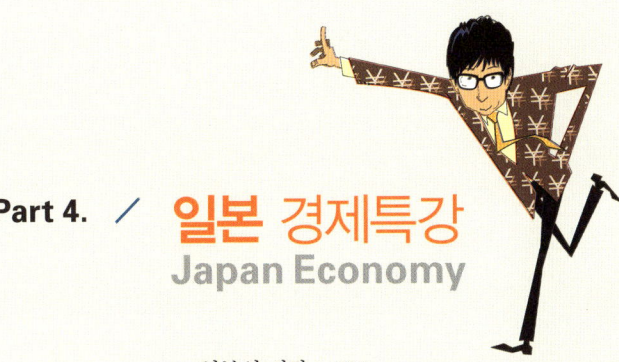

Part 4. / # 일본 경제특강
Japan Economy

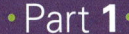

·Part **1**·

미국 경제특강

미국은 어떤 나라인가 | 미국은 어떻게 세계 유일강국이 되었나 | 대공황은 어떻게
터지게 되었나 | 미국 대공황은 왜 세계적 공황으로 커져버렸나 | 대공황 극복을
위한 노력 | 미국의 힘, 어떻게 약해졌나 | 2008년 금융위기, 어떻게 터졌나 | 그린
스펀은 어떻게 미국경제를 이끌었나 | 리먼 브라더스 파산은 어떻게 일어났나 | 대
공황과 2008년 금융위기는 얼마나 닮았나

America
Economy

미국은 어떤 나라인가

인터넷상에서 미국을 부르는 별명이 있습니다. 많이들 아시겠지만, 천조국이라 부르지요. 한 해 국방예산으로 무려 1,000조 원을 쓰는 나라라고 해서 천조국입니다. 2011년을 기준으로 하면 미국은 총 7,080억 달러의 국방예산을 썼고, 환율을 1,200원으로 따져보면 대략 849조 원 정도가 됩니다. 이러니 천조국이라는 별명이 무리한 것도 아닙니다.

원래 천조국이라는 말은 국어사전에도 안 나오는 말입니다. 대략 고대 중국의 당나라나 명나라 같은 나라가 천千 개의 나라에서 조공朝貢을 받는 나라라는 의미로 쓰이는 것 같은데, 인터넷상의 천조국은 그냥 千兆國, 즉 천조 원씩 돈을

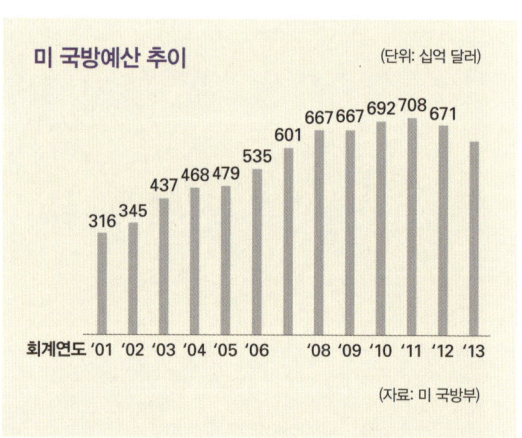

미 국방예산 추이 (단위: 십억 달러)

회계연도 '01 '02 '03 '04 '05 '06 '08 '09 '10 '11 '12 '13

316 345 437 468 479 535 601 667 667 692 708 671

(자료: 미 국방부)

평펑 써대는 나라라는 뜻입니다. 대단하다는 뜻이거나 쓸데없이 돈만 많이 쓴다는 식으로 비꼬는 의미로도 쓰입니다. 천조 원이라는 돈의 단위가 이곳저곳에서 쓰이는 나라는 사실 미국밖에는 없죠. 그래서 미국의 별명이 천조국이 되어버렸습니다.

미국의 국방예산은 당연히 압도적인 세계 1위이며, 2위부터 26위 국가를 모두 합쳐도 미국 1개국의 국방예산을 따라잡지 못합니다. 세계에서 두 번째로 많은 돈을 국방에 쓰는 중국도 미국에 비하면 12분의 1에 불과합니다. 미국 혼자서 전 세계 국방예산의 42%를 쓰는 나라입니다. 더 웃긴 것은 2위부터 26위 국가 중에 25개 국가가 미국의 우방국가라는 점입니다. 도대체 왜 이렇게 많은 돈을 국방에 쏟아부어야 하는지 이해되지 않는 구조이긴 하지만 어쨌든 미국은 이렇게 국방예산을 쓰고 있습니다.

군비 지출 상위 10개국

(단위: 달러)

순위	국가	군비(세계총액 대비)
1	미국	6,070억(41.5%)
2	중국	849억(5.8%)
3	프랑스	657억(4.5%)
4	영국	653억(4.5%)
5	러시아	586억(4.0%)
6	독일	468억(3.2%)
7	일본	463억(3.2%)
8	이탈리아	406억(2.8%)
9	사우디아라비아	382억(2.6%)
10	인도	300억(2.1%)

(자료: 스톡홀름 평화연구소)

그런데 국방예산만 이렇게 엄청나게 쓰는 게 아니지요. 미국의 연간 예산규모는 2013년 규모로 3.8조 달러에 달합니다. 이 중에서 9천억 달러는 세금에서 메꿀 수가 없어서 국채를 발행해서 빌려 쓰고 있는 형편입니다. 총 예산의 25%가 구멍이 나는 어이없는 적자예산 국가입니다. 이게 올 한 해만 이런 상황이 된 것이 아닙니다. 클린턴 시절에 잠깐 정부재정이 아주 조금 흑자가 난 적이 있지만, 그 이후로 한 번도 흑자는커녕 균형예산 비슷한 것도 한 적이 없었습니다. 부시정권 8년 내내 적자였고, 2008년 리먼 브라더스의 파산 이후에는 금융기관 살리느라 정부재정을 마구 퍼부어서는 오바마 시절의 예산표는 적자규모가 천문학적으로 늘어나 버렸습니다.

미 재정적자 추이

(단위: 십억 달러)

2002	2003	2004	2005	2006	2007	2008	2009	2010	2011	2012
-158	-378	-413	-318	-248	-161	-459	-1,413	-1,294	-1,645	-1,101

(자료: 미 의회예산국CBO)

　　정부만 적자인 것이 아닙니다. 민간 부분의 적자도 입이 떡 벌어집니다. 일단 미국은 세계 4위의 수출국가입니다. 세계 유일의 초강대국 천조국이라 하지만, 수출 순위로 따져보면 중국, 독일, 일본 다음으로 처지는 4위 수출국입니다. 물론 수입은 압도적으로 1위입니다.

미국 무역적자액

(단위: 억 달러)

	2007년	2008년	2009년	2010년	2011년	2012년
수출	11,481	12,874	10,560	12,782	14,804	12,856
수입	19,569	21,036	15,596	19,131	22,078	19,040
무역적자	−8,088	−8,162	−5,036	−6,349	−7,274	−6,184

(자료: 미국 상무부, 2012년은 1월부터 10월까지 합산)

　　뭐 이런 표만 보시면 감이 잘 안 오시겠지요? 우리나라 연간 수출액을 달러로 환산하면 2011년 기준으로 약 5,500억 달러입니다. 수입은 5,200억 달러였고 연간 300억 달러의 무역수지 흑자를 기록했습니다.

그런데 미국은 무역수지 적자만 2011년도에 7,274억 달러입니다. 대한민국이 그렇게 작은 나라가 아닙니다. 휴대폰 수출 세계 1위 국가에 자동차 수출 세계 4위 국가입니다. 연간 무역규모로 따지자면 우리나라는 세계 7위 또는 8위권의 대국입니다. 이런 나라의 수출규모보다 미국의 적자규모가 훨씬 더 큽니다. 뭐 그럴 수도 있겠지요. 그러나 미국의 무역수지 적자는 그냥 많다는 정도가 아닙니다. 아니, 좀더 정확하게 말하자면 전 세계에서 무역수지 적자를 내는 국가는 그냥 미국 한 나라밖에 없다고 해도 과언이 아닙니다.

세계 주요국가 무역규모

(단위 : 백만 불)

	국가	수출	수입	무역수지
1	중국	1,901,480	1,741,450	160,030
2	미국	1,480,730	2,265,010	−784,280
3	독일	1,391,940	1,239,710	152,230
4	일본	824,426	854,740	−30,314
5	네덜란드	655,413	593,963	61,450
6	프랑스	584,441	701,015	−116,574
7	한국	562,462	524,436	38,026
8	러시아	495,928	295,359	200,569
9	이탈리아	515,414	525,013	−9,599

(자료: 한국 무역협회 · KITA.net)

전 세계 무역수지 적자가 100이라면 미국 혼자서 61%를 차지하고 있습니다. 미국 이외에 무역수지 적자를 기록하는 나라는 유럽의 일부 국가(스페인) 정도밖에 없습니다. 왼쪽의 표에서는 일본도 무역수지 적자가 나오는 걸로 되어 있는데, 이 부분은 일본 편에서 다시 살펴보도록 하겠습니다. 일본의 2011년도 무역수지 적자는 31년 만에 최초로 적자가 난 것입니다. 물론 그동안 일본은 세계 최대 무역수지 흑자국의 면모를 지켜왔으나, 최근에는 중국의 부상과 함께 무역수지 적자까지 기록하게 되었습니다. 자세한 이야기는 일본 편에서 다시 하도록 하겠습니다.

현재 세계의 무역구조를 아주 단순화시켜서 말한다면, 미국은
죽으라고 수입만 와장창 해서 펑펑 쓰고 있고, 다른 나라들은 미국만 쳐
다보면서 주구장창 수출만 해대는 구조라고 볼 수 있습니다. 이를 그래
프로 그려보면 다음과 같습니다.

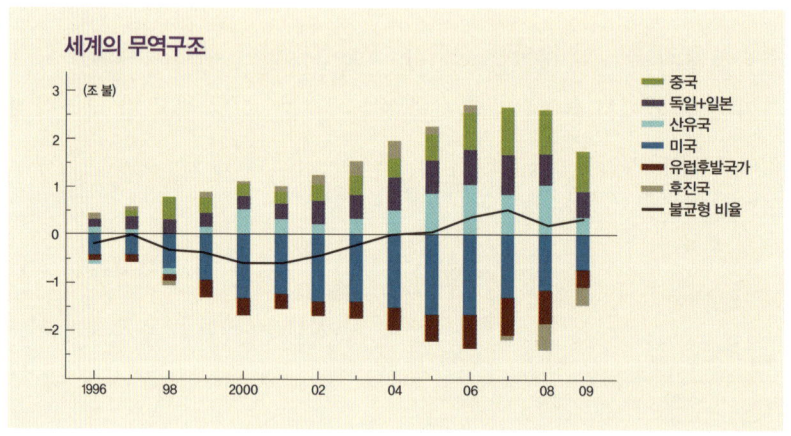

이 그래프에서 아래는 적자를 보는 국가들이고, 위로는 흑자를
보는 국가들입니다. 적자 국가로는 미국이 거의 유일하다고 봐도 무방하
지요? 그리고 미국에 대해서는 중동 산유국들과 독일, 일본, 중국, 신흥
산업국들이 엄청나게 수출을 해대고 있는 모습입니다.

아시아 국가들만 모아서 보면 오른쪽 그래프와 같은 구조입니다.

동아시아 국가들은 대부분 수출주도의 경제구조를 가지고 있습
니다. 특히 한중일이 대표적이지요. 이들 나라의 주 수출 타깃은 역시나

미국입니다. 미국의 수입이 동아시아 국가를 먹여 살리고 있다 해도 과언
이 아니지요.

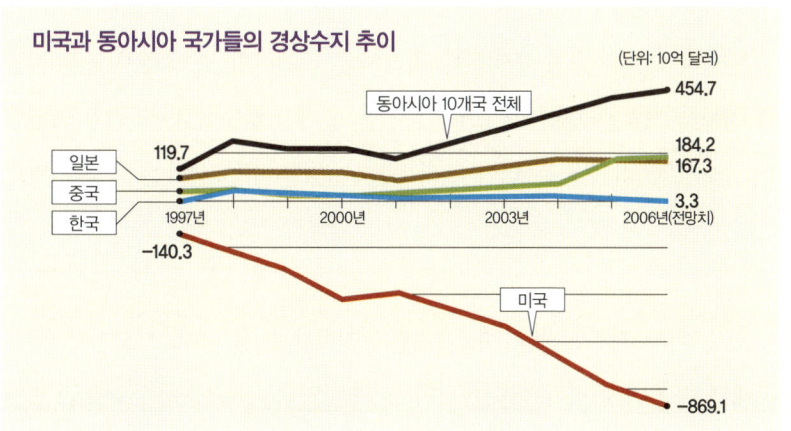

이게 현재 세계 무역의 구조입니다. 큰 특징이 두 가지 있습니다.
첫 번째는 아까 이야기한 대로 미국만 수입을 해대는 구조라는 것입니다.
두 번째로는 미국의 무역수지 적자는 점점 커지고, 그 외의 국가들은 점
점 수출을 더 많이 하고 있다는 것입니다. 위의 그래프에서는 아래위의
범위가 점점 넓어지고 있지요? 이건 수입국은 수입이 더 늘어만 가고 있
고, 수출국도 마찬가지로 수출이 더 늘어만 가고 있다는 것입니다.

이런 구조가 계속될 수 있을까요? 미국은 계속 수입을 더 늘려
가고, 중국을 비롯한 다른 산업국들은 수출을 더 늘려만 가고. 언뜻 듣
기에도 좀 이상하지요? 미국이 수입을 계속하려면 돈이 있어야 하는데,
무슨 돈이 있어서 이렇게 수십 년 동안 수입만 주구장창 할 수 있단 말입
니까? 수출국가에서도 물건은 실컷 만들어서 미국에 보내놨는데, 미국
에 돈이 떨어진다면 어떻게 물건 값을 받을 수 있겠습니까? 당연히 이런

의문이 들겠지요?

이 당연한 의문이야말로 현재 미국 경제가 가지고 있는 가장 근본적인 문제점을 가장 간명하게 지적하는 것입니다. 도대체 미국은 어떻게 이렇게 적자를 펑펑 내가면서 물건을 쓰기만 하고 있는 것인가 말입니다. 그리고 이런 구조는 얼마나 지속될 수 있을 것인가 하는 의문이 바로 미국 경제의 미래를 바라보는 근본적인 질문인 것입니다.

미국 정부는 정부대로 매년 엄청나게 돈을 써대고 모자란 돈은 국채를 마구 찍어서 팔아먹습니다. 미국의 민간부문에서도 수출로 벌어들이는 것보다 50%나 더 많은 돈을 수입에 쓰고 있습니다. 이게 한두 해 계속된 것이 아니라, 클린턴 이후로 무려 12년 동안 계속되어 왔고, 점점 심해지고 있습니다.

이런 구조에 힘입어 중국과 한국은 엄청난 성장을 할 수 있었습니다. 미국이 계속 물건을 사주니, 열심히 팔아서 엄청나게 돈을 번 것입니다. 중국은 지난 10년 동안 GDP가 네 배 커졌습니다. 한국도 마찬가지입니다. 그러나 중국은 인구 13억의 대국이지요. 이런 대국이 이만큼 엄청난 성장을 할 수 있었던 것은 바로 미국을 중심으로 한 글로벌 불균형 구조가 있었기 때문입니다.

미국은 천조 원의 국방예산을 쓰면서 전 세계 어디든 자기들의 초강력 군대를 파견할 수 있는 힘을 가졌습니다. 그러나 그 반대급부로 역시나 매년 천조 원의 재정적자를 보고, 천조 원의 무역수지 적자를 보고 있습니다(국방예산 8천억 달러, 재정적자 7천억 달러, 무역수지 적자 7천억 달러). 국방예산만 천조국이 아닌 것입니다. 뭘로 보나 천조국입니다. 국방예산, 재정적자, 무역적자 부분에서도 천조국이군요. 여기에 미국인들이 건강보험에 쓰이는 예산만 2.6조 달러이니, 이거 하나만으로 3천조 원이 넘게 되는군요. 우리나라 연간 GDP는 1,200조 원 정도(2011년 1,237조 원이고 2012년도 비슷할 전망입니다)가 되고, 연간 예산은 340조 원 정도입니다.

자, 이제 천조국 미국 경제를 이야기하기 위한 질문이 마련되었습니다. 도대체 미국은 어쩌다가 이렇게 되었을까요? 아니 그보다 먼저 미국은 무슨 힘으로 천조국의 위엄을 세울 수 있었을까요? 그럼 당연히 남는 의문은 미국의 위엄은 계속될 수 있을까 하는 것입니다. 미국의 과거와 현재, 미래를 살펴보는 것은 세계경제의 흐름을 짚어나가는 데 가장 중요한 맥락이 될 것입니다.

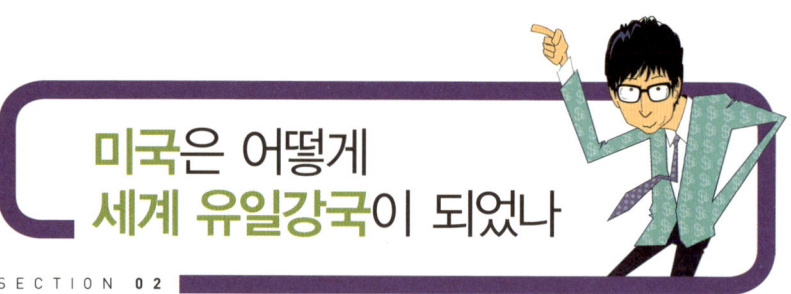

미국은 어떻게 세계 유일강국이 되었나

미국이 세계 최강대국이라는 것을 모르는 사람은 아무도 없습니다. 그런데 어떻게 미국이 이렇게 부자나라가 되었는지를 물으면 대답은 대략 비슷합니다. 풍부한 지하자원에, 우수한 과학기술이 더해져서 이렇게 되었다고 대답할 수 있습니다. 물론 맞는 말입니다. 그러나 이런 대답만으로는 충분하지 않겠지요. 미국보다 지하자원이 더 풍부한 나라도 많고, 미국보다 과학기술이 더 뛰어났던 나라도 많습니다. 미국 경제의 힘은 보다 깊은 곳에 있습니다.

이민자들의 나라, 미국은 영국과 독립전쟁을 벌여 승리했습니다. 이어 아메리카 인디언들을 말 그대로 학살하면서 영토를 넓혀나갔고, 남북전쟁으로 나라가 초토화되기도 했었습니다. 그런 역사를 딛고 미국은 20세기를 맞이합니다. 20세기 초엽에 벌어진 1차 세계대전은 미국 경제로서는 엄청난 기회가 되지요. 그간 초강대국이었던 유럽의 강국들이 전쟁으로 기진맥진해 있는 동안, 미국은 전쟁에 휘말리지도 않았고 유럽 각국에 군수품을 팔아대느라 경제는 대호황을 기록합니다. 미국도 참전해서 수만 명의 희생자를 낳기는 했지만, 천만 명씩 전장에서 죽어나간 유럽의 피해와는 비교할 수 없었습니다.

미국이 세계 초강대국으로 일어선 것도 1차 세계대전 이후입니다. 1차대전 이전까지 세계경제의 패권은 영국에게 있었고, 국제적인 기축통화도 영국파운드화였습니다만, 전쟁으로 영국과 프랑스가 동반 몰락하고, 신흥강국 미국이 세계 최강대국으로 떠오르게 된 것입니다.

1차 세계대전이 끝나고, 희망과 풍요로 가득한 세상이 열립니다. 포드는 자동차를 대중화시켰고, 린드버그는 대서양을 횡단하는 비행을 하고, 라디오가 배급되기 시작한 때입니다. 1920년대는 미국뿐 아니라 서구세계가 전후회복기의 황금시기를 보내던 때입니다. 이 시기를 일컬어 재즈시대라고 부르기도 하고 도금시대라고 부르기도 합니다.

재즈시대라는 말은 당시 재즈음악이 유행을 해서 붙여진 것이라 이해할 수 있는데, 도금시대란 말은 어떤 뜻일까요? 황금시대라면 그런가 보다 싶은데, 도금시대란 말은 좀 이상하지요? 겉보기로는 황금 같아 보이지만, 실제로는 얇은 도금만 입힌 그런 시대라는 뜻이겠지요?

도금시대The Gilded Age라는 말은 원래 마크 트웨인이 1873년에 쓴 소설 제목입니다. 남북전쟁 이후, 황금만능주의에 빠져든 미국 사회가 얼마나 위선에 가득 차 있는지를 묘사한 소설입니다. 이 소설 제목을 언론이 인용하면서 남북전쟁 이후 1860년대부터 1920년대까지의 미국 사회를 도금시대라고 부릅니다. 특히나 1920년대는 광란의 시대Roaring 20's라고까지 불립니다. 도금시대의 최절정기였습니다.

이 시기의 미국은 그야말로 새로운 번영의 희망에 부풀어 있던 때입니다. 19세기 산업혁명의 중심에는 철도가 있었습니다만, 20세기가 시작되면서 자동차와 비행기가 새 혁명의 총아로 떠오르게 됩니다. 새로운 시대의 그 중심에는 헨리포드의 T형 포드가 있었습니다. 자동차를 처음 발명한 것은 독일이었고, 미국에서도 듀리에 형제가 최초로 자동차를 만들었지만, 그것을 대중화한 것은 역시나 포드였습니다. 테일러식 벨트 생산체계를 응용하여 대중이 원하는 그대로의 값싸고 품질 좋은 자동차를 생산한 것은 포드의 공로였습니다. 1900년 첫 T형 포드가 미국에서 팔리기 시작하면서 1년 만에 1만 대가 팔렸습니다. 이후 1911년 대량생산체계를 확립한 이후 포드의 자동차는 950달러에서 300달러로 가격이 내려갔습니다. 1914년이 되면서 25만 대의 자동차를 팔아대기 시작했습니다. 이것은 전국 자동차 생산량의 절반 이상에 해당했고, 엄청난 돈을 벌어들이기 시작한 포드는 노동자들의 임금을 일당 5달러로 두 배나 인상시켰습니다. 포드차 노동자들은 일당을 60일만 모으면 자동차를 한 대 살 수도 있는 셈이 된 것입니다.

값싼 자동차가 보급되고, 노동자들의 임금이 올랐습니다. 이제 남은 것은 대규모 고속도로 건설입니다. 1916년부터 미국은 고속도로기금법을 제정하면서 전국에 도로 건설을 시작했습니다. 이렇게 건설된 고속도로를 따라 주유소와 모텔이 생겨나기 시작했고 미국인들은 하이웨이를 따라 자동차 여행을 하는 것에서 중산층이 되었음을 실감하기 시작했을 것입니다. 당시의 열광적인 분위기에 비행기가 빠질 수 없습니다. 물론 그 당시의 비행기는 지금의 여객기와는 비교도 할 수 없었습니다만, 사람들의 마음속에 희망을 불러일으키는 데에는 지금보다 훨씬 뜨거

웠을 것입니다. 항공시대가 열리는 그 시기에는 미국의 린드버그가 있었습니다. 그는 세계 최초로 대서양을 횡단한 사람으로 알려져 있습니다만, 실제로는 1919년 영국인 두 명이 이미 미국 뉴펀들랜드에서 아일랜드까지 비행을 한 적이 있습니다. 린드버그는 1927년 상금 2만5천 달러가 걸린 뉴욕–파리 간 무착륙 비행에 최초 성공한 인물이기에 역사적인 조명을 받고 있습니다. 36시간 만에 파리에 도착한 린드버그는 유럽 전역에서 열렬한 환호를 받게 되었고, 린드버그는 당시 세계에서 가장 유명한 인물이 되었습니다.

1930년대 미국의 자동차 보급률은 이미 30%를 넘어섰고, 항공 서비스도 충분히 발달해서 누구든 돈만 있으면 비행기 여행이 가능한 시대가 되었습니다. 여기에 세계 최초의 초고층 빌딩으로 알려진 뉴욕 엠파이어스테이트 빌딩이 건설되기 시작했고, 미국 도시마다 20층 이상 건물이 수백 채씩 건설되었습니다. 미국인들의 가정에는 라디오와 전화가 놓이기 시작했고, 냉장고와 세탁기도 속속 개발되어 보급되었던 시대입니다. 대량생산의 풍요로움이 전국을 휩쓸던 시기입니다.

미국의 대중소비시장은 화려하게 열려가고 있었지만, 훨씬 뜨겁게 활활 타오르던 시장은 따로 있었습니다. 바로 주식시장을 비롯한 금융시장입니다. 1921년 미국 다우존스 지수는 75포인트였지만, 1929년 대공황 직전에는 381포인트를 기록합니다. 연평균 33%로 10년 동안 한 해도 쉬지 않고 상승을 기록한 시기입니다. 당시 미국의 GDP는 10년 동안 50% 성장했지만, 주식시장은 400%가 성장을 한 것입니다.

1차 세계대전 전까지 채무국이었던 미국은 전쟁 이후 채권국으로 바뀌게 됩니다. 미국의 위상이 바뀌면서 전 세계의 자금은 미국으로 몰려들었고, 폭발적으로 성장하는 주식시장에 투자되었습니다. 주식시장이 황금을 낳는 시장으로 인식되면서 주식투자는 전 국민의 일상이 되어갔습니다. 택시기사와 승객이 주식을 토론하고, 구두닦이 소년이 자기가 들은 유망주를 추천해주는 풍경이 전혀 낯설지 않았습니다.

1920년대의 미국 경제 상황

연도	GNP (10억 달러)	200대 기업 총자산 (10만 달러)	취업자 수 (1,000명)	실업자 수 (1,000명)	실업률 (%)
1922	148.0	49,729	39,637	2,859	6.7
1923	165.9	51,886	42,395	1,049	2.4
1924	165.5	54,337	42,045	2,190	5.0
1925	179.4	58,317	43,716	1,453	3.2
1926	190.0	63,404	44,828	801	1.8
1927	189.8	67,165	44,856	1,519	3.3
1928	190.9	73,139	45,123	1,982	4.2
1929	203.6	81,074	46,207	1,550	3.2

(자료: U.S. Department of Commerce, The modern Corporation and Private Property, 1932)

이 당시의 풍경을 묘사한 『거품이 터지던 날』이라는 책에서는 이렇게 말하고 있습니다.

'주식열풍이 지하철까지 밀어닥쳤고, 한 미치광이는 지하철 칸마다 매매주문을 보낼 수 있는 전보기계가 없다고 고함을 질러댔다. 보스턴의 한 공장에서는 아예 모든 작업장 내부에 커다란 칠판을 걸어두고 한 시간마다 주식시황을 직원들에게 알려주는 전담직원을 두었다. 텍사스의 어떤 목장에서는 카우보이들이 라디오에서 주식시황을 들을 수 있도록 소 우리 위에 스피커를 설치해주기도 했다.'

전국에 증권회사 외판원들이 돌아다니면서 시골 사람들에게까지 주식과 채권을 팔아대고 있었습니다. 증권회사는 객장에 미장원까지 만들어서 여성들이 머리를 만지면서 주식투자를 할 수 있도록 배려하기도 했습니다. 이런 풍경은 1920년대 광란의 시대에만 있었던 것은 아닙니다. 거의 똑같은 광기가 2000년대 중반 서브프라임 대출이라는 이름으로 반복되었습니다. 물론 그 결과도 비슷했습니다.

　　당시의 주식시장은 지금처럼 감독기관이 규제를 하는 시장이 아니었습니다. 한마디로 작전이 일상이 된 세계였습니다. 증권가의 거물들은 예외 없이 시세조작에 관련되어 있었고, 시장의 활황 속에 그들의 범죄는 숨어들 수 있었습니다. 대공황이 터지고 난 후에는 증권가에 기생하던 수많은 사기범들의 행태가 폭로되었습니다.

　　이 당시 가장 유명한 인물은 스웨덴의 성냥왕match king으로 불리던 이바르 크루거란 인물입니다. 스웨덴의 조그만 건설회사에서 시작한 그의 사업은 공격적인 투자와 혁신적인 금융기법을 통해 세계적인 성냥 독점기업으로 성장했고, 금융업으로까지 발전했습니다. 생전 그는 세계 최고의 부자로 알려졌고, 현금 부족으로 시달리던 유럽 각국에 4억 달러 (현재 가치로는 350억 달러가 넘는다고 합니다)를 빌려주면서 경제적 안정을 되찾도록 도와준 천사 같은 기업인이었습니다.

(이바르 크루거: 1880~1932)

　　그가 세운 전화회사 에릭슨은 지금까지도 세계적인 통신 기업으로 활약하고 있으며, 전 세계 성냥산업의 70%를 독점했던 위대한 실업가였습니다. 그러나 금융가로서의 크루거는 완벽한 사기꾼이었습니다. 그가 건설한 금융제국은 뇌물과 분식회계, 문서위조, 사기로

뒤범벅된 허상에 불과했고, 결국 1933년 권총자살로 그는 생을 마감합니다.

크루서의 사살 이후, 스웨덴에서는 집권 자유당에서 사회민주당으로 정권이 바뀌었고, 그로부터 65년간 장기집권을 하게 됩니다. 세계 최고 수준의 복지국가 시스템을 갖춘 스웨덴이 만들어진 것도 사실 크루거 사건에 대한 반성 덕분이기도 합니다. 크루거에게 떼인 돈을 조금이라도 받아볼까 몰려든 은행가들 덕분에 스톡홀름은 갑자기 세계 금융의 중심지로 떠오르게 되어버렸고, 크루거의 사기에 당했다는 것을 깨달은 국가들은 증권규제 절차를 마련하게 됩니다. 지금도 강력한 권한을 휘두르고 있는 미국 증권거래위원회SEC도 크루거의 사후에 만들어지게 되었습니다. 이 사건 덕분에 대공황 이후 조금씩 회복 기미를 보이던 미국 주식시장은 또 반토막이 나버립니다.

어쨌거나 미국의 1920년대는 광란의 시대였습니다. 1928년 대통령에 당선된 후버 대통령은 그 유명한 '철저한 개인주의'라는 연설을 통해 이 시대를 규정했습니다.

"종전과 함께 미국을 비롯한 전 세계의 모든 나라가 당면한 가장 시급한 문제는 이것이었습니다. 전쟁이 끝났음에도 모든 정부는 전시에 갖고 있던 소유권, 제조와 분배에 관계된 각종 기구들의 운영권을 계속 쥐고 있어야 하는가? 그러나 지금은 전시가 아닙니다. 우리는 철저한 개인주의에 토대를 둔 미국적 제도와 이와는 전혀 다른 간섭주의와 국가사회주의라는 유럽의 정치철학 사이에서 하나를 선택해야 하는 기로에 있습니다. 인간 복지 면에서 미국이 행한 실험은 전 세계 어느 곳과도 비교할 수 없는 복리를 가져다주었습니다. 인간이 결코 도달하지 못했던 빈곤의 퇴치와 결핍에 대한 공포의 퇴치를 눈앞에 두고 있는 것입니다."

이 연설은 자유방임주의에 철저히 입각한 미국식 자본주의의 본질을 가장 잘 설명한 말로 널리 알려져 있습니다. 후버는 이 철저한 개인주의 이데올로기로 선거전에서 압도적인 승리를 기록했습니다. 여기에 덧붙여 당시 가장 저명한 경제학자였던 예일대의 어빙 피셔 교수의 "주가는 이미 영원히 지속될 고원에 이르렀다"는 발언도 대공황 시대를 상징 짓는 말입니다.

(어빙 피셔: 1867~1947)

어빙 피셔 교수는 당대 최고의 경제학자였고, 카드색인 시스템을 발명한 사업가로도 유명했습니다. 주가 전망이야 틀릴 수도 있었겠지만, 그의 발언이 이렇게 유명해진 것은 대공황의 대폭락 단 열흘 전에 한 말이기 때문이었습니다. 10월 14일 이 짤막한 발언을 한 이후, 10월 24일 대폭락이 시작되었습니다. 대공황 이후, 피셔의 손실액은 천만 달러에 이르렀고, 그는 죽을 때까지 경제적 곤궁에 시달려야만 했습니다. 피셔 교수는 자신의 발언 때문에 지금까지도 조롱을 받고 있지만, 그 이후로도 성실한 연구로 계량경제학의 체계를 잡았고 물가이론에 있어서는 지금까지도 독보적인 위치를 차지하고 있습니다.

역사상 최악의 목요일

결국 1929년 10월 24일 검은 목요일이 오고야 말았습니다. 미국의 문화사회학자인 프레드릭 루이스 엘런의 『어제 이후Since Yesterday』는 이렇게 그날을 묘사하고 있습니다.

　'그날의 공식적인 통계에는 1,641만 주가 거래되었다고 기록되었다. 하지만 '팔자 주문'의 아우성 속에 기록도 안 된 채 매각된 주가 어느 정도였는지는 누구도 알 수 없었다. 2천만 아니면 2천5백만 주가 팔렸을 것이라 추측하는 사람도 있다. 큰손이든 작은 손이든, 투자에 밝은 사람이든 어두운 사람이든 증시의 대활황으로 의기양양하던 사람들은 하루 아침에 빈털터리가 되고 말았다.

　한때는 백만장자였던 사람과 그의 운전기사, 전능한 금융기술자들과 그들의 호구들, 2천 주의 주식을 보유한 사장과 10주를 보유한 경리직원, 은행장과 그의 속기사 —그 누구도 예외가 아니었다.—

　그 재앙은 아마 하나의 통계로나 정리해볼 수 있을 것이다. 몇 주 안 되는 짧은 기간 동안 300억 달러라는 거금이 흔적도 없이 사라져버린 것이다. 그것은 미국의 1차 세계대전 참전비용과 맞먹는 금액이었고, 나라 전체 부채의 거의 두 배에 해당되는 금액이었다.'

　독점자본의 황금이 화려하게 겉을 입힌 미국의 도금시대는 결국 1929년 대공황과 함께 막을 내립니다. 1929년 10월 24일 목요일은 경제사가 기억하는 가장 충격적인 날입니다. 바로 이날을 기점으로 전혀 다른 세계가 열려버립니다. 이

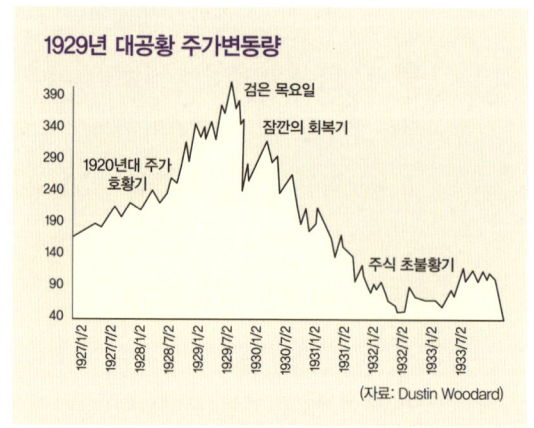

1929년 대공황 주가변동량

(자료: Dustin Woodard)

제 미국 사회를 감싸던 도금의 화려함도 한꺼번에 벗겨져버립니다. 그리고 남은 것은 잿빛의 우울한 풍경들뿐입니다.

검은 목요일이라 불리는 바로 이 날, 다우존스 지수는 하루만에 20%가 떨어지는 대폭락을 기록합니다. 이게 전부가 아니었지요. 그 다음 주에도 폭락은 계속되었고, 이후 3년 동안 주가는 무려 90%가 빠지게 됩니다. 1929년 9월에 기록한 381의 다우존스 주가는 1954년도까지 회복하지 못했습니다. 주식이야 오르기도 하고 내리기도 합니다. 어떤 때는 크게 오르기도 하고, 크게 내리기도 하지요. 그러나 1929년의 대폭락은 이런 수준이 아니었습니다. 그날 이후 한마디로 미국이 망해버린 것입니다.

그렇다면 대공황은 어떻게 터지게 되었을까요?

경제학에서는 대공황을 '경제학의 성배'라고도 부릅니다. 유명한 경제학자들 치고 대공황에 대한 논문 하나 없는 사람이 없습니다. 이 공황의 원인과 전개 그리고 결과에 대해서는 그야말로 수천, 수만 편의 논문들이 쏟아져나왔습니다. 그만큼 이 사건은 거대했고 또 어려운 주제이기도 합니다.

가장 본질적인 질문은 딱 하나입니다. 도대체 대공황은 왜 그렇게 거대했는가입니다. 사실 1929년 대공황 이전에도 불황은 있었고, 고생도 많이 했습니다. 그러나 대공황만큼은 아니었습니다. 경제는 진폭을 가지고 아래위로 순환하기는 하지만 대공황처럼 완전히 아래로 꺼져버린 케이스는 찾아보기 힘듭니다. 정부와 기업들은 대공황을 이겨내기 위해 그야말로 모든 수단을 썼지만 그렇게 절망적으로 아무 효과도 없었던 적이 없었습니다. 이 사태를 정확하게 설명하는 것은 어쩌면 불가능할지 모르겠지만, 그래도 대략적인 경제학의 합의는 이루어져 있습니다. 대공황을 이해하는 것은 현대경제를 이해하는 첫걸음이 됩니다.

대공황은 어떻게 터지게 되었나

SECTION 03

대공황의 원인으로는 대략 다섯 가지 정도를 꼽습니다. 첫째, 공급과잉과 유효수요의 부족. 둘째, 통화정책의 실패. 셋째, 재정정책의 오류. 넷째, 주가 버블. 다섯째, 금융시스템 불안입니다. 하나씩 차례로 설명해드리겠습니다.

대공황의 가장 본질적인 원인은 주가폭락이 아닙니다. 주가폭락은 그저 하나의 단초에 불과합니다. 1차 세계대전이 오스트리아의 페르디난트 대공 암살로 촉발되긴 했지만, 이 암살 사건이 3천만 명의 사망자를 낳은 대전쟁의 원인이라고 볼 수는 없는 것과 마찬가지입니다. 대공황은 1929년 검은 목요일의 주가폭락으로 시작되었지만, 그것이 주원인은 아닙니다.

대공황의 원인 1: 공급과 수요의 불일치

대공황의 가장 근원적인 요인은 공급과잉과 유효수요의 부족 때문입니다. 다음 페이지의 표를 잘 살펴보십시오.

산업생산은 1921년의 58에서 1929년 110으로 약 2배가 늘어났습니다. 그러나 국민소득은 59.4에서 87.2로 46% 증가하는 데 그쳤습니다. 단순하게 말해서 물건은 2배를 만들어냈는데 이를 살 수 있는 사람의 소득은 50%밖에 늘지 않은 것입니다. 그렇다면 남은 물건은 어떻게 되겠습니까? 창고에서 썩을 수밖에 없는 거죠.

1920년대 미국의 거시경제지표

연도	산업생산 (1933~39=100)	도매가격 (1926=100)	국민소득 (10억 달러)	1인당 실질소득 (1929년 가격)
1921	58.0	97.6	59.4	522.0
1922	73.0	96.7	60.7	553.0
1923	88.0	100.6	71.6	634.0
1924	82.0	98.1	72.1	633.0
1925	90.0	103.5	76.0	644.0
1926	96.0	100.0	81.6	678.0
1927	95.0	95.4	80.1	674.0
1928	99.0	96.7	81.7	676.0
1929	110.0	95.3	87.2	716.0

(자료: U.S. Department of Commerce)

이렇게 아주 단순한 산수야말로 대공황의 근본 원인이자, 자본주의의 본질적인 위기이기도 합니다. 자본주의는 탁월한 생산성으로 인류의 폭발적인 발전에 가장 크게 기여한 시스템이지만, 그 이면에는 과잉생산과 유효수요의 부족이라는 근원적인 문제점을 내포하고 있기도 합니다. 대공황은 가장 극적인 예입니다.

물건은 많은데 이걸 사줄 사람은 돈이 없습니다. 물건 값을 아무리 내려도 사람들은 물건을 살 수가 없습니다. 기업은 불황을 이기지 못하고 파산합니다. 이에 따라 실업자는 더욱 늘어나고 소비는 더욱 줄어듭니다. 더 많은 기업이 파산하고 더 많은 실업자가 나오게 되고, 물가는 더더욱 떨어지게 되고 소비는 더욱 줄어듭니다. 이 끔찍한 악순환은 세계 대전이 벌어질 때까지 계속됩니다. 대공황 시기의 지표는 지금의 눈으로는 도저히 이해가 안 갈 정도로 끔찍합니다.

대공황기의 주요 경제지표

	1929	1930	1931	1932	1933
실질 GNP	104.6	91.8	76.9	58.9	56.5
실질소비	77.5	70.2	60.7	48.7	45.9
실질총투자	16.7	10.6	5.9	1.1	1.7
통화량	26.4	25.4	22.9	20.6	19.4
소비자물가지수	100	97.1	83.6	79.4	75.2
실업률	32	8.7	15.9	23.6	24.9

(자료: U.S. Department of Commerce)

표에서는 실업률이 1933년에 약 25%라고 나오지만, 실질적으로 50%대까지 치솟았다고 보는 경제학자들도 있습니다. 대공황 당시에는 정말 정상적으로 급여를 받고 일하는 사람들을 보기가 힘들 정도였다고 하니 말입니다. 물가는 매년 떨어지고, 실업률은 폭발적으로 증가합니다. 여기에 은행들이 파산하면서 통화량은 더욱 줄어들고 기업은 더더욱 파산위협에 몰리게 됩니다. 한마디로 나라 전체가 마구 망해가는 것입니다. 광란의 1920년대는 파산의 1930년대로 바뀌어버립니다.

대공황의 원인 2: 정부정책의 실패

두 번째로는 정부의 통화정책과 재정정책이 완전히 실패했다는 점입니다. 경제학 원론을 모르셔도 좋습니다. 간단히 생각해서 경기가 불황이라면 정부는 어떤 정책을 써야 할까요? 좀더 쉽게 정부는 돈을 풀어야 할까요? 아니면 돈을 줄여야 할까요? 다들 돈이 없어서 기업이 망하고 소비자들은 소비를 못하고 있는데, 돈을 풀어야 하는 것이 너무 당연하지 않겠습니까?

돈을 풀기 위해서는 어떤 정책을 펴야 하겠습니까? 첫 번째로는 정부재정을 적자로 만들어야 합니다. 세금으로 걷는 것보다 쓰는 것이 더 많다면 시장에 돈이 많이 풀리게 될 것이고, 경기는 살아날 수 있을 것입니다. 금리는 당연히 낮추어야 하겠지요. 그래야 사람들

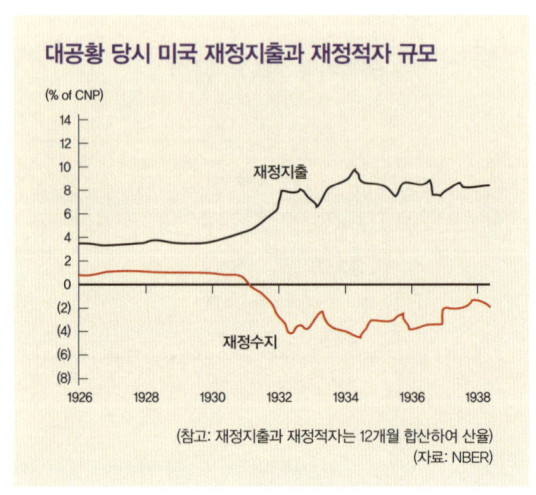

이 더 많은 돈을 빌려서 쓸 수 있고, 채무자들도 이자부담이 낮아지니 좀 더 돈을 쓸 수 있겠지요. 이것을 경제학적인 용어로 바꿔서 말하면 재정정책과 통화정책이라고 말합니다. 그런데 대공황 당시에는 이 당연하게 느껴지는 정책을 정반대로 써버렸습니다. 그래서 공황은 더욱 폭발적으로 커져버렸습니다.

위 그래프에서 보시면 재정지출이 늘어나기 시작한 것은 1932년부터입니다. 공황은 1929년에 터졌는데 3년이 지나서야 정부가 돈을 쓰기 시작한 것입니다. 그럼 대공황이 터지자 미국 정부는 어떤 정책을 썼을까요? 이때의 유명한 발언이 있습니다. 당시 미국 최고 갑부 중 한 명으로 꼽히던 앤드루 멜런 재무장관은 공황이 터지자, 후버 대통령에게

'충격요법'을 제안했습니다. 그는 이렇게 말했습니다. "고용을 청산하라, 주식을 청산하라, 농부를 청산하라, 부동산을 청산하라. 이러한 과정은 우리 시스템의 썩은 부분을 제거해줄 것이다. 높은 생활비는 떨어질 것이다. 사람들은 열심히 일하고 더 도덕적인 삶을 살 것이다. 가치관이 바뀌고 진취적인 사람은 무능력한 사람들로부터 몰락한 사람들을 회복시켜줄 것이다." 대공황을 기회로 게으른 노동자들과 농부들이 반성하도록 하고, 투기꾼들이 정신을 차리고 나면 새로운 경제가 열릴 것이라는 말입니다.

지금 생각해보면 이게 제정신으로 한 소리인가 싶지만, 당시는 자유방임주의가 드높았던 시절입니다. 경제가 어렵다고 정부가 나서면 안 된다는 것입니다. 이 기회에 온갖 사회의 부조리한 면모를 일소하고 나면 훨씬 더 성숙한 경제가 될 것이라는 소리입니다. 그러니 정부가 나서서 돈을 풀거나 하지 말고, 그냥 시장이 자체적으로 제 기능을 발휘할 때까지 기다리면 된다는 의미이기도 합니다.

앤드루 멜런 장관은 미국의 소득세 구조를 고소득자에게 결정적으로 유리하도록 감세정책을 펴서 당시 미국의 경제구조를 엉망으로 만든 장본인이기도 합니다. 이미 고소득층 상위 20%가 전체 국부의 90%를 소유하고 있던 극단적인 양극화 사회에서 고소득층에게 집중된 감세정책을 폈으니, 얼마나 부작용이 심했겠습니까? 사실 대공황의 주요인으로 이런 불공평한 조세구조를 꼽는 학자들도 많이 있습니다. 감세정책의 결과로 남은 자금들은 주식시장에 흘러 들어갔고, 주가거품은 더욱 크게 팽창할 수밖에 없었습니다.

금리정책도 마찬가지입니다. 대공황 이후, 미국 경제가 흔들리자 자금이 유럽으로 빠져나가는 징후가 보였습니다. 금본위제를 지키고 있던 당시에는 돈이 빠져나간다는 말은 곧 금이 빠져나간다는 말이었고, 미국 정부는 금을 지켜야 한다는 조급함에 빠지게 되었습니다. 그래서 1931년에는 금을 지키기 위해 금리를 올려버립니다. 대공황이 가장 극심하던 그 시기에 금리까지 올려버린 것입니다. 결과는 굳이 말씀드리지 않아도 뻔하겠지요? 불황은 더욱 극심해집니다.

대공황의 원인 3: 주식시장의 지나친 투기성향

당시 주식시장에는 크게 두 가지의 문제가 있었습니다. 먼저 주식투기자금의 대출이 너무 많았습니다. 은행들은 주식투자자들에게 주식을 담보로 돈을 대출해주는 영업에 푹 빠져 있었습니다. 주식 가격은 주구장창 오르기만 했으니 담보가치는 충분했고, 고금리도 얼마든지 감내하고 돈을 빌려갈 사람들은 줄을 서 있었으니까요. 주식이 하락하는 순간 모든 것이 거꾸로 흘러갔습니다.

예를 들어봅시다. 제임스 씨는 100만 원을 가지고 있습니다. 이 돈으로 GM주식 100만 원어치를 샀습니다. 이 주식을 담보로 다시 돈 100만 원을 빌려서 또 GM주식 100만 원어치를 더 샀습니다. GM주식이 10%만 오르면 제임스 씨는 20만 원의 수익을 올리게 되겠지요? 자기 돈 100만 원으로 20만 원의 수익을 올리게 되었으니 20%의 수익률입니다. 그런데 반대로 주가가 10% 빠진다면 20%의 손실률을 기록하게 됩니다. 주가가 폭락하면 담보로 잡은 주식은 은행이 강제로 팔아버리게 됩니다. 그래야 은행도 본전을 찾을 수 있을 테니 말입니다. 만약 주가가 50% 이상 떨어진다면 제임스 씨의 주식을 다 판다 하더라도 은행은 빌려준 돈을 회수하지 못하겠지요? 은행은 그 전에 자기 대출금을 회수하기 위해 주식을 미리 팔아버리게 됩니다. 이것이 '마진콜'이라고 하는 제도입니다. 당시의 미국에서는 이런 주식투자대금 대출이 대유행이었고, 그 덕분에 주식시장은 대상승과 대폭락을 함께 경험할 수 있었던 것입니다.

　　　증권사의 주식투자 대출금이 왜 문제인지는 조금만 생각해보면 쉽게 알 수 있습니다. 아까는 100만 원 자기 돈에 100만 원을 대출한 예를 들었지만, 실제로는 이보다 훨씬 더 많은 돈을 빌려주었습니다. 계산을 간단하게 하기 위해서, 자기 계좌에 100만 원이 있는 A씨가 200만 원의 돈을 빌려 총 300만 원으로 주식투자를 했다고 생각해봅시다. A씨는 삼성전자 주식 1만 원짜리를 300주 살 수 있었습니다. 이 주식이 1만2천 원으로 올랐다면 A씨의 계좌에는 총 360만 원의 주식이 있는 셈이니, 100만 원의 자기 돈으로 60만 원의 수익을 올린 게 됩니다. 이렇게만 되면 정말 좋죠. 돈을 빌리는 A씨도 이런 생각으로 돈을 빌렸을 겁니다. 그런데 만약 삼성전자 주식이 8천 원으로 떨어진다면요? 그럼 반대로 A씨는 100만 원의 자기 돈 중에서 60만 원을 날리게 됩니다. 주식은 20%가 떨어졌지만, 수익률은 마이너스 60%가 되는 거죠. 만약 33%가 떨어진다면요? 그럼 총 주식가격은 99만 원이 떨어지고, A씨 수중에는 딱 만 원만 남게 됩니다. 33% 이상 떨어진다면 자기 돈은 한 푼도 안 남고 계좌의 돈으로는 은행 대출금도 갚을 수가 없게 되겠지요? 은행은 이런 상황이 너무 끔찍합니다. 대출금을 받을 수 없다면 은행도 손해가 나기 때문에 30%가 되면 일단 주식을 자동으로 전부 팔아버리고 은행 돈부터 먼저 갚도록 옵션을 걸어둡니다. 이걸 마진콜이라고 부르는데요. 이런 일이 한두 명이라면 그 사람의 불행이겠지만, 수십만 명 수준이 되면 이건 대재

앙이 됩니다. 대출금 회수를 위한 마진콜 매도 주문이 시장에 폭포수처럼 쏟아져내리면 주식시장 전체가 아수라장이 되고, 가격은 폭락하게 됩니다. 이건 대공황 시절에 매우 극적으로 나타난 예이지만, 우리나라 주식시장에서도 꽤 자주 나타나는 현상입니다. 주가하락이 더욱 큰 하락을 불러일으키게 되는 것입니다. 초대형 마진콜 사태를 막기 위해 주식투자금 대출금의 총액을 제한하는 등의 여러 가지 장치가 있지만, 주식시장은 근본적으로 이런 위험성을 내포하고 있습니다. 우리나라에서도 신용융자금이라는 이름으로 주식투자대출을 증권회사에서 하고 있는데, 주가상승기에는 이 대출금이 급속도로 늘어나고 하락기에는 이 대출금 때문에 많은 개인투자자들이 큰돈을 날리고 있습니다. 어쨌건 남의 돈으로 주식투자를 한다는 것은 개인적으로나 시장 전체적으로나 큰 위험성을 가지고 있다는 것을 명심하시기 바랍니다.

대공황의 원인 4: 증권사와 은행의 도미노 현상

또 하나의 문제는 증권사와 은행이 분리되지 않았다는 것입니다. 은행은 고객들의 예금을 받아서 돈을 굴려 수익을 냅니다. 그런데 이 돈으로 주식을 투자한다면 어떻게 될까요? 주가가 오르면 문제가 없겠지만, 주가가 내린다면 예금을 되돌려줄 수 없는 사태가 벌어질 것입니다. 만약 어떤 은행의 주식투자가 실패해서 은행예금을 돌려줄 수 없을 것 같다는 소문만 퍼지더라도 예금자들은 당장 은행으로 달려갈 것입니다. 내 돈 내놓으라고 말입니다. 당시 은행들은 고객들의 예금으로 주식투자를 하는 만행을 저지르기도 했습니다. 금융시스템이 극도로 불안해지는 요소입니다. 이 때문에 수많은 사람들이 직접 은행으로 뛰어가서 예금을 인출하는 사태가 발생했습니다. 이것이 바로 '뱅크런'입니다. 현재의 은행

대공황 기간의 은행파산 현황

연도	도산 은행 수	은행 도산율(%)
1929	659	2.6
1930	1,350	5.7
1931	2,293	10.6
1932	1,453	7.8
1933	4,000	28.3

(자료: Federal Reserve Bulletin, 1937)

운영시스템으로는 어떤 은행이라도 뱅크런 사태가 발생하면 무조건 망합니다. 100%입니다. 뱅크런 사태에서 멀쩡한 은행이란 은행이 아닙니다. 은행이 망하면 어떤 사태가 벌어질지는 뻔하지요? 은행에서 돈을 빌려간 기업도 같이 망합니다. 뱅크런→은행파산→기업파산의 공식은 피할 수가 없습니다. 그래서 각국 정부는 금융시스템이 불안해지는 것을 극도로 싫어합니다. 금융시스템의 불안이 뱅크런을 낳게 된다면 그 다음 순서는 뻔하니깐 말입니다. 그래서 혹시라도 은행이 망하는 사태가 벌어지더라도 정부가 대신 예금을 지급해 줄 테니 절대 뱅크런하지 말라고 국민들에게 부탁합니다. 그게 바로 은행예금보장제도입니다. 우리나라에서도 5천만 원 이내의 은행예금에 대해서는 정부가 직접 원금과 이자를 보장합니다. 2008년 금융위기 당시에는 유럽의 상당수 국가가 예금액 전액에 대해서 정부가 지급을 보장하기도 했습니다. 그만큼 뱅크런 사태는 무섭기 때문입니다.

대공황 당시의 은행파산 현황입니다. 최대절정기였던 1933년에는 전체 은행의 30%가 파산해나갑니다. 지금도 그렇지만 과거 미국의 은행은 동네 전당포 같은 은행도 많았기 때문에 한 해에 몇 천 개씩 은행이 망해나간 것입니다. 이러니 경제가 정상적으로 돌아간다는 것은 기대조차 할 수 없었겠지요.

금융기관의 탐욕과 수식투자자들의 탐욕이 모여 광란의 20년대를 만들어냈고, 그들의 공포가 30년대의 대공황을 만들어냈습니다. 일반적인 주식시장의 움직임보다 훨씬 변동폭이 큰 공포의 장세가 만들어진 것에는 이런 이유들이 숨어 있었습니다. 대공황 당시의 행태를 반성하기 위해 미국은 매우 강력한 금융규제책을 시행하게 되었고, 거의 70년간 이어져오던 이 전통은 21세기 들어오면서 차츰 무장해제 당하게 됩니다. 이는 다시 2008년 금융위기의 한 원인이 되었습니다. 역시 역사는 반복되지요?

미국 대공황은 왜
세계적 공황으로 커져버렸나

물론 미국이라는 나라는 1920년대 당시에도 전 세계 GDP의 30% 이상을 차지하는 대국이었으니, 그런 나라에서 공황이 터지면 세계적으로도 영향을 끼쳤을 것이라고 쉽게 생각할 수 있습니다. 그러나 1930년대의 세계는 그 정도가 아니었습니다. 유럽도 미국과 거의 맞먹는 엄청난 불황을 견뎌내야 했습니다. 한 나라의 공황이 어떻게 세계적인 공황으로 번져나가게 되었을까요?

여기에는 당시 국가들의 매우 어리석은 결정이 있었습니다. 바로 공황을 수출하자는 생각입니다. 당장 나라 경제가 어렵다면 여러분들은 어떻게 해야 하겠습니까? 기업이 망해나가고 실업자가 거리를 배회합니다. 공장에서 물건을 만들어도 사줄 사람이 없으니 실업자는 더욱 늘어만 갑니다. 다시 공장을 돌려 사람들을 고용시켜야 합니다. 어떤 방법이 있겠습니까? 가장 쉬운 방법은 바로 수출입니다. 수출이 가능하다면 공장은 다시 돌아갈 것이고, 나라에 돈도 돌아가게 할 수 있습니다.

이를 위해서 일단 수입문을 잠그고 수출문을 활짝 열자는 아주 쉬운 생각을 할 수 있을 것입니다. 그래서 당시 후버 대통령에게는 당장 수입관세를 대폭 올리고 수출진흥책을 쓰라는 요구가 빗발쳤습니다. 후버 대통령은 이런 요구가 치명적인 약점을 가지고 있다는 사실을 잘 알고 있었지만, 사람들의 거센 항의에 밀려 결국 6개월 만에 관세를 대폭 올리는 법안을 통과시키게 됩니다. 바로 이 법안이 공화당 소속인 리드 스무트와 윌리스 홀리 의원의 주도로 만들어진 스무트–홀리 법안입니다.

스무트–홀리 법은 당시에도 반대가 매우 거셌습니다. 특히 경제학자들은 이 법안을 제정신이 아니라고 평가했었지요. 대공황 직전의 발언 때문에 체면도 구기고 주머니도 털려서 망신을 당하기는 했지만 여전히 최고의 경제학자로 꼽히던 어빙 피셔도 반대했고, 포드 자동차의 헨리 포드도 반대했습니다. 당대의 저명한 경제학자 1,028명이 연대서명해서 후버 대통령의 거부권 행사를 청원하기도 했습니다. 당시 유명한 언론인이었던 월터 리프만이라는 이는 "멍청함과 탐욕에서 나온 끔찍하고 해로운 결과물"이라고 악담을 퍼부었습니다. 그러나 후버 대통령은 유권자들의 강력한 목소리에 결국 굴복하고 맙니다. 역사적으로 이 법은 전 세계 무역관련 법안 중 단연 최악으로 꼽히고 있으며, 경제관련법안으로 범위를 넓혀봐도 역시 최악의 법안이라 할 수 있을 것입니다.

스무트–홀리 법이 통과되면서 미국 수입품 2만 개의 관세가 평균 59%, 최고 400% 인상되었습니다. 이 법을 추진한 미국 공화당은 자신들의 주요 지지층인 농부들에게 큰 호응을 얻을 것이라 기대했습니다. 유럽 농산품에 대해 높은 관세를 매기고 미국 농산품을 수출할 수 있을 것이라 생각했으니 말입니다. 그런데 실제로는 끔찍한 결과가 발생했습니다. 미국 농업은 예나 지금이나 수출이 생명입니다. 수출 많이 하겠다고 만든 법 때문에 수출이 아예 박살이 나버린 것입니다.

왜 그렇겠습니까? 너무 당연한 일입니다. 미국이 보호무역하겠다고 나서면, 다른 나라는 바보들이겠습니까? 다른 나라는 관세를 계속 낮춘 상태에서 미국만 관세를 높인다는 게 말이 되겠습니까? 당연히 전 세계는 미국에 대해 보복관세를 매깁니다. 미국뿐 아니라 전 세계의 관세가 다 올라가버립니다.

그럼 결과는 어떻게 되겠습니까? 당연히 전 세계적인 무역의 축소밖에는 남질 않습니다. 그렇게 기대하던 수출이요? 미국은 한 방에 관세를 400%나 올리고 있는데, 다른 나라들은 가만히 앉아 있겠습니까? 대표적인 예로는 미국의 주요 무역파트너였던 영국과 캐나다도 즉각 관세율을 올립니다. 당시 캐나다와의 주요 거래품목이었던 계란을 예로 들어보면, 캐나다로 수출되는 미국 계란의 경우 92만 다스에서 1만4천 다스로 전멸했지만, 캐나다에서 미국으로 수입되는 계란은 1만3천 다스에서 8천 다스로 절반가량 줄었을 뿐이었습니다. 공화당의 기대와는 반대로 미국 농가는 치명적인 타격을 입어야 했습니다.

계란만 문제였겠습니까? 미국으로부터 시작된 보호무역주의의 바람은 전 세계를 휩쓸었고, 그 당연한 귀결로 세계무역은 거의 올스톱이 되는 분위기였습니다. 다음의 표를 한번 보시죠.

1929년에 52억 달러였던 미국 수출은 1932년에는 16억 달러로

국제무역의 쇠퇴

	1929	1930	1931	1932
미국의 수출(백만 달러)	5,241	3,843	2,424	1,611
미국의 수입(백만 달러)	4,399	3,061	2,091	1,323
세계 무역액(1929=100)	100	81	58	39
세계 무역량(1929=100)	100	93	85	75
가격(1929=100)	100	87	68	52

(자료: U.S. Department of Commerce)

4분의 1로 줄었습니다. 미국만 이 모양이 아닙니다. 세계무역액도 딱 3년 만에 61%가 줄었습니다. 수출로 공황을 타개해보겠다는 생각은 오히려 공황을 세계적으로 수출해버리는 결과가 된 것입니다. 이런 전략은 소위 '근린궁핍화 전략'이라고도 부릅니다. 이웃을 가난하게 만들어서 나는 부자가 되어보겠다는 심산인데, 이런 생각은 국가적으로는 절대 통용될 수가 없습니다.

이때의 교훈은 지금까지도 남아 있습니다. 2008년 금융위기가 터지자마자, 전 세계 정부는 즉각 자유무역을 옹호하면서 절대 보호무역을 하지 말자고 국제공조를 시작했습니다. 우리나라에서는 정말 유명한 바로 그 'G20 정상회담'의 가장 큰 주제가 바로 자유무역을 옹호한다는 합의를 이끌어내는 것이었으니까요. 실제로 금융위기 이후에 대놓고 관세를 올리는 바보 같은 나라는 그리 많지 않았지요. 즉각 보복관세가 붙을 테니까요. 그러나 근린궁핍화 전략은 정치 지도자들에게 정말 매력적인 선택지입니다. 진짜 포기하기가 쉽지 않습니다.

실제로 2008년 이후에도 알게 모르게 보호무역의 냄새가 짙게

풍기는 각종 조치들이 세계 각국에서 벌어졌습니다. 일단 반덤핑조치, 상계관세조치 같은 국제통상질서 안에서 보장된 조치가 크게 늘어났고, 지적재산권이나 경쟁법 같은 법률의 집행을 크게 강화하는 식의 우회적인 보호주의도 늘어났습니다. 가장 대표적인 것이 애플과 삼성 간의 특허침해 소송입니다. 삼성이 10억 달러의 배상금을 미국법원으로부터 두들겨 맞은 사건입니다. 이 사건은 물론 특허침해 사건이고, 정부가 아닌 법원의 판결이지만 그 속에 보호주의 성격이 숨어 있다는 것을 모르는 사람이 누가 있겠습니까? 미국 법원 판사도 자기네 나라 기업인 애플을 보호하고 싶어하는 마음이 왜 없겠습니까?

특히나, 매년 큰 폭의 무역수지 흑자를 내고 있는 우리나라는 보호무역조치의 가장 큰 피해자가 될 수 있습니다. 세계적인 보호무역조치를 감시하고 있는 민간연구센터인 GTAGlobal Trade Alert라는 기관의 조사는 다음과 같습니다. 우리나라는 매년 외국으로부터 보호무역조치를 수백 건씩 당하고 있으며, 매년 그 정도가 심해지고 있습니다. 하지만 우리나라가 취하는 보호무역조치는 연간 30건 수준에 불과합니다. 우리로서는 무역보복을 하기가 쉽지 않은 경제적·정치적 구조 때문에 이런 결과가 나왔습니다.

장하준 교수를 비롯해 최근에는 자유무역주의의 폐해를 강조하시는 분들이 많습니다. 물론 자유무역주의는 부작용이 있습니다. 후진국들에게 피해가 집중되는 경향도 분명히 있습니다. 하지만 경제위기 상황에서 보호무역주의가 횡행하는 것은 부작용 운운할 수준이 아니라, 국제적으로 치명적인 경제적 집단자살행위라 해도 무방합니다. 전 세계

한국에 적용된 보호무역 조치 건수			
	황색조치	적색조치	국가
2009.9	39 (26)	63 (56)	43 (42)
2010.6	76 (58)	149 (134)	57 (54)
2011.7	116 (88)	242 (218)	62 (60)
2012.6	141 (105)	326 (284)	68 (65)

(괄호 안의 숫자는 무역구제조치를 제외한 조치의 수)
(자료: Global Trade Alert 보고서)

한국이 취한 보호무역 조치 건수			
	황색조치	적색조치	국가
2009.7	2 (2)	5 (5)	88 (88)
2010.6	4 (2)	5 (5)	94 (94)
2011.7	13 (9)	18 (18)	120 (120)
2012.6	12 (10)	20 (18)	122 (115)

(괄호 안의 숫자는 무역구제조치를 제외한 조치의 수)
(자료: Global Trade Alert 보고서)

의 어떤 나라 지도자건 자국의 이익을 위해 보호무역주의를 하고 싶어 합니다. 그렇지 않은 나라가 어디 있겠습니까? 또 한편으로는 전 세계의 어떤 나라든 보호무역주의에 당하고만 사는 나라도 없습니다. 당연히 자기들도 방어와 보복을 하게 마련입니다. 그 결과는 공멸이겠지요.

미국 대공황 당시의 역사적인 교훈이기도 하지만, 사실 이건 경제학적 지식이 없어도 너무 뻔한 상식의 영역이 아니겠습니까? 특히 우리나라처럼 무역으로 국가의 번영을 이룬 나라에서 보호무역주의를 주장한다는 것은 솔직히 이해하기 힘든 주장입니다. 무역수지 흑자 보는 대한민국이 보호무역주의 주장하면 적자 보는 미국은 뭐라고 하겠습니까? "아, 대한민국은 보호무역주의 하시겠다고요? 잘해보세요. 자유의 나라 미국은 자유무역주의 계속하겠습니다"라고 답하겠습니까? 그럴 리야 없겠지요.

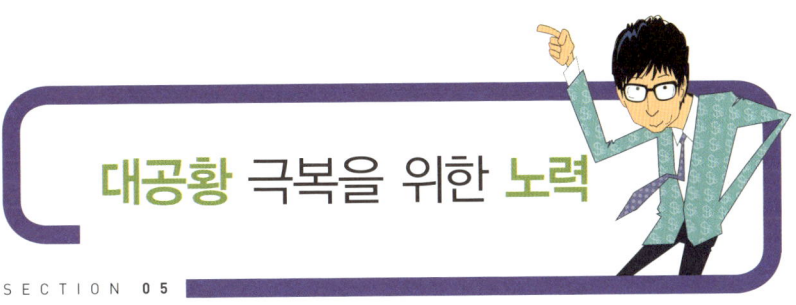

대공황 극복을 위한 노력

1932년 미국 대통령 선거는 해보나 마나였습니다. 이렇게 엄청난 경제위기를 초래한 공화당에 대해 미국 국민들은 완전히 등을 돌렸고, 민주당의 프랭클린 루스벨트 대통령이 취임했습니다. 루스벨트 대통령은 이후 대공황을 극복하고 2차 세계대전을 승리로 이끈 미국 역사상 가장 위대한 대통령 중의 한 명으로 손꼽히게 되었습니다. 그러나 그는 대통령 재임기간 내내 '공산주의자'라는 악평을 들어야 했습니다. 실제로 그가 행한 정책들은 당시의 기준으로 보아 '공산주의'라고 해도 그리 무리가 없었을 것입니다. 그만큼 혁명적이었습니다.

루스벨트 대통령은 압도적인 표차로 당선되기는 했지만, 선거일 이후 취임일까지의 기간 동안에 최악의 공황을 경험해야 했습니다. 뱅크런은 최악으로 치달아 100일도 안 되는 기간 동안 수천 개의 은행이 문을 닫아야 했고, 실업률은 계산조차 힘들 지경이었습니다. 새 대통령에게 거는 기대가 컸던 만큼 불안감도 엄청났던 것입니다.

루스벨트 대통령이 대통령으로 취임하자마자, 의회에 비상임시 국회를 요청하여 100일간의 기간 동안 초강력 법안들을 폭풍처럼 통과시켜 나갔습니다. 미국 의회가 역사상 가장 바빴던 시기일 것입니다. 수많은 법률안들이 통과되면서 제대로 읽어보지도 않은 안건들도 부지기수였다고 합니다. 일단 뭐라도 해서 상황을 바꿔야만 하는 급박함 때문이었겠지요.

루스벨트의 방법은 'ABC 플랜'이라고도 불렸습니다. A플랜을 해보고 안 되면 B플랜을 하고, 그래도 안 되면 C플랜도 쓴다는 식의 아주 간단한 방식이지요. 이 ABC 플랜은 미국이라는 거대한 배의 방향을 완전히 바꾸어버렸습니다. 이후 레이건 대통령의 취임 때까지 미국호의 방향은 큰 틀에서 바뀌지 않았습니다. 미국 역사를 바꾼 세 가지 사건을 말하라면, 미국 독립, 링컨의 남북전쟁 승리, 그리고 루스벨트의 뉴딜정책이라고 해도 과언이 아닙니다. 현대 미국의 틀을 만든 것과 동시에 세계경제의 흐름 자체를 바꾼 것이 바로 루스벨트 대통령과 미국의 100일 의회입니다.

루스벨트 대통령의 각종 개혁조치를 통틀어서 '뉴딜정책'이라고 부릅니다. 우리는 교과서에서 뉴딜정책이란, 테네시강 유역개발 사업으로 대표되는 대규모 공공사업을 벌여서 공황을 극복할 수 있었던 것이라 배웠습니다. 틀린 말은 아니지만, 뉴딜정책의 거대한 규모와 폭을 생각해보면 그러한 설명은 실제로는 매우 작은 부분에 불과합니다.

뉴딜정책은 시기적으로 크게 두 가지로 나뉩니다. 편하게 1기 뉴딜과 2기 뉴딜로 구분하겠습니다. 1기 뉴딜은 쉽게 말해 '급한 불 끄기'입니다. 당장 나라경제가 망했으니, 정부가 직접 개입해서 실업자를 구제하고 소득을 만들어줘서 사람들의 구매력을 회복시키면 시장이 돌아가기 시작할 것이라는 생각에서 출발한 것입니다.

가장 먼저 뱅크런부터 막아야 했습니다. 아까 표에서도 봤듯 루스벨트 대통령의 취임 첫해인 1933년의 은행파산이 가장 심했기 때문입니다. 미국 정부는 긴급은행법을 제정하여 일단 모든 은행의 영업을 일시 정지시키고, 재건금융공사RFC, Reconstruction Finance Corporation를 통해 공적자금 투입과 청산 합병 등 초고강도의 구조조정을 단행했습니다. RFC는 후버 대통령이 설립했지만, 실제로 큰 역할을 한 것은 루스벨트 대통령이었지요. 1933년 미국 정부는 전 상업은행 자본금 총액의 3분의 1에 해당하는 10.4억 달러를 6천여 개 은행에 투입하면서 금융시스템에 대한 불안감을 끄기 위해 필사적으로 노력했습니다.

여기에 상업은행과 증권사를 분리시키는 금융역사상 가장 큰 개혁조치를 단행합니다. 이것이 바로 그 유명한 글래스-스티걸 법안입니다. 가장 중요한 내용은 은행이 고객예금으로 주식장난을 치지 말라는 것입니다. 그 외에도 연방예금보험제도를 신설해서 정부가 은행예금을 보장해주고, 연방준비제도를 강화하고 예금금리의 상한선을 설정하는 등의 개혁조치를 합니다. 당시 미국 최고 은행이자 증권사였던 JP모건 은행에서 증권 분야가 떨어져나와 모건 스탠리 증권사가 탄생한 것도 이 법 때문이었습니다.

글래스-스티걸 법안은 미국 금융기관의 건전성과 안전성을 획기적으로 높이는 조치였으나, 금융기관들의 끈질기고도 끈질긴 로비로 결국 1999년 클린턴 대통령 시기에 무력화됩니다. 로비의 주범은 시티은행 그룹이었습니다. 금융백화점 설립을 노린 시티그룹의 끈질긴 로비로 1999년 그램-리치-블라일리 법GLBA, Gramm-Leach-Bliley Act이 규제완화 열풍에 휩쓸려 통과되면서 다시 상업은행의 증권사 겸업이 허용되었습니다. 이후 미국 금융기관들의 무책임한 영업이 횡행하면서 2008년 금융위기가 터졌다는 분석도 매우 설득력 있게 제시되고 있습니다. 최근에는 다시 글래스-스티걸 법안을 현실화해야 한다는 주장도 아주 강력합니다.

1기 뉴딜의 가장 큰 특징은 바로 실업자 구제입니다. 1933년 연방긴급구제국FERA, Federal Emergency Relief Administration을 설립해 직접구제 방식으로 실업가계, 빈곤가계 등에 대해 국가가 직접 현금을 손에 쥐어 주었습니다. 국가산업부흥법NIRA, National Industrial Recovery Act을 통해서는 33억 달러에 달하는 공공사업계획을 세워 실업자를 흡수하고 이 사람들에게 월급을 주기 시작했습니다. 이를 통해서 테네시강 유역개발 사업이 시작된 것이지요. 연방정부가 주도를 해서 수력전기를 생산하자는 기본 구상을 중심으로 댐을 짓고, 비료를 생산하고, 주변지역에 나무를 심고 휴양지를 개발해나갔습니다. 불황기에 정부가 주도적으로 토목사업을 벌이는 것이 지금은 당연하게 여겨지지만, 당시로서는 민간이 담당하던 분야에 정부가 개입했다고 하여 공산주의 정책이라고 엄청나게 비난을 받았습니다. 우리나라의 4대강 사업도 1930년대 미국 언론의 기준으로 보자면 당연히 공산주의 정책이라고 불릴 것입니다.

여기에 농업을 살리기 위해 농업조정청AAA, Agriculture Adjustment Administration을 설립하여 경작면적을 줄이고 휴한지에 대해 보조금을 지급하여 농산물 가격 상승을 유도했습니다. 그래야 농부들이 살 수 있으니까요. 물론 이 정책도 거센 반발을 불러일으켰습니다. 당장 먹을 것도 없어서 굶어 죽기 직전인 도시 실업자들의 눈으로 볼 때, 농산물 가격을 올리기 위해 멀쩡한 돼지를 일부러 도살하는 식의 모습은 그야말로 격분을 불러일으켰습니다.

이런 반대를 무릅쓰고 뉴딜정책은 시행되었습니다. 경제는 조금씩 안정을 찾아갔지만, 여전히 공황은 계속되었습니다. A플랜이 시행되었으니 B플랜이 시작될 때입니다.

루스벨트 당시의 경제정책의 목표는 물론 '어떻게 공황을 극복할 것인가?'였지만, 근본적인 의문은 따로 있었습니다. '왜 정상적인 시장경제가 작동하지 않는가?'라는 아주 단순하고도 근본적인 의문입니다. 고전학파 경제학이 완성된 당시의 기준으로 본다면, 불황으로 물건 값이 싸지면 당연히 수요가 늘어서 시장은 정상을 찾아야 하지만, 몇 년이 지나도 수요는 줄어만 가는 겁니다. 도대체 왜 시장은 제 기능을 하지 못하느냐는 겁니다. 이 의문을 풀어내는 것이야말로 공황을 극복하는 길이 될 것입니다. 그래서 2기 뉴딜의 목표는 시장기능을 다시 찾기 위한 노력들이 주를 이룹니다. 2기 뉴딜에서는 직접구제보다는 간접구제를 통해 미국 가계의 구매력을 회복시키고, 경제에 대한 정부개입을 대폭 늘리는 방식으로 나아갑니다.

뉴딜정책 이전까지 미국 정부는 균형재정에 대한 강박이 있었습니다만, 균형재정으로는 경제에 어떤 활력도 불어넣을 수 없었습니다. 정부의 장부만 보기 좋았을 뿐이지요. 케인즈가 그렇게 부르짖었던 '적자재정을 통한 유효수요 창출' 전략이 시행된 것입니다. 실제로 루스벨트 대통령 취임 이후 정부의 적자재정은 크게 늘어납니다. 정부가 직접 사업을 통해 민간시장에 돈을 풀어대는 것입니다. 이를 통해 시장에 자극을 주어 경제가 돌아가도록 만드는 것입니다.

뉴딜기간의 미국 재정동향

(단위: 10억 달러, %)

연도	세입	세출	적자액	적자/세출 비율	통화량	총발행국채
1933	2.0	4.6	2.6	57	19.2	23.6
1934	3.1	6.7	3.6	54	21.4	28.5
1935	3.7	6.5	2.8	43	25.2	30.6
1936	4.1	8.5	4.4	52	29.0	34.4
1937	5.0	7.8	2.8	36	30.7	37.3
1938	5.6	6.8	1.2	18	29.7	39.4
1939	5.0	8.9	3.9	44	33.4	41.9
1940	5.1	9.1	4.0	44	38.7	45.0

(자료: J. Hughes, American Economic History, Scott, Foresman and Co.)

위 표에서 1933년부터 정부는 재정적자를 크게 늘리기 시작합니다. 이를 통해 통화량이 조금씩 늘어나는 것이 보일 것입니다. 공황 시기에는 통화량이 줄어듭니다. 시장의 돈이 줄어들면 그만큼 경제활동이 줄어든다는 말과 같습니다. 이제 돈이 돌기 시작한다는 희망이 보이기 시작한 것입니다.

이렇게 돈을 쓰기 위해 정부는 온갖 사업을 마구 벌입니다. 테네

시강 유역개발 사업을 벌이고, 미국 전역에 병원과 학교를 짓고, 도로와 교량과 항만을 건설해나갑니다. 이집트의 아스완댐이 완공되기 전까지 세계 최대의 댐으로 불리던 후버댐도 이때 건설되었습니다(원래 후버댐은 볼더댐이라는 이름이 있었지만,

1946년 공화당이 집권하면서 공화당 출신 후버 대통령을 기념하기 위해 후버댐으로 이름을 바꾸었습니다). 또 이때의 특징으로는 공공사업진흥국이 예술가들을 후원했다는 것입니다. 이 정책을 통해 수천 명의 예술가들이 생계를 해결할 수 있었고, 미국은 예술작품을 통해 암울한 시기를 이겨낼 문화적 소양을 얻을 수 있었습니다. 미국이라는 나라의 힘이 어디에서 나오는가를 알 수 있는 작은 사례이기도 한 것 같습니다. 위의 사진은 미시간의 한 화가가 공공사업을 하는 노동자들의 모습을 그리고 있는 장면입니다. 이런 일련의 예술후원사업을 통해 미국의 미술가들은 생계를 해결하는 것 이상으로 사회를 위해 일한다는 자부심도 얻을 수 있었을 것입니다. 그만큼 미국의 문화예술은 그 풍부함을 더했을 것이고요.

2기 뉴딜의 가장 중요한 정책들은 바로 '연방정부의 강화'입니다. 미국은 아시다시피 연방제 국가입니다. 각 주들의 독립성이 매우 강하지요. 남북전쟁도 주 정부가 연방정부로부터 독립하겠다고 나오면서 터진 전쟁입니다. 연방정부가 유지되기는 했지만, 주 정부의 독립성은 매우 강력했습니다. 대공황이 터지고 연방정부가 더이상 뒷짐만 지고 서 있을 수 없다는 절박함에서 시작하여 연방정부의 경제개입은 매우 강력해졌습니다. 그리고 이 전통은 지금까지 계승되어 왔습니다.

연방정부는 왜 시장개입을 강화하게 되었을까요? 아까 말씀드린 대공황에 대한 의문점 때문입니다. 도대체 왜 시장은 제 기능을 발휘하지 못하는가? 가격이 내려가면 수요가 늘어나야 하는데 오히려 줄어드는 것은 도대체 왜 이러는 것인가? 이 근본적인 의문을 품는 순간 근본적인 해법도 함께 나오게 되어 있습니다.

시장경제가 제 기능을 발휘하기 위해서는 시장참가자들 간에 평등한 관계가 전제되어야만 합니다. 공정한 거래가 되어야 공정한 시장이 될 것이고, 공정한 시장이 되어야 사람들이 시장에 참여할 것 아닌가 하는 말입니다. 독점대기업과 소비자, 기업과 노동자, 대농장과 소농들 간에는 과연 공정한 거래가 가능할까요? 독점대기업들은 카르텔을 통해 시장가격형성을 방해하고, 대기업들은 노동자들과의 교섭과정에서 훨씬 유리한 위치에 서 있고, 대농장들은 소농들의 생산비 이하로 가격을 책정하여 그들을 고사시킬 수 있습니다. 이런 구조가 바뀌지 않는다면, 시장은 제 기능을 할 수 없고, 공황도 극복할 수 없을 것이라는 생각이 바로 뉴딜정책의 근본입니다.

이를 위해 루스벨트 정부는 근로자의 단체교섭권 보장, 사용자의 부당노동행위 금지, 전국 노사관계위원회 설치 등을 시행해나갔습니다. 이를 통해 미국 노동자들의 권익이 대폭 향상되었고, 노조도 강력해졌습니다. 기업과 노동자들의 계약에서는 기업이 훨씬 유리했으니, 정부가 편을 들어 노동자들에게 힘을 실어주면 어느 정도 대등한 관계가 되지 않겠느냐는 것입니다.

공화당 시절, 앤드루 멜런 장관이 만든 소비세 중심의 조세제도를 누진소득세 구조로 전환하는 개혁조치도 취했습니다. 특히 상위소득자들에 대해서는 엄청난 고율의 세금을 부과했습니다. 지금 우리나라의 소득세는 최고 38% 수준입니다만, 루스벨트 대통령은 꾸준히 소득세를 올려서 2차 세계대전 중에서는 그야말로 기록적인 94%까지 올립니다. 미국만 그런 게 아니라 영국도 당시에는 95%였습니다. 부자들은 자기 소득의 5%만 집에 들고 가는 겁니다. 전시에만 특수하게 이런 식이 아니었습니다. 2차대전이 끝나고 나서도 여전히 최고세율은 1962년도까지 92%에 달했습니다. 미국의 세금은 세금폭탄 정도가 아니라, 세금 핵폭탄 또는 세금 행성폭발 정도라고 칭해도 괜찮겠지요? 로널드 레이건 대통령이 취임하고서야 그때부터 세금이 낮아지기 시작해서, 부시 대통령 시기에는 부자감세가 엄청나게 이루어집니다.

이렇게 세금구조를 바꾸는 일은 국가의 근본적인 체질을 바꾸는 일입니다. 대공황의 영어 단어는 'Great Depression'이라고 부르는데, 이후 뉴딜정책을 'Great Compression'이라고 부릅니다. 빈민들은 정부가 구제사업을 활발히 진행해서 위로 밀어 올리고, 부자들에 대해서는 압박을 가해서 아래로 눌러 내리는 것입니다. 이런 대압착 정책을 통해 미국의 중산층은 부활하고 그들이 늘려가는 소비로 불황을 근본적으로 탈출할 수 있다는 것입니다.

다음의 그래프는 폴 크루그먼 교수가 자주 인용해서 유명해진 미국 최고소득세율의 변화추이입니다. 1차 세계대전 당시 전비 마련을 위해

70%가 넘어섰던 미국 소득세는 전후 감세조치를 통해 1920년대에는 20%대에 머물게 됩니다. 이때 부의 불평등은 극에 달하게 되고 결국 1929년 대공황이 터지지요. 이후 루스벨트 대통령은 뉴딜정책을 통해 소득세율을 급격하게 올리고, 2차대전 당시에는 무려 94%까지 올리게 됩니다. 전쟁이 끝나도 여전히 90%대의 초고세율은 계속 유지됩니다. 레이건 대통령 시기에 들어서야 겨우 감세가 시작된 것을 확인하실 수 있을 것입니다.

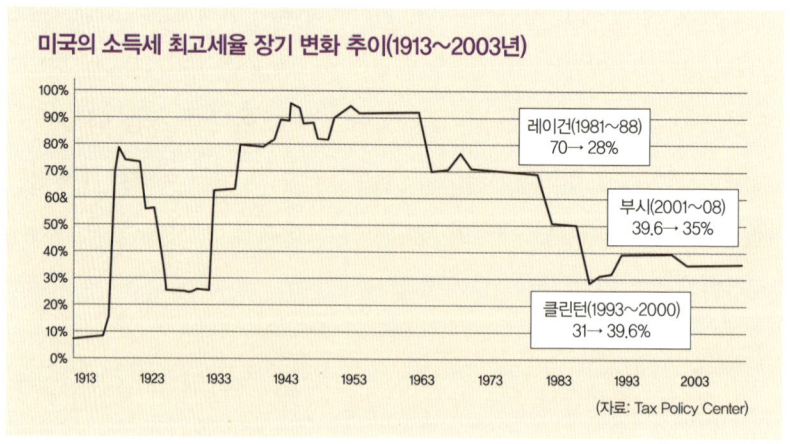

현재 오바마 대통령도 35%대의 최고소득세를 39%까지 높이는 부자증세를 추진하고 있습니다. 부자감세나 부자증세는 이데올로기나 정치기반 확충을 위해 쓰이는 구호가 아닙니다. 이것은 경제를 제대로 돌리기 위해 무엇이 필요한가에 대한 대단히 정책적인 문제이기도 합니다.

대공황 탈출을 위해 왜 대압착이 필요했던 것일까요? 이유는 너무나 단순합니다. 오로지 중산층만이 건강한 소비를 할 수 있기 때문입니다. 중산층이 많은 국가일수록 경제가 건강합니다. 한때 일본은 1억의 중산층이 있다고 하여 1억 총중류라는 말로 세계에서 가장 중산층 인구가 많은 나라로 알려졌습니다. 그때 일본은 미국을 턱 밑에서 위협하는 경제 초강국이었습니다. 지금은 경제의 활력을 잃으면서 일본의 중산층도 점점 줄어가고 있습니다. 그게 일본 경제의 가장 근본적인 문제로 손꼽히고 있습니다. 자세한 이야기는 일본 편에서 말씀드리기로 하겠습니다.

상류층은 자신의 소득 중에서 아주 일부만을 소비하고 나머지는 모두 저축 또는 투자를 하는 사람들입니다. 경제학에서는 이를 소비성향이 낮다고 표현합니다. 반면 하류층은 소득 이상으로 소비를 해야만 생계를 꾸려갈 수 있는 사람들입니다. 이들의 소비성향은 매우 또는 너무 높은 편이지만, 오히려 부채를 늘려가는 형편입니다. 중산층은 소비와 저축이 균형 있게 구성될 수 있는 사람들입니다.

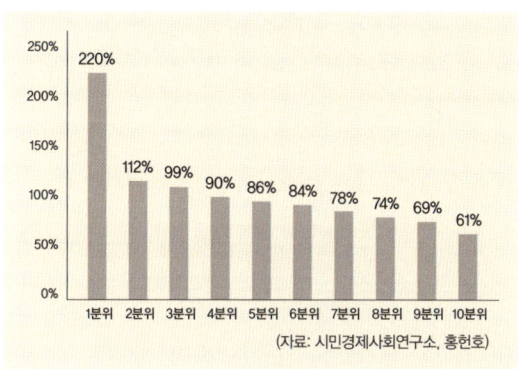

(자료: 시민경제사회연구소, 홍헌호)

이를 그래프로 그려보면 다음과 같습니다.

우리나라 근로자 가구를 중심으로 소득분위별로 가처분 소득의 몇 %를 소비에 쓰고 있나를 비교한 내용입니다. 1분위는 가장 가난한 가구이고, 10분위는 가장 부유한 가구입니다. 1분위의 경우, 기본적으로 소득의 두 배 이상을 써야만 생계유지가 가능한 구조입니다. 그러니 정부보조가 반드시 필요하지요. 반면 10분위 가구의 경우 소득의 61%밖에 쓰질 않습니다. 중산층이라 할 수 있는 4분위나 5분위 가구는 90%가량을 소비하고 있습니다. 이런 가구들이 많아질수록 사회 전체의 소비가 늘어나고 경제가 활성화될 수 있는 것은 너무 당연한 원리입니다.

그러나 1920년대 미국의 소득분배구조는 좀 우울했습니다. 상위 10%가 전체 소득의 50% 가까이를 가져가는 극단적인 부의 불균형 상태를 보였던 것입니다. 아래의 그래프는 프랑스 출신 경제학자인 엠마뉴얼 사에즈가 미국의 국세청 자료를 뒤져서 근 100년간의 초장기 시계열 자료를 만든 것입니다. 상위 10%의 부자들이 얼마나 많은 부를 가져가는가에 대한 그래프입니다.

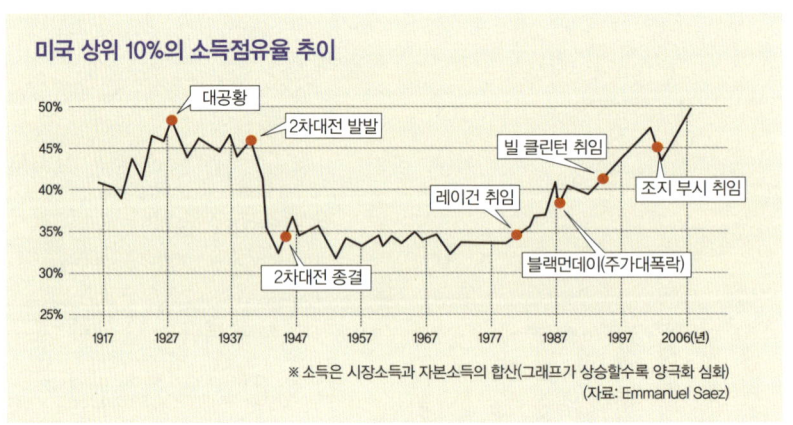

이 그래프에서 부의 편중이 가장 극단으로 치달은 것이 바로 1927년 대공황 직전입니다. 그 이후 대공황이 발발하고 2차대전이 터지면서 전시경제체제로 바뀌자 고소득자의 소득점유율이 30%대로 떨어집니다. 평등한 부의 시기가 계속되다가 레이건 대통령의 취임 이후로 다시 부의 독점이 시작되는 것을 보실 수 있을 것입니다. 결국 상위 10%의 소득점유율이 대공황 수준으로 치달은 2008년 결국 금융위기가 터졌습니다.

맨 앞에서 대공황의 가장 근본적인 위기는 바로 '공급과잉과 유효수요의 부족'이라고 말씀드렸습니다. 2008년 금융위기도 가장 근본적인 이유를 찾아나가자면 같을 수밖에 없습니다. 소비하지 않는 고소득자들이 나라의 부를 독점하고 있다면 결국 과잉공급된 상품은 쌓여만 가고 공황이 터질 수밖에 없는 구조로 나아갑니다.

이를 막기 위해 경제학은 수많은 구조적 장치를 제안해왔지만, 역사에서 이는 종종 잊혀지게 됩니다. 신자유주의라는 이름의 레이건 행정부 이후로 부의 공평한 분배라는 중요한 원칙은 깨지게 됩니다. 루스벨트 대통령이 만든 뉴딜의 질서는 레이건 시절부터 깨지게 되고, 2008년 금융위기의 싹도 이때부터 키워지게 됩니다.

미국의 힘,
어떻게 약해졌나

SECTION 06

1차대전 이후, 미국은 세계 최강국의 자리에 올랐습니다. 2차대 전이 끝나고 나서는 세계 유일 초강대국이 되었습니다. 전승국 미국은 전 세계 GDP의 50% 이상을 차지하는 인류 역사상 최고의 제국이 되었습니다. 세계대전 이후의 미국만큼 강력한 국가는 아마 다시 나오기 힘들지도 모릅니다. 1950년대와 1960년대의 미국은 한마디로 풍요의 상징이었고, 전 세계는 미국의 원조만 바라보고 사는 판이었습니다. 한국전쟁으로 폐허가 된 우리나라만 더더욱 심했었고요. 세계대전 이후에 나라가 엉망이 된 것은 유럽도 마찬가지였고, 일본은 원자폭탄을 맞은 패전국이기까지 했으니 더 말할 것도 없습니다. 중국은 일본과의 전쟁에다가 국공내전까지 겪고 한국전쟁까지 참가를 했으니 무슨 말이 더 필요하겠습니까? 전 세계에서 풍요를 누리는 곳은 오직 미국뿐이었다고 해도 과언이 아닙니다.

이런 초호황이 영원하면 얼마나 좋겠습니까만, 세상이 그렇지는 않지요. 오르막이 있으면 내리막이 생기기 시작합니다. 1960년대 이후부터 조짐이 조금씩 오기 시작합니다. 물가가 오르기 시작한 것입니다. 당시 미국의 실업률은 3%대를 기록하면서 거의 완전고용 수준을 유지하고 있습니다. 지금 미국의 실업률이 10%대에서 9%대로 떨어지고 있다는 것을 생각해보면 당시의 고용이 얼마나 활발했는지를 알 수 있겠지요.

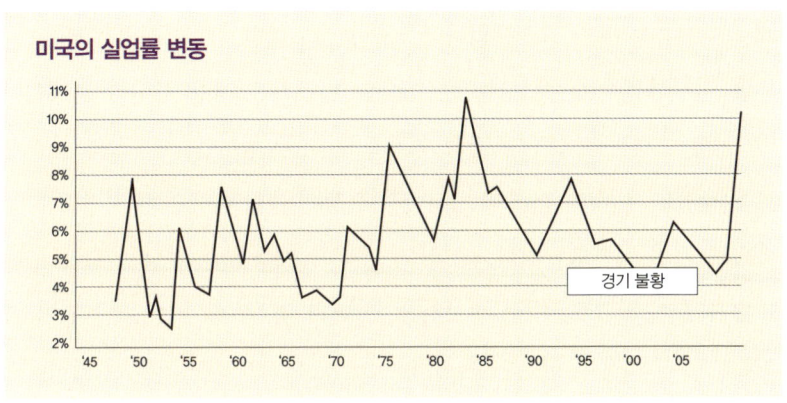

고용이 활발하고, 소비가 늘어나면서 물가가 오르는 것은 경기호황의 전형적인 모습이기는 합니다. 그런데 슬금슬금 상승하는 물가에 치명타를 입히는 사건이 발생합니다. 바로 베트남전쟁입니다. 1965년에 시작된 베트남전쟁은 미국이 전 국력을 다 쏟아붓고, 결국 패전한 전쟁입니다. 물론 미국은 패전이라고 기록하지는 않습니다만, 세계는 모두 미국의 패전이라고 인식하고 있습니다.

미국은 어쩌다가 베트남전쟁에서 패배하게 된 것일까요? 미군만 54만 명이 동원되고, 한국군도 5만 명이 참전했습니다. 전비 면에서는 비교할 수조차 없고, 단순 병력 수만으로 해도 상대가 안 되는 전쟁이었습니다. 베트콩 게릴라 100만 명과 북베트남 정규군 28만 명이 남베트남군

140만 명과 미군 54만 명, 한국군 5만 명이 합친 200만 대군과 싸운 전쟁입니다.

베트남전의 한 참전용사는 훗날 언론 인터뷰에서 군인답게 아주 단순한 진단을 내리기도 했습니다. "베트남군이 미군보다 더 잘 싸웠기 때문입니다. 이유는 그것뿐입니다." 군인다운 답변이긴 하지만 그래도 의문은 여전하겠지요. 베트남전은 미국의 치부가 그대로 드러난 전쟁입니다. 전쟁의 개시 과정이나 전쟁 이후로도 미국 정부는 거짓말과 공작으로 일관했고, 이것이 언론에 드러나자 전쟁에 대한 국민들의 지지도는 땅바닥을 기기 시작했습니다. 곧 끝이 나리라 예상했던 전쟁은 결국 무려 10년을 끌게 되었고, 미군 전사자는 5만8천 명, 부상자는 30만 명이 넘어갔습니다. 전쟁이 한창이던 시기, 미군들 사이에서는 마약이 퍼져나가고 프래깅이라는 극도의 군기문란 사건이 전장 전역에서 벌어졌습니다. 영화 '플래툰'에서도 나온 장면이지만, 위험한 작전을 나가면 사병들이 작당하여 장교를 등 뒤에서 쏴 죽여버리는 일입니다. 이런 일이 한두 번도 아니고 군대 전역으로 퍼져나가면서 장교들은 사병들을 무서워하기 시작했고, 위험한 작전은 명령도 내리지 못하는 일이 비일비재했다고 합니다. 세계 최강 군대로 불리던 미군이 내부에서 무너져내린 것입니다. 그러니 어떻게 이길 수 있었겠습니까?

베트남전은 수만 명의 전사자와 수십만 명의 부상병, 미국의 위신과 신뢰 추락이라는 눈에 보이는 결과를 낳았습니다. 그러나 전쟁은 또다른 무엇인가를 남깁니다. 바로 세계적인 경제위기입니다. 원래 미국은 베트남전 전비로 GDP의 약 1% 정도를 최대치로 예상했다고 합니다.

그러나 실제 전비는 예상치의 열 배를 훌쩍 뛰어넘게 됩니다.

미국 주요 전쟁별 전비 비교

(단위 : 십억 달러)

전쟁	직접전비 (2002년 달러가치 기준)	GDP 비중
1차 세계대전	190	24
2차 세계대전	2896	130
한국전쟁	335	15
베트남전쟁	494	12

(자료: Yale Univ.)

옆의 표에서 알 수 있듯, 베트남전은 GDP의 12%선까지 올라갔습니다. 이 표에서 보이는 것은 전장에서 직접 쓰인 비용만 계산한 것입니다. 실제로 정부는 이보다 두세 배의 돈을 더 쓰게 됩니다. 부상군인들의 재활을 도와야 하고, 퇴역군인과 전사자 가족에게 연금을 지급해야 합니다. 상이용사들의 노동력 상실과 같은 간접적 타격도 큽니다. 아무리 미국이 초강대국이라 하더라도 이 정도의 전비지출은 당연히 어마어마한 경제적 타격을 낳습니다.

베트남전쟁의 끝은 사이공 미국 대사관에서 벌어진 필사의 탈출로 마쳤습니다. 이제 베트남전쟁이 남긴 상처가 곪아갈 시간이 시작될 것입니다. 미국 정부는 베트남전쟁의 전비를 대느라 허리가 휘어갑니다. 미국은 1960년대까지 유일 초강대국으로 재정적자를 거의 보지 않는 국가였습니다만, 전쟁으로 인해 미국 재정적자는 눈덩이처럼 불어납니다.

미국의 재정적자가 끼치는 영향

미국의 재정적자가 큰 폭으로 증가하면 어떤 문제가 생길까요? 당시 미국 달러는 금태환제로 운영되고 있었습니다. 즉 35달러를 가지고 오면 중앙은행은 금 1온스를 준다는 교환법칙이 단단하게 지켜지면서, 다른 모든 나라의 환율이 미국 달러화에 고정환율제로 묶여 있던 시기입니다. 미국 연방준비은행이 달러화를 찍어내기는 하지만, 실제로는 금화와 크게 다르지 않은 것입니다. 달러가 곧 금이고, 금이 곧 달러입니다. 달러를 가지고 미국 중앙은행에 가면 금으로 바꿔줘야 합니다. 그런데 미국은 전쟁을 하느라고 달러를 엄청나게 뿌려대고 있는 것입니다.

미국을 제외한 세계는 모두 자기 나라 화폐를 달러화에 연동시켜놓은 상태입니다. 그런데 미국이 전쟁하느라고 달러화를 세상에다가 막 뿌려대면 달러화 가치가 떨어지는 것은 당연하지 않겠습니까? 상황이 심상치 않게 돌아간다고 생각하는 몇몇 나라들이 슬금슬금 달러를 팔기 시작합니다. 특히 프랑스가 앞장섰습니다. 당시 드골 대통령은 프랑스가 보유하고 있는 달러 채권을 금으로 바꿔놓으라고 명령을 내렸습니다. 미국 입장에서는 달러화에 대한 정면공격으로밖에 볼 수가 없죠. 일단 달러는 금으로 바꿔준다는 규정이 있으니, 프랑스가 달러를 들고 와서 금으로 바꿔달라고 하면 바꿔주기는 했습니다만, 미국 입장에서는 속이 타는 일이겠지요. 미국 내의 금이 야금야금 프랑스로 빠져나가는 상황이 계속되면 달러화의 가치는 더욱 떨어질 수밖에 없습니다. 프랑스뿐 아니라 영국과 독일까지 가세해서 금을 빼가면 일은 더욱 커지게 됩니다. 베트남에서는 게릴라들과 전쟁이 한창이었고, 유럽에서는 프랑스와 화폐전쟁이 한창인 시절이 바로 1960년대입니다.

결국 미국은 매우 무지막지한 조치를 통해 사태를 해결합니다. 아주 간단한 내용입니다. 1971년 8월 15일 닉슨 대통령은 TV담화를 통해 "미국은 '일시적으로' 달러를 금으로 바꿔주지 않겠다"라고 선언합니다. 이것이 바로 닉슨쇼크라 불리는 사태입니다. 물론 닉슨이 말한 '일시적으로'라는 말은 거짓말이 되었지요. 21세기가 시작된 지금까지도 여전히 미국은 달러를 금으로 바꿔주지 않고 있으며, 앞으로도 그럴 일은 없어 보입니다. 닉슨의 선언 이전까지 달러는 곧 금이었고 금은 곧 달러였습니다만, 이제 전혀 다른 세상이 되었습니다. 이제 달러는 달러이고, 금은 금입니다.

그 첫 번째 효과는 금값의 폭등입니다. 닉슨쇼크 이전까지는 금값은 변하지 않았습니다. 전 세계가 금 1온스는 35달러라고 딱 정해놓은 판에 금값이 무슨 의미가 있겠습니까? 거의 100년간 금값은 대공황 때의 일부 조정을 빼고는 딱 고정이 되어 있었습니다. 달러는 곧 금이고, 금은 곧 달러라는 믿음은 이렇게 생겨난 것입니다. 그런데 이제 달러는 금의 족쇄에서 풀려나게 되었습니다. 금값이 오르는 것은 당연합니다. 여기에 투기수요까지 겹쳐서 금값은 온스당 600달러대로 대폭등을 하게 됩니다.

금값의 폭등

금값이 오르는 거야 무슨 대수이겠습니까? 그깟 금가락지 안 산다고 큰일 생기는 것 아닙니다. 산업용으로 금이 쓰이기는 하지만, 전체 수요량에서 대단한 비중은 아닙니다. 금은 크게 장식용, 산업용, 투자용으로 쓰입니다. 대략 장식용으로 60%, 산업용으로 10%, 투자용으로 30% 정도가 쓰입니다. 금값이 오르면 진적 돌잔치에 금반지 해주던 것을 그냥 다른 선물로 대신해주면 그만입니다. 금값이 오른다고 우리 생활에 큰 영향을 끼치는 것은 전혀 아닙니다.

그런데 금값만 오르는 것이 아닙니다. 뒤를 이어 금보다 훨씬 중요한 상품의 가격이 또 대폭등을 하게 됩니다. 바로 석유입니다. 1970년대 세계를 뒤흔든 오일쇼크의 근원이 바로 여기에 있습니다. 물론 아랍 지역의 자원민족주의가 발호하고, 이스라엘과의 전쟁이 직접적인 원인이 된 것은 맞지만, 가장 근원적으로는 달러화의 가치추락이 바로 오일쇼크의 가장 근본적인 원인이 되는 것입니다.

원유 1배럴에 3달러라고 해봅시다. 실제로 1960년대와 70년대 초반에는 이 정도 가격이었습니다. 그런데 금 1온스는 35달러입니다. 금 1온스를 주면 원유를 10배럴 정도를 살 수 있었겠지요. 그런데 금값이 1온스당 600달러로 올라버렸습니다. 이젠 금 1온스를 가지기 위해서는 원유를 무려 200배럴을 팔아야 한다는 어이없는 결과가 되어버립니다. 달러화가 가치 있는 것은 금이라는 손에 쥘 수 있는 물건과 언제든지 고정된 가격에 바꿀 수 있다는 믿음에서 비롯된 것입니다. 금화를 들고 거래하려니 너무 불편하니깐 달러화를 쓰는 것과 똑같습니다. 아랍의 산유국 입장에서는 종이쪽지 달러화를 받고 금쪽같은 자기 나라 원유를 파는 것이지만, 실제로는 금이라는 물건을 받고 파는 것이라고 해도 과언이 아닙니다. 그런데 닉슨쇼크 이후에는 이게 아닌 것입니다. 달러화는 이제 가치가 떨어지는 것이 너무 뻔합니다. 산유국들은 이제 절대로 예전 가격으로 석유를 팔 수가 없는 것입니다. 그래서 석유 가격이 대폭등하게 됩니다.

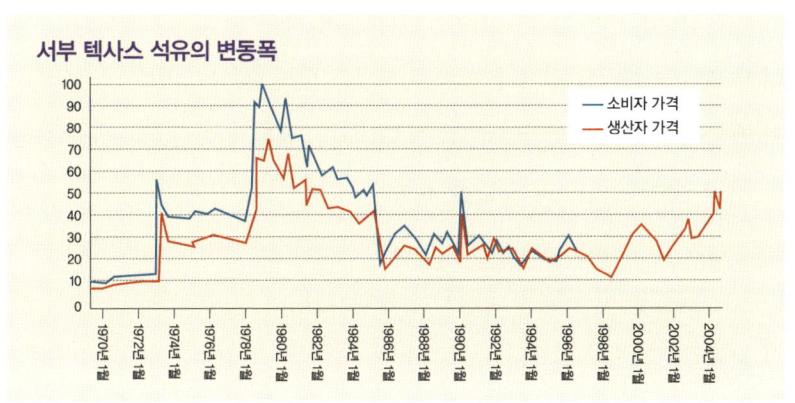

서부 텍사스 석유의 변동폭

소비자 가격
생산자 가격

1973년 1차 오일쇼크 때에는 배럴당 2.9달러에서 11달러로 네 배가 오르고, 1979년 2차 오일쇼크 때에는 14달러에서 41달러로 또 세 배가 오릅니다. 명목가격으로만 해도 4달러에서 40달러가 되었으니, 열 배가 오른 것이네요. 금값이 오르면야 돌잔치 선물만 바꾸면 되지만, 석유 값이 오르면 모든 것이 바뀌어야 합니다. 물가는 석유 값이 오르는 만큼 그대로 따라 오르게 됩니다. 당시 대한민국도 엄청난 고통을 겪어야 했습니다. 1973년 3.5% 물가상승률은 1974년 24% 물가상승률로 바뀌어 버렸습니다. 1979년 2차 오일쇼크는 당시 10.26 사건과 맞물려서 대한민국 경제를 초토화시켜 버렸습니다. 당시 물가상승률은 무려 28%에 달했고, 실질성장률은 마이너스 2%대로 떨어져버립니다.

대한민국만 이런 고통을 겪은 것이 아닙니다. 전 세계가 똑같이 엄청난 고물가에 시달려야 했습니다. 원래 고전적인 경제학에서는 물가가 오르는 것은 경제성장의 효과로 설명합니다. 경제가 호황이면, 상품 수요가 늘어나고 물가가 오르는 것은 당연하다는 것입니다. 그러나 1970년대의 물가폭등은 전혀 다릅니다. 경기는 최악이었고, 실업률은 최고치를 경신하는데 물가만 오일쇼크 때문에 마구 오르는 것입니다. 상품의 수요가 늘어나서 물가가 오르는 것이 아니라, 상품의 비용이 석유 가격 때문에 증가하여 물가가 오르는 것입니다. 그래서 이런 물가상승 현상을 비용 인플레이션이라고 부릅니다.

사람들의 소득은 고실업과 불황 때문에 오히려 줄어드는데, 물건 값만 막 오르고 있으니 수요는 더욱 줄어들 수밖에 없습니다. 이러니 불황은 더욱 심해집니다. 대공황 당시에는 물가가 연간 30%씩 떨어지는 전형적인 수요부진 불황이었다면, 1970년대에는 수요도 없는데 비용이 올라서 물가가 30%씩 올라버리고, 그래서 수요가 더욱 줄어드는 완전히 새로운 형식의 불황이 터져버린 것입니다. 이것을 경제학은 '스태그플레이션'이라고 부릅니다. 바로 경기불황의 'stagnation'과 인플레이션의 'inflation'이 합쳐진 말입니다.

불황을 극복하기 위한 노력들

대공황과 같은 수요부진 불황에 대해서는 수요를 늘리면 된다는 해법이 있었습니다. 케인즈가 역사상 가장 위대한 경제학자로 추앙받는 것은 이 아이디어 때문입니다. 수요가 부진하니, 정부가 돈을 막 풀어서 수요를 진작시키면 되는 것 아니냐는 간단하지만 매우 확실한 처방을 제시했습니다. 정부의 역할은 매우 중요시되었고, 케인즈의 해법은 경제학 그 자체로 불릴 만큼의 위상을 확보하고 있었습니다. 그런데 1970년대에는 전혀 통하지를 않았습니다.

대공황 이후 세계 경제학계를 거의 통일시킨 케인즈주의 경제학의 기본 아이디어는 사실 간단합니다. '불황은 왜 생기나?'에 대한 질문에서 시작합니다. 불황은 곧 과잉생산된 상품을 사줄 만한 구매력이 없어서 물건이 창고에 쌓이기 때문에 생기는 것 아닌가? 그렇다면 물건을 살 수 있으면 문제는 해결되는 것 아닌가? 어떻게 하면 사람들이 다시 물건을 살 수 있나? 사람들에게 돈을 나눠주면 되는 것 아니냐? 아니, 그렇다고 길 가는 사람에게 돈을 막 줄 수는 없는 일 아니냐? 정부가 일을 벌여서 사람들에게 월급을 주면 되지 않나? 정부가 그렇게 막 사업을 벌여서 돈이 다 떨어지면 어떻게 하지? 일단 정부가 적자를 내서라도 경제를 살려야지, 언제까지 불황을 방치할 거냐? 이런 논리입니다.

케인즈가 한 유명한 말 두 가지가 있지요. "먼저 실업자에게 돈을 주고 구덩이를 파게 하라. 구덩이를 다 파고서도 실업이 해결되지 않는다면, 다시 돈을 주고 구덩이를 메우게 하라." 이 말은 일단 유효수요를 해결하기 위해 정부가 적자재정을 펴서 사람들을 고용시키는 것이 중요하다는 말을 강조하기 위해 한 말입니다. 물론 이 말을 곧이곧대로 믿어서 아무 쓸모없는 구덩이를 파게 하는 일은 바보짓인 것은 다들 잘 아시겠지요? 쓸모없는 구덩이를 파는 것보다는 장기적으로 경제에 도움을 주는 사업을 펼치는 것이 훨씬 좋을 것입니다. 그러나 실제로는 쓸모없는 구덩이도 자주 팝니다. 대표적인 예가 일본이 불황에 빠지자 전국 곳곳에 고속도로를 건설하고 아무도 오지 않는 테마파크를 마구 건설하는 일입니다. 우리나라도 각종 이해하기 힘든 사업을 많이 벌인 것은 다들 잘 아실 것입니다. 케인즈의 유머가 일본과 한국에서는 다큐로 변한 것이라 할 수 있습니다.

케인즈의 가장 유명한 말은 "모든 사람은 죽는다"라는 짧고도 명쾌한 말이지요. 고전경제학에서는 시장의 자율적 기능을 신봉하면서 가격원리로 언젠가 경제가 다시 회복할 텐데 정부가 마구 적자를 보는 것은 안 된다고 반대를 했습니다. 케인즈의 명언은 고전경제학의 논리를 반박하기 위해 한 말입니다. 언젠가는 경제가 회복하겠지요. 모든 사람이 언젠가는 죽는 것처럼 말입니다. 케인즈는 위대한 경제학자이기도 하지만, 위대한 문학가라고 불려도 좋을 것 같습니다.

그런데 1970년대의 불황 앞에서는 케인즈주의가 전혀 힘을 못 썼습니다. 전가의 보도인 '적자재정'은 우선 말이 안 됩니다. 이미 미국은 엄청난 적자재정을 펴고 있으니 말입니다. 거기다 물가가 마구 올라서 문제인데 여기서 또 정부가 재정을 풀어버리면 물가가 더 뛰어버리게 됩니다. 정부가 사업을 벌이라는 것도 이미 충분히 벌이고 있습니다. 베트남 전쟁보다 더 큰 사업이 어디 있단 말입니까? 비용 인플레이션이 야기한 경기불황 앞에서 유효수요 창출을 통한 케인즈주의적 해법은 정말 막막한 것이었습니다.

이때 명확한 원칙을 가지고 해법을 제시한 일군의 학자들이 있습니다. 바로 신자유주의 경제학자들입니다. 최근에는 신자유주의라는 말이 안 붙는 곳이 없을 정도로 온갖 사회적 현상에 신자유주의라는 라벨지가 붙고 있지만, 당시에는 매우 획기적이고도 분명한 해법을 제시했습니다. 지금의 문제는 화폐가치가 떨어져서 생기는 물가인상의 문제가 아니냐? 그렇다면 물가를 잡아야 한다. 누군들 물가를 잡기 싫어서 안 잡냐? 어떻게 물가를 잡으라는 말이냐? 은행금리를 왕창 올리면 물가는 잡히게 되어 있다. 금리가 오르면 사람들은 주머니의 돈을 은행에 예금하려고 할 것이고, 이를 통해 시중에 굴러다니는 돈의 양이 줄어들 것이니 물가는 당연히 떨어질 것 아니냐?

　　이 아이디어는 레이건 대통령 취임 이후, 강력하게 시행되었습니다. 당시 미연방준비은행장이었던 폴 볼커는 그야말로 무지막지한 금리인상을 시작했습니다. 볼커는 1979년 민주당 출신의 카터 대통령이 임명한 인물이었지만, 레이건 대통령은 그를 무한히 신뢰하면서 인플레이션과 싸우는 데 큰 힘을 실어주었습니다. 볼커는 미국의 기준금리를 무려 20%까지 올려버립니다. 지금 미국의 기준금리는 0%이고, 대한민국 예금금리는 4%를 넘지 못합니다. 현재와 같은 저금리 시대에는 정말 상상도 할 수 없는 수치이지요.

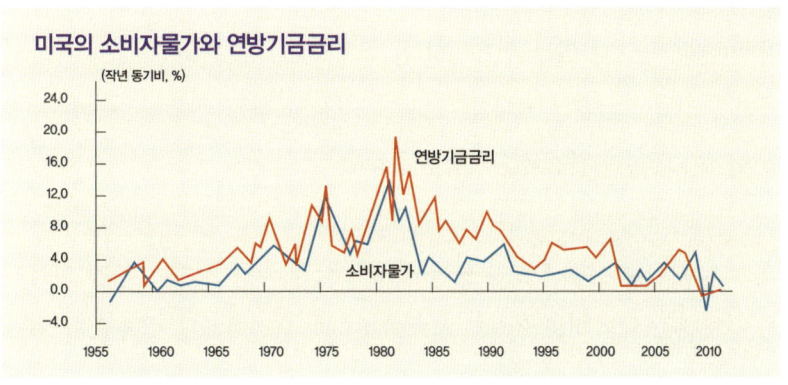

　　당장 세상은 볼커에게 엄청난 욕을 퍼부었습니다. 안 그래도 기업이 어려운데 이자까지 이렇게 왕창 올려놓으면 어떻게 살아남을 수 있겠느냐는 말이지요. 점잖기로 유명한 뉴욕타임즈도 "볼커는 서툰 도박사이지만 너무 엄청난 판돈을 걸었다. 이제 미국이 할 일은 그에게 행운이 따르기를 기도하는 수밖에 없다"고 걱정했습니다. 반면 레이건 대통령은 "미국 정부와 연방준비은행은 다시는 과거의 재정정책과 통화정책으로 돌아가지 않을 것"이라면서 볼커의 인플레이션 파이팅에 힘을 실어주었습니다.

이렇게 말씀을 드리니 미국의 고금리 정책을 통한 인플레 잡기가 쉽게 느껴지시겠지만, 사실 정말 어려운 결정이었습니다. 모든 정부는 금리를 올리는 것을 싫어합니다. 금리를 올린다는 말은 국민들에게 소비를 하기보다는 저축을 하라는 메시지를 전하는 말이며, 좀더 간단히 말하면 긴축정책을 펴겠다는 말이기도 합니다. 어떤 나라 국민도 긴축정책을 반기지 않습니다. 모두들 정부에 대해 "경기를 부양해야 한다"고 주문하지, "경제를 위축시켜달라"고 주문하지는 않습니다. 선거에서도 매우 불리합니다. 레이건 대통령은 극단적인 냉전정책을 편 인물로 비난받지만, 실제로는 전임 대통령이 임명한 중앙은행장의 인기 없는 정책을 끝까지 믿어준 공로가 있는 인물입니다. 정치적으로는 거의 자살에 가까운 어려운 정책이었지만, 경제적으로는 놀라운 효과를 발생시켰습니다. 정말 물가가 잡혔던 것입니다.

1981년 볼커쇼크가 터진 이후, 이듬해부터 물가는 즉각 안정되기 시작했습니다. 미국 정부도 물가안정을 최우선과제로 생각했고, 지금까지도 미국의 고물가는 벌어지지 않고 있습니다. 물가가 안정되자 금리도 떨어졌고, 경제도 조금씩 활력을 되찾아갔습니다. 이후 미국 경제는 몇 번의 부침을 겪었지만, 2008년 금융위기가 터지기 전까지 꾸준하게 성장할 수 있었습니다.

2008년 금융위기, 어떻게 터졌나

SECTION 07

미국 경제는 70년대의 스태그플레이션을 간신히 넘기고 이후부터는 순항을 계속했습니다. 물론 늘 평탄한 것은 아니었지요. 1987년에는 대공황보다 더 심한 주가급락인 블랙먼데이 사태를 겪기도 했고, 1차 이라크전쟁을 승리로 이끌어서 지지율 90%대까지 치솟아 재선이 확실시되던 아버지 부시 대통령을 떨어뜨린 저축대부조합 사태도 있었습니다. 가장 큰 사고는 역시나 2000년대 초반의 나스닥 IT 광풍과 대몰락 사건일 것입니다.

여러 차례의 위기가 있었지만, 수치적으로 볼 때 미국 경제는 충분히 훌륭했다고 볼 수 있습니다. 인플레이션은 3%대 수준에서 안정되어 있었고, GDP 성장률은 꾸준히 4%대에서 안정적으로 성장하고 있었습니다. 이 기간 중에는 경제기반을 허물어뜨릴 만한 심각한 경기침체도 오지 않았습니다. 그 한복판에는 그린스펀 미연방은행장이 있었습니다. 백악관에서는 부시−클린턴−부시 대통령이 돌아가면서 자리를 차지했던 시대에, 그린스펀은 18년 동안 연방준비은행장 자리를 지키면서 미국의

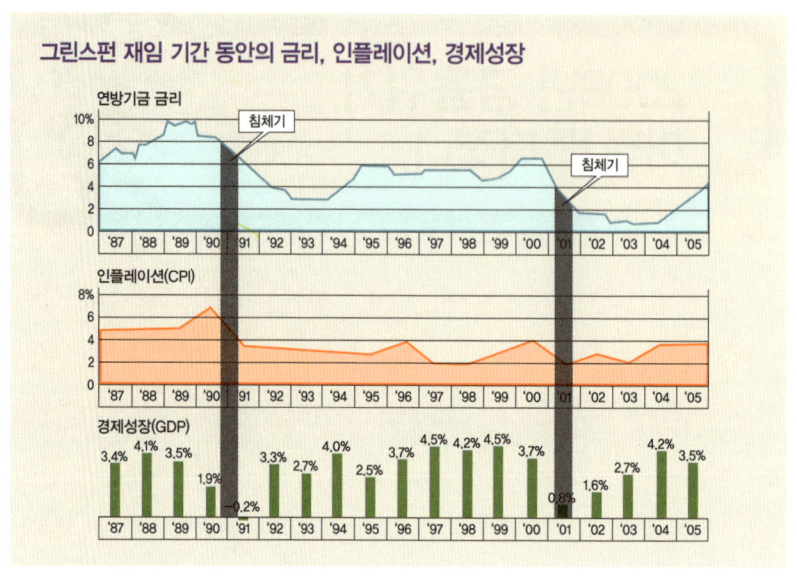

그린스펀 재임 기간 동안의 금리, 인플레이션, 경제성장

경제대통령이라는 별명으로 불리웠습니다.

　　미국의 90년대와 2000년대 중반까지의 대호황을 이끈 주역은 그린스펀이었고, 또한 2008년 금융위기를 몰고 온 장본인도 역시 그린스펀이라 할 수 있습니다. 그린스펀의 시대는 한마디로 모든 것이 적절하고 안정적으로 번영하는 시대로 평가되었습니다. 그 시기를 일컬어 골디락스 시대라고 부르기도 합니다. 우리에게는 낯선 단어인데, 영미권에서는 꽤 유명한 '골디락스와 곰 세 마리'라는 동화가 있답니다. 골디락스라는 소녀가 숲 속의 통나무집에 들어갔는데 곰 가족이 스프를 끓여놓았고, 골디락스가 이걸 큰 접시, 중간 접시, 작은 접시에 나누어 담고 맛을 보았더니 하나는 너무 뜨겁고 하나는 너무 식었는데 중간 접시 스프는 딱 먹기 좋을 만큼 따뜻해서 좋았다더라, 하는 좀 썰렁한 내용입니다. 이 동화를 따서 골디락스는 경제학에서 '너무 뜨겁게 달아오르지도 않고 너무 차갑게 식어버리지도 않고 딱 적당하게 안정적으로 성장하는 경제'라는 말로 쓰입니다. 미국 경제가 바로 골디락스 경제이고, 이건 그린스펀의 위대한 지도 때문이라는 것이 당시의 평가였습니다.

미국의 호황기를 가져온 신경제 이론

어떤 나라든 이런 골디락스 경제를 만들고 싶어합니다만, 실제로 대부분의 국가에서 경제란 냉온탕을 오고갑니다. 모든 나라의 정부와 중앙은행은 이런 냉온탕식 경기순환의 변동성을 줄이기 위해 온갖 정책 수단을 씁니다. 그런데 미국만 성공했고, 다른 나라들은 실패했습니다. 미국이 골디락스 경제를 이끈 힘은 무엇이었을까요?

그래서 나온 이론이 바로 '신경제 이론'입니다. 나스닥 버블이 한창일 때 미국 경제학자들 일부가 주장한 내용입니다. 이제 미국 경제는 전혀 새로운 경지에 올랐다는 겁니다. 미국 경제는 90년대 초반부터 본격적인 호황기로 접어들었고, 90년대 후반 이후로는 평균성장률이 4.2%를 기록하면서 절정의 호황기를 기록합니다. 당시는 클린턴 집권기였는데, 그때 미국에서 살던 분의 이야기를 들어보면 정말 지상낙원이란 곳이 이런 곳이구나 싶었다는 말을 들은 적도 있습니다. 각종 사회보장 시스템도 너무 훌륭하고 도서관이나 미술관 같은 공공시설도 최고였고, 사회 전체에 활력이 넘쳤다고 하더군요. 실제로 당시 미국 실업률은 90년대 초에 8%까지 치솟은 적이 있지만 그 후로는 꾸준히 낮아져서 1997년에는 4%대까지 낮아집니다. 이건 완전고용 수준이지요. 클린턴 8년 집권기는 각종 경제지표 면에서 최고였습니다. 미국 실질성장률은 3.7%를 기록했는데, 이는 케네디 대통령을 제외한 전후 최고였고, 인플레이션은 평균

2.8%였는데 아이젠하워 이후 최저수치입니다. 여기에 더해 당시 미국 정부는 클린턴 재임 후반기 이후 3천억 달러의 재정흑자를 기록하기까지 했습니다. 2차대전 이후 최고의 재정흑자였고, 클린턴 이후로 단 한 해도 재정흑자를 기록한 적이 없습니다. 지금은 오히려 연간 8천억 달러씩 적자를 보고 있지요. 정부가 재정적자를 통해 억지로 만든 호황이 아니라는 것입니다. 이런 호황이 10년을 유지한다는 것을 어떻게 설명해야 할까요? 바로 신경제 때문이라는 것입니다.

신경제는 IT 디지털 혁명에서 시작합니다. 정보통신 기술이 이 시기에 비약적으로 발전하면서 기업들의 경영효율성이 크게 좋아져 노동 효율성이 높아지게 되었다는 것입니다. 예를 들어 생산계획을 효율적으로 잡고, 재고관리가 IT기술 덕분에 좋아져서 재고가 감소하고, 물류도 효율성이 크게 높아지는 효과가 있다는 것입니다. 이런 IT혁명 덕분에 경제의 효율성이 높아지는 효과가 꾸준히 발생하면서 미국 경제는 새로운 경제라 불러도 좋을 만큼의 시스템을 만들어냈다는 이론입니다.

90년대 후반은 개인용 컴퓨터가 크게 보급되고 여기에 인터넷망이 급속도로 맞물려가던 시기입니다. MS윈도우가 세계적으로 엄청나게 보급되고, 한국에서도 흔글과 MS오피스가 사무실에 보급되던 때이지요. 여기에 전화선을 통해 PC통신을 쓰다가 점점 네트스케이프와 익스플로어로 인터넷을 이용하던 그런 시기입니다. 실제로 우리 생활도 IT혁명으로 엄청나게 바뀌었지요. 최근에는 모바일혁명이라는 이름으로 휴대폰에 열광하지만, 당시에는 개인용 컴퓨터에 열광하던 시기입니다. 스티브 잡스의 명성도 90년대 중반에 이미 신화가 되어 있었습니다.

IT가 우리의 생활을 바꾸는 만큼 경제도 바꾼다는 생각은 충분히 일리가 있습니다. 장하준 교수는 인터넷 혁명보다 세탁기 발명이 훨씬 더 세계를 바꿨다고 말하시지만, 그거야 평가하기 나름이라 생각하구요. 인터넷도 세상을 아주 많이 바꿔놓았습니다. 기업도 많이 발전했고, 개인들의 삶도 윤택해졌습니다. 그런데 아주 사소한 문제가 있지요. 낙관론이 너무 지나쳤다는 것입니다.

자동차나 라디오, 전화가 보급되던 1920년대에도 신세계가 열린다고 생각했고, 트랜지스터 혁명이 진행되던 60년대와 70년대에도 신세계가 열린다고 생각했습니다. 실제로 신세계가 열렸습니다. 그러나 주식시장을 비롯한 금융시장은 실제보다 훨씬 호들갑스러운 게 문제였지요. 주식시장은 미래에 대한 낙관으로 활활 불타올랐습니다. 닷컴버블의 시작인 것입니다. 90년대 신경제의 절정은 미국 나스닥의 닷컴버블로 마지막 불꽃을 화려하게 꽃피웠습니다.

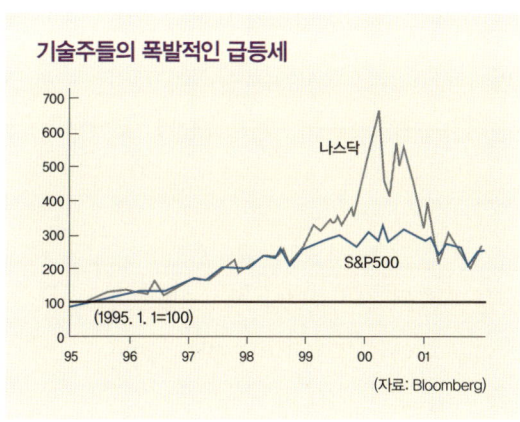

기술주들의 폭발적인 급등세

나스닥

S&P500

(1995. 1. 1=100)

(자료: Bloomberg)

닷컴버블의 몰락

닷컴버블은 미국 나스닥 시장에 네트스케이프가 상장되면서 시작되었습니다. 지금은 없어진 회사지만, 인터넷의 거의 대부분이라 할 수 있는 웹브라우저를 만든 회사입니다. 상장 첫날 세 배로 주가가 뛰었고 이후로도 승승장구하는 듯 보였지만, 마이크로소프트와의 웹브라우

저 전쟁에서 밀려 지금은 다른 회사에 합병되어 버렸습니다. 닷컴버블 시대에는 거의 전설 같은 기술기업 이야기들이 무수합니다. 나스닥 시장은 1994년부터 1999년까지 441%가 성장했고, 같은 기간 S&P500 지수 상승률의 두 배 이상입니다. 당시에는 회사 이름에 닷컴만 붙어 있으면 불꽃같이 주식이 오르던 시기였으니 말입니다.

미국에서 나스닥이 타올랐다면, 우리나라에서는 코스닥이 타올랐고, 전 세계적으로 기술주들이 활활 타오르던 시기였습니다. 코스닥 시장의 새롬기술 시가총액은 당시 롯데그룹주보다 더 많았다고 할 때입니다. 90년대 초반만 해도 미국 시가총액 상위 20개사에 속한 기술기업은 IBM 하나뿐이었지만, 2000년에는 절반을 기술기업이 차지하게 되었습니다.

증권회사에는 상당히 우수한 인재들이 몰립니다. 미국은 우리보다 더하지요. 명문대 학생들에게 가장 선망받는 직장은 단연 증권사들이니까요. 정말 얼음처럼 차가운 이성으로 주식을 철저하게 분석하고 평가하는 것이 그 사람들이 하는 일입니다. 그런데 당시에는 분석이고 뭐고가 다 필요 없었습니다. 증권사 직원들까지 전부 기술주에 미쳐서 돈을 밀어넣고 있었으니 말입니다.

당시 가장 주목받던 기술주는 네트워 장비기업인 시스코였습니다. 주식가격을 한 주당 순이익으로 나누면 현재 주식가격이 주당순이익의 몇 배인지를 계산할 수 있겠지요? 이를 주가수익배율PER, Price Earnings Ratio라고 부르는데 보통 주식들은 약 12배 정도입니다. 그런데 당시에는

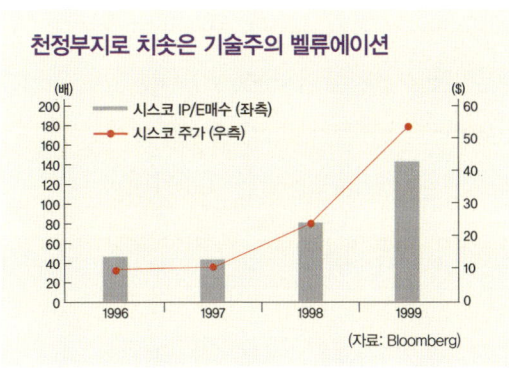

천정부지로 치솟은 기술주의 밸류에이션

주가수익배율이 100배를 넘는 주식이 허다했습니다. 시스코의 당시 시가총액은 최고 4,700억 불까지 올랐는데 이는 세계 최고의 석유기업인 엑슨 모빌의 두 배 수준이고, IT기업 역사상 최고의 실적을 올린 애플의 현재주가보다도 더 비싼 가격이었습니다. 당시 야후의 시가총액은 여객기 1위 기업인 보잉사와 중장비 1위사인 캐터필러사와 담배 1위 회사인 필립 모리스사의 시가총액을 다 합친 것보다 많았습니다. 야후의 순이익은 이들 3개 회사 순이익의 160분의 1 수준이었는데도 말입니다.

별별 황당한 일이 다 벌어지던 때입니다. 아이빌리지닷컴이라는 여성 상대 커뮤니티 회사의 시가총액은 최고 16억 달러까지 올랐는데 이 회사의 연간 매출은 6백만 달러였고, 순이익은 마이너스 2,400만 달러였습니다. 매출보다 적자가 4배나 많았지만, 주가는 매출액의 250배였죠. 우리나라에서도 광고를 보면 돈을 준다는 기업이 프로농구단을 만들기까지 했으니 더 말해 무엇하겠습니까?

이런 세월이 언제까지고 지속될 것이라고 생각한다면 그게 좀 이상한 것이겠지요? 결국 나스닥 거품은 부풀어 오를 때도 화려했고 꺼질 때도 화려했습니다. 2000년이 되면 밀레니엄 버그라는 게 생길 것이니 전부 새 기계로 바꿔야 한다는 주장이 나오면서 기업들이 전산장비를 2000년 전까지 싹 바꿔놓았고, 무사히 2000년을 맞이하자 더이상 바꿀 기계가 없었습니다. 이런 식으로 2000년이 되자 기업의 IT 투자가 급속히 줄어들었고, 시장경쟁은 더욱 치열해졌습니다. 결국 5000포인트를 넘었던 나스닥 지수는 2년 만에 1100포인트로 하락했습니다. 딱 2년 만에 5분의 1로 줄어든 것이지요. 우리나라의 코스닥 지수도 최고 2900포인트에서 최저 320포인트까지 하락했으니 거의 10분의 1로 줄어든 것입니다.

주가하락만 보자면 2008년 금융위기만큼이나 심각했던 것이 나스닥 버블 붕괴였습니다. 그러나 나스닥 사태는 그 엄청난 규모에 비해서 경제에 미치는 영향은 오히려 지금보다 훨씬 작았지요. 실업률이 급등한 것도 아니고, 경제성장률이 급락한 것도 아닙니다. 여전히 미국 경제는 호황을 이어갔고, 실업률은 낮은 수준을 유지했습니다. 바로 그린스펀의 힘이었습니다.

그린스펀은 어떻게 미국경제를 이끌었나

SECTION 08

미국 경제계에는 '그린스펀 풋'이라는 말이 있습니다. 그린스펀이 제공하는 '풋옵션'이라는 뜻인데요. 풋옵션이라는 말만 이해하면 어려운 것은 아닙니다. 풋옵션이란 미래의 일정한 시점에 일정한 금액으로 물건을 팔 수 있는 권리를 뜻합니다. 반대로, 살 수 있는 권리는 콜옵션이라고 하고요. 파생금융상품의 일종인데, 주식이나 각종 상품을 거래할 때 아주 유용하게 쓰이는 금융기법입니다. 어쨌거나 그린스펀 풋이라는 말은 무언가 사고가 터졌을 때 그린스펀이 우리에게 물건을 팔고 도망갈 수 있도록 길을 열어주고 있다는 말이라고 이해하시면 됩니다. 실제로 그린스펀이 한 일이 바로 이것입니다. 미국의 은행과 증권회사(투자은행)에게 팔고 도망갈 수 있는 문을 언제나 활짝 열어준 것입니다.

어떻게 했냐고요? 아주 쉽습니다. 경제에 큰 문제가 생길 때마다 큰 폭의 금리인하로 돈줄을 팍팍 풀어주었습니다. 물론 경제위기에 금리를 내려서 안정을 되찾게 하는 일은 중앙은행이 하는 아주 당연한 일입니다만, 그린스펀은 그 정도가 좀 심했습니다. 1998년 LTCM이라는 헷지펀드가 무려 1,000억 불의 손해를 입고 파산 직전에 몰렸을 때, 2000년 나스닥 시장이 붕괴했을 때, 9.11 사태가 벌어졌을 때 그린스펀은 어김없이 금리인하 조치를 취했습니다. 그러나 시장이 어느 정도 정상을 되찾으면 적정금리 수준을 취해야 하는 것도 당연합니다. 하지만 그린스펀은 저금리 기조를 꾸준히 밀고 나갔습니다. 당시 미국의 물가수준은 낮은 수준이니 굳이 올릴 필요가 없다고 하면서 말입니다.

　　미국의 역대 연방준비은행장 중에서 가장 존경받는 이는 미국의 60년대 황금기를 이끈 윌리엄 마틴이라는 분입니다. 그는 중앙은행이 하는 일을 다음과 같이 아주 재치 있게 표현했습니다. "연방준비은행이 하는 일이란, 파티가 한창 무르익었을 때 접시를 치워가는 것이다." 그러나 그린스펀은 파티가 광란으로 치닫고 있는 때에도 여전히 접시를 파티장에 밀어넣는 역할을 했습니다. 파티는 더욱 흥겨워졌고, 결국 파국이 오게 된 것입니다.

　　미국 경제는 2004년경에 완전히 정상을 회복했습니다만, 미국 기준금리는 여전히 1%대를 유지했습니다. 당시 물가상승률은 2%대로 아주 낮은 수준이었지만, 기준금리는 그보다 더욱 낮았지요. 미국에 실

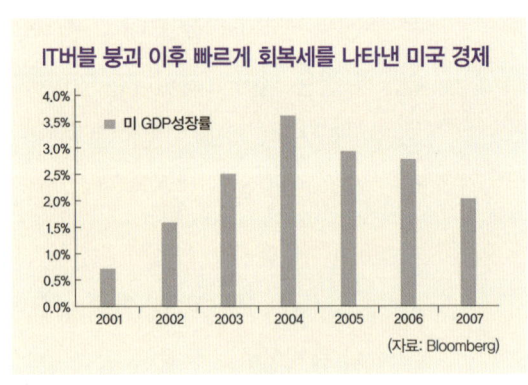

질적인 마이너스 금리 시대가 열린 것입니다. 이제 사람들은 은행에 돈을 예금하면 그만큼 손해를 보는 시대가 열렸습니다. 당연히 무엇이든

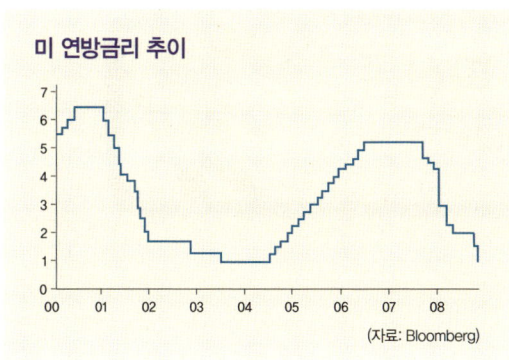

미 연방금리 추이

(자료: Bloomberg)

물건을 사두는 것이 유리한 시
대입니다. 미국인들은 일본산
자동차를 사고, 한국산 전자제
품을 사고, 중국산 온갖 장난감
을 샀습니다. 그리고 결정적으
로 미국 부동산을 사기 시작했
습니다.

리먼 브라더스 파산은 어떻게 일어났나

2008년 전 세계를 충격으로 몰아넣은 리먼 브라더스의 파산은 전 세계적인 금융공황으로 이어졌고, 까딱 잘못하면 세계금융질서가 한 방에 무너질 수도 있었습니다. 간신히 세계가 무너지는 것은 막았습니다만, 아직까지도 여파는 계속 진행 중입니다. 세계적인 불경기는 아직도 끝나지 않았습니다.

리먼 브라더스는 1850년에 세워졌고, 두 번의 세계대전과 대공황까지 이겨낸 미국 4위의 투자은행이었습니다. 굉장히 신중한 위험관리로 그 오랜 세월을 버텨온 회사였습니다. 그러나 리먼 브라더스가 망하기 직전에는 정말 미쳤다고밖에 볼 수 없는 투자를 수도 없이 일으켰습니다. 채권을 주로 팔던 회사가 부동산 투자에 직접 손을 대서 전 세계에 리먼 브라더스 소유의 건물을 무려 20만 동을 소유하게 되었습니다. 리먼 브라더스는 물론 돈이 많은 회사였지만, 이 정도의 투자를 위해서는 그보다 훨씬 더 많은 부채가 필요했고, 리먼의 부채를 모두 갚기 위해서는 무려 276년 동안 꾸준히 순이익을 내야만 가능했다는 계산도 있었습니다.

리먼 브라더스만 망한 게 아니었지요. 당시 미국 투자은행 순위 1위에서 5위까지의 회사 모두가 파산 직전까지 몰렸고, 4위 회사(리먼 브라더스)와 5위 회사(베어스턴스)가 실제로 망했습니다. 1위인 골드만 삭스와 2위인 모건 스탠리 증권은 정부투자로 지주회사로 바뀌었고, 3위인 메릴린치는 뱅크오브아메리카 은행에 매각되었습니다. 이 조치가 실패했다면 국제금융질서는 아마겟돈으로 변하고 세계는 20세기 이전으로 돌아갈 뻔했다는 언론의 평가도 있었습니다. 도대체 왜 이런 일이 벌어지게 되었던 것일까요? 그린스펀이 금리를 너무 낮게 유지했다는 이유 때문에 이렇게까지 큰 일이 벌어진 것인가요? 물론 그것도 큰 이유입니다. 그러나 이 정도 큰 사건에는 그만큼 복잡한 이유들이 있게 마련입니다. 하나씩 짚어봅시다.

글로벌 경제, 불황으로 치닫다

첫째로는 미국의 부동산 거품이 거대하게 형성되었기 때문입니다. 아까 말씀드린 대로 그린스펀의 금리정책 덕분에 미국의 실질금리는 마이너스 상태였습니다. 돈을 모으기보다는 쓰는 것이 유리한 시대입니다. 이왕이면 돈이 벌리는 곳에 쓰는 것이 좋겠지요. 주식시장도 호황이었고, 부동산 시장은 더욱 호황이었습니다. 사람들은 부동산에 투자하기를 원했고, 금융회사들은 엄청난 고금리로 돈놀이를 시작했습니다. 미국 금융기관들은 원래 바보가 아니었습니다. 담보와 소득이 확실한 계층에게만 안전하게 돈을 빌려주었습니다만, 2000년대에는 아무런 담보도 없는 이들에게도 마구 돈을 빌려주기 시작했습니다. 그게 바로 서브프라임 모기지입니다. 소득이 높은 이들에게 빌려주는 대출을 프라임 대출이라 부르고, 소득이 낮은 이들에게 빌려주는 대출이 바로 서브프라임 대출입니다. 프라임 대출이 모두 이루어지고 난 후에도 더 큰 수익을 위해 서브프라임 대출이 대규모로 이루어진 것입니다.

둘째로는 규제완화로 인해 금융기업들의 사기적 행태가 아무런 제약 없이 마음껏 벌어졌습니다. 미국 은행들도 돈 한 푼 없는 사람들에게 돈을 빌려주면 당연히 돈을 떼일 위험이 있다는 것은 잘 알고 있습니

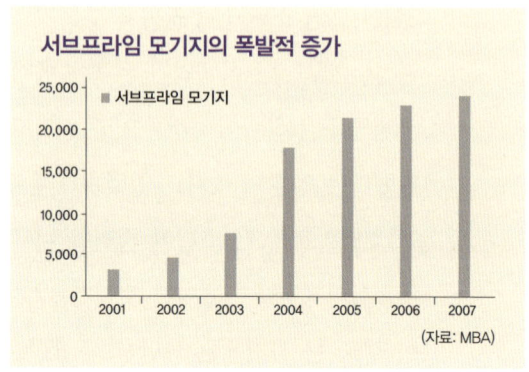

다. 바보가 아니라도 이건 알 수 있지요. 그런데도 엄청나게 빌려주었습니다. 무엇인가 믿는 구석이 있었겠지요? 그게 바로 신용파생상품입니다. 미국 은행들은 최첨단 컴퓨터를 이용해 채권의 위험을 정확히 계산할 수 있다고 믿었고, 이를 토대로 새로운 금융상품을 만들어 팔면 얼마든지 돈 떼일 위험을 피할 수 있다고 믿었습니다. 그래서 서브프라임 대출이 엄청나게 일어났고 그 대출이 망하자 은행들도 함께 망하게 되었습니다.

이런 신용파생상품들은 천재수학자들이 수십 페이지짜리 수학 공식을 통해 만든 것들입니다. 만든 사람이라도 이걸 또 보면 이해할 수 있을까 싶은 상품들이 마구 만들어집니다. 당연히 저도 이걸 제대로 이해할 수 없습니다. 아주 간단히 설명을 드리면 다음과 같습니다. 먼저 은행은 사람들에게 각종 우량대출과 불량대출을 잔뜩 해줍니다. 그래서 수백 수천 건의 대출이 일어나겠지요. 그리고 이 대출을 한데 모아 각자의 위험도를 측정해서는 하나의 상품으로 묶어냅니다. 이렇게 묶은 채권

을 또다시 묶어서 하나의 채권을 만들어내기도 합니다. 몇 번씩 채권을 묶다 보면, 불량채권이 얼마나 섞여 들어갔는지, 어떤 게 불량채권인지 전혀 알 수 없게 됩니다만, 전체적으로는 거의 우량채권에 가까운 형태가 됩니다. 이걸 미국의 투자자들, 유럽의 부자들, 아시아의 은행들에게 막 팔아대는 겁니다. 그러다가 몇 건의 불량대출이 결국 부도를 선언하게 됩니다. 일반적인 대출이라면 부도처리를 하면 그만입니다. 그런데 수백 건의 대출을 묶어버린 새로운 파생상품 채권이라면 계산이 보통 복잡해지는 것이 아닙니다. 파생상품 안에 불량채권이 얼마나 되는지 여전히 계산이 안 되기 때문에 파생상품도 전혀 거래가 안 되고 부도 수준으로 가격이 떨어지게 됩니다. 파생상품 채권을 가득 쟁여놓았던 리먼 브라더스가 파산했습니다. 이 채권에 보증을 선 보험사도 망하게 됩니다. 그 보험사가 바로 AIG입니다. 이렇게 초대형 은행과 보험사가 파산 직전까지 가게 되니, 엮여 있던 수많은 은행과 증권사도 같이 망하게 됩니다.

서브프라임 대출의 규모가 엄청나게 크다고는 하지만 그래 봐야 전체 모기지론의 23% 수준이었습니다. 총 규모로는 1조3천억 달러 정도로 추산되는데, 물론 엄청나게 많은 돈이기는 하지만 전체 미국 가계 금융자산인 56조 달러에 비하면 그리 큰 수치도 아니었습니다. 미국 경제의 규모를 생각해보면 이 정도 손실은 어떻게든 감당할 만한 수준이었습니다. 그런데 이 채권이 각종 신용파생상품들로 묶이고 또 묶여서 손실규모가 엄청나게 확대된다는 데에 문제가 있었던 것입니다. 그보다 더욱 무서운 것은 얼마나 손실이 발생할지 예측이 안 된다는 점이기도 하구요.

이런 일이 벌어진 것은 미국이 금융규제완화에 목숨을 걸었기 때문입니다. 이런 이상한 상품을 감독하는 기관도 대충 넘어가고, 평가하는 기관도 대충 넘어가고, 만들어서 파는 은행도 대충 넘어가는 일이 '규제완화'라는 이름 하에서 정당화된 것입니다. 그리고 그 대가는 전 세계가 함께 치르고 있습니다.

셋째로는 미국 경제의 기본이 무너져내리기 시작한 때문입니다. 세계대전 이후로 우리는 미제 물건은 세계 최고라고 믿어왔습니다. 그런데 여러분들은 지난 10년 동안 미제 물건을 몇 개나 써보셨나요? 미제 자동차가 세계 최고라고 아직도 믿는 분들은 별로 없습니다. 미국에는 TV를 만드는 공장이 단 하나도 없습니다. 그래서 설사 한국이나 중국이 아무리 TV를 미국에 덤핑으로 수출하더라도 아무 상관이 없습니다. 왜냐하면 덤핑으로 피해를 보는 미국 기업이 없기 때문입니다. 미국 제품 중에서 가장 인기 있는 물건은 애플의 핸드폰과 컴퓨터 정도라고 할 수 있을 것인데, 만들기는 중국에서 만듭니다. 스티브 잡스가 살아 있을 때 오바마 대통령이 직접 '아이폰을 미국에서 만들어 미국인들의 고용을 도와달라'고 부탁한 적이 있습니다. 잡스는 '그러고 싶어도 그럴 수가 없다'고 대놓고 거절을 했습니다. 이미 미국 내에는 아이폰을 만들만 한 제조업의 시스템이 붕괴되었기 때문입니다. 잡스는 거의 신적인 경영능력을 가졌다고 평가받지만, 그래도 아이폰을 만들 수 없는 나라에서 아이폰을 만들게 하는 능력까지는 갖지 못했나 봅니다.

미국은 전 세계에 깔아놓은 투자자산으로 금융수익을 얻는 나라가 되어버렸습니다. 매년 중국과 한국으로부터 각종 물건을 사기 위해

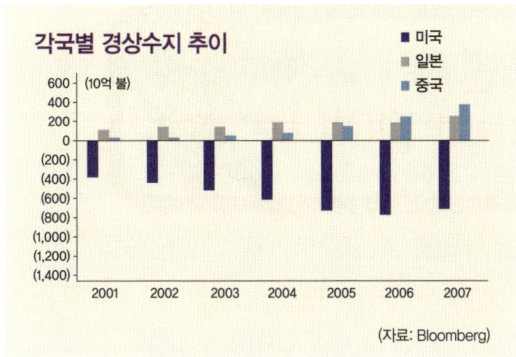

각국별 경상수지 추이

(10억 불)

■ 미국
■ 일본
■ 중국

600
400
200
0
(200)
(400)
(600)
(800)
(1,000)
(1,200)
(1,400)

2001 2002 2003 2004 2005 2006 2007

(자료: Bloomberg)

서 수천억 불의 적자를 내는 나라입니다. 중국과 한국은 수출로 번 달러를 다시 미국 채권을 사기 위해 미국으로 보냅니다. 채권을 주고 돈을 돌려받은 미국은 다시 물건을 사댑니다. 이런 구조가 거의 십 년간 유지되면서 중국과 한국은 초고속성장을 하고, 미국의 적자는 초고속으로 늘어났습니다.

대공황과 2008년 금융위기는 얼마나 닮았나

그동안 미국 경제 100년을 개략적이나마 훑어보았습니다. 이렇게 미국 경제사를 말씀드린 것은 지금까지 진행 중인 2008년 금융위기가 왜 터졌는지, 어떻게 극복할 수 있을 것인지를 말씀드리기 위해서였습니다. 서브프라임 모기지 사태라고 해서 엄청나게 특별한 비밀이 숨어 있는 듯 보이지만, 사실 이번 위기는 그간 세계경제가 맞닥뜨려온 온갖 위기의 총합과도 같습니다.

1920년대의 엄청난 신기술 발명과 대호황이 빚어낸 광기의 주식 투자 붐, 베트남전이라는 어리석은 전쟁이 가져온 태산 같은 전비가 몰고 온 달러화에 대한 신뢰위기와 물가인상, 탐욕 그 자체인 금융시장에 대한 방종적인 태도가 몰고 온 나스닥 붐과 그 뒤를 이은 부동산 열풍은 2008년 금융위기의 원인을 설명하는 내용 그 자체라고 봐도 좋을 것입니다. 케너스 로고프라는 미국 경제학자가 쓴 『지금은 다르다』라는 책이 있습니다. 영어로는 'This time different'인데, 모든 금융위기를 설명하는 데 이것만큼 강렬한 말이 없지요. 이번만큼은 다를 것이라고 생각해

투기 붐에 편승하고, 이번만큼은 멋지게 탈출할 것이라고 장담하지만 실제로는 모두들 시궁창에 빠져버리고 맙니다. 2008년 위기도 다르지 않았습니다. 지금도 사실은 똑같습니다.

위기에 빠지는 것도 똑같다면 위기를 탈출하는 것도 마찬가지입니다. 이번만큼은 달라서 완전한 절망이라는 것도 없습니다. 세계의 경제역사는 도저히 풀 수 없을 것처럼 보이는 심각한 경제위기도 여태껏 잘극복해왔습니다. 이번은 다를 것이라고 미리 겁먹을 필요도 없다는 것입니다.

미국 경제도 5년 전의 위기를 극복해가는 과정에 있습니다. 물론이에 대한 비판도 매우 거셉니다. 어리석은 전쟁은 아직도 계속 중이고, 여전히 미국인들은 중국 물품을 싸게 사는 것에 중독되어 있으며, 월가의 금융기관들은 정부 구제금융으로 더 큰 보너스를 받고 있다고 말입니다. 그러나 한편으로는 미국인들의 저축률은 계속 높아지고 있으며, 부자증세를 통해 재정적자를 완화시키겠다는 노력이 미흡하게나마 진행 중이기도 하고, 미국 제품의 경쟁력을 높이기 위한 노력도 계속되고 있습니다.

물론 아직도 끝은 오지 않았고, 언제쯤 경기회복을 확신할 수 있을지도 모릅니다. 또 경기회복을 위한 방향이 옳은지에 대한 논쟁도 엄청 많습니다. 루스벨트의 전략을 또 써먹을 수 있지요. A플랜이 잘 안 먹히면 B플랜도 써보고 C플랜도 써야지요. 플랜이야 바뀔 수 있지만, 그방향은 일관되어야 할 것입니다.

무너진 시장 질서를 다시 세우기 위해 시장의 룰을 제대로 잡고 시장 참가자들의 힘을 공평히 만드는 것, 생존의 위협 앞에 선 시민들에게 일자리를 나눠주고 자립할 수 있는 기반을 마련해주는 것, 탐욕스러운 거대 금융기업들을 제대로 규제하고 공정한 경쟁이 이루어질 수 있는 것 등은 이미 우리가 대공황과 그 이후의 역사에서 배운 바입니다.

·Part **2**·
중국 경제특강

China
Economy

한국과 중국

1990년대 초반 엘빈 토플러가 한국에 방문한 적이 있었습니다. 기자회견이 열렸고, 좀 썰렁한 질문이 있었습니다. 미래학자이니 한국의 미래에 대해 어떻게 생각하냐는 질문이었습니다. 토플러도 매우 쿨하게 '아주 좋습니다'라고 답을 합니다. 썰렁한 질문에 썰렁한 답변이었으니, 당연히 왜 그렇게 생각하냐는 추가질문이 이어졌습니다. 토플러는 더 간단하게 이렇게 답했습니다. "중국 옆에 있지 않습니까."

얼핏 듣기에는 토플러의 통찰력이 놀라워 보입니다. 당시에도 초고속성장을 지속하는 인구대국 바로 옆에 있는 나라라면 발전기회가 무궁무진할 것이라 생각이 들고, 그런 점을 짚어낸 점은 세계적인 미래학자답다 하는 생각이 듭니다. 그런데 사실 중국은 세계에서 가장 많은 국가와 국경을 맞대고 있는 나라입니다. 육지 국경선으로만 무려 14개국과 마주하고 있습니다. 한국은 북한 때문에 이 14개국에 속하지도 않습니다. 중국 바로 옆에 붙어 있는 14개 국가 중에서 정말 중국의 발전 덕분에 덩달아 큰 성공을 이뤘다고 평가할 만한 나라는 하나도 없습니다. 제일 대표적인 예가 북한 아니겠습니까? 중국과 가장 가까이에 있고, 중국과 동맹을 맺고 전쟁까지 같이 한 사회주의 국가지만, 북한 경제는 그 수준을 말하기 민망한 지경이지 않습니까? 토플러의 저 대답은 부연설명이 많이 필요할 것입니다. 중국의 발전을 이용하기 위해서 필요한 조건은 무엇이며, 어떤 경제적 선택을 해야 할 것인지에 대해서는 참 많은 토론이 필요할 것입니다. 그냥 중국과 가까이에 있다고 발전할 수 있는 것은 전혀 아니겠지요.

중국의 인접 국가

(국경선 길이, km)

① 몽골(4710)   ⑧ 북한(1334)
② 러시아(4354)   ⑨ 키르기스스탄(1096)
③ 미얀마(2000)   ⑩ 부탄(600)
④ 인도(1700)   ⑪ 파키스탄(500)
⑤ 카자흐스탄(1753) ⑫ 라오스(500)
⑥ 네팔(1415)   ⑬ 타지키스탄(400)
⑦ 베트남(1347)   ⑭ 아프가니스탄(92)

경제에 관한 이야기를 할 때 빼놓을 수 없는 주제는 단연코 중국입니다. 전 세계가 모두 중국을 주목하고 있지만 특히 대한민국 경제는 중국을 이야기하지 않을 수가 없습니다. 가장 중요한 무역파트너이자, 가장 많은 투자를 하고 있는 나라이고, 앞으로도 계속 긴밀한 관계를 맺고 살아갈 수밖에 없기 때문입니다. 반만년 우리나라의 역사가 중국과의 긴장·갈등·친선의 연속이었듯, 앞으로도 그럴 것이 분명합니다. 5천 년간 중국과 엄청나게 관련이 깊은 역사를 가져왔지만, 사실 6.25 전쟁 이후로 거의 40년간 우리는 중국과의 관계를 끊고 살아왔었지요. 80년대까지만 해도 중국은 중공이었고, 적성국가였습니다. 6.25 전쟁 때는 중국은 무려 백만 대군을 우리나라에 파병하여 직접 전쟁을 치렀던 나라이기도 합니다. 그러나 지금은 대한민국의 가장 중요한 무역 파트너가 되고 있습니다.

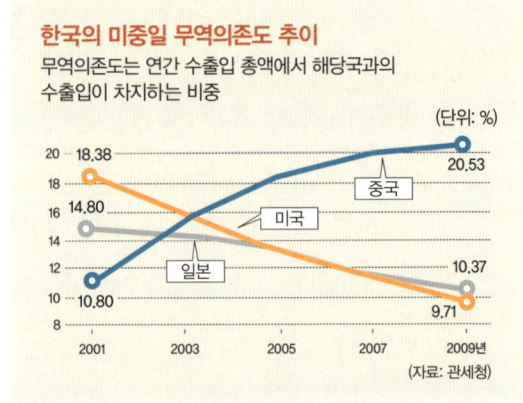

한국의 미중일 무역의존도 추이
무역의존도는 연간 수출입 총액에서 해당국과의 수출입이 차지하는 비중

(단위: %)

우리나라는 2012년 5,480억 달러를 수출했고, 5,195억 달러를 수입했습니다. 이 중에서 중국에 대한 수출은 1,343억 달러로 총수출의 24% 이며, 중국으로부터의 수입은 807억 달러로 총수입의 15% 수준입니다. 무역수지로만 보면 우리나라는 중국에 엄청나게 수출을 하고 있다는 생각이 듭니다. 우리나라의 총 무역수지액은 285억 불 흑자인데, 중국 한

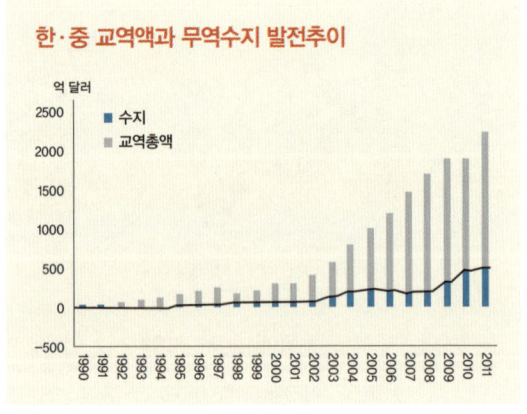

한·중 교역액과 무역수지 발전추이

나라에 대한 무역수지는 무려 535억 불입니다. 이 숫자로만 보면 우리나라는 중국에서 벌어들인 돈으로 중동에서 석유를 사고, 일본에서 부품을 사올 수가 있는 것입니다. 이미 중국 수출액(1,343억 달러)은 미국(585억 달러)과 일본(388억 달러)에 대한 수출액을 합친 것보다 훨씬 큽니다.

G2에서 G1으로

우리나라는 2008년 금융위기를 가장 빠르고 성공적으로 극복한 나라로 알려져 있습니다. 어떻게 가능했을까요? 이전 정부부터 유지해온 금융과 재정의 건전성도 있었고, 한국 기업들의 강력한 상품 경쟁력도 있었고, 무지막지하게 올라버린 고환율 덕도 분명 있었겠지만, 중국 원인도 정말 큽니다. 금융위기가 터지자 중국은 자국민의 소비를 엄청나게 조장하고 돈을 확 풀어버리면서, 대한민국의 수출에 물꼬를 시원하게 터주었습니다. 그 덕분에 미국과 유럽에서 소비가 엄청나게 줄면서 매우 힘들어졌던 우리의 수출기업들이 중국의 소비진작 전략 덕분에 오히려 급성장을 할 수 있게 된 것입니다.

중국 입장에서도 마찬가지입니다. 중국도 그들의 발전전략을 세우면서 한국의 모델은 매우 중요했습니다. 2차대전 이후, 절대빈국의 상태에서 중진국으로, 선진국 문턱까지 올라온 국가는 한국이 유일합니다. 동아시아의 인접국이 이런 발전을 성공시켰는데, 그 경험이 얼마나 소중하겠습니까? 실제로 한국의 제1무역파트너가 중국이라면, 중국의 제3무역파트너는 한국입니다. 한국의 자본재 공급이 없다면, 중국의 발전도 그만큼 힘들어지는 것은 분명합니다.

이제 중국은 세계 2위의 경제대국이 되었습니다. 이 놀라운 발전은 1978년 등소평의 개혁개방조치 이후 겨우 30년 만에 이룩한 성과입니다. 전 세계의 어떤 국가도 이런 성과를 내지 못했습니다. 1978년 이전의 중국은 그야말로 전제주의 정치가 지배하는 황폐화한 농업국가에 불과했습니다만, 이후의 발전상은 바로 옆에서 지켜보고 있는 또다른 고도성장 국가인 우리의 눈에도 경이로울 지경입니다. 이제 중국은 세계 2위의 대국을 넘어 세계 1위의 초강대국을 꿈꾸고 있습니다. 영국 이코노미스트지는 2019년이면 중국이 미국을 추월할 것이라고 예상하고 있습니다. 지금 중국에 대해 제기되고 있는 부동산 폭락 가능성, 인플레 가능성, 실업 문제 등을 모두 고려하더라도 미국을 조만간 추월할 것이라고 예상하는 것입니다. 물론 그들의 예측이 틀릴 수도 있습니다. 미래의 일을 어떻게 알겠습니까? 미래를 족집게처럼 예측하는 것이 목표가 아니라면, 중국의 어제와 오늘을 차분히 돌이켜보면서, 앞으로의 일을 전망하고 생각해보는 것은 가치 있는 일일 것입니다.

미국도 큰 나라이지만, 중국도 큰 나라입니다. 중국을 이야기한다는 것은 그래서 참 조심스럽습니다. 이렇게 큰 나라는 그만큼 엄청나게 복잡한 사연을 안고 있으니 말입니다. 그러나 그 복잡한 사연들을 다 알 수는 없는 일이고, 크게 세 가지 주제로 접근하고자 합니다.

첫째, 근대 이전까지 세계 최강이던 중국문명이 어쩌다가 그렇게까지 망가졌고 또 어떻게 회복했는지,

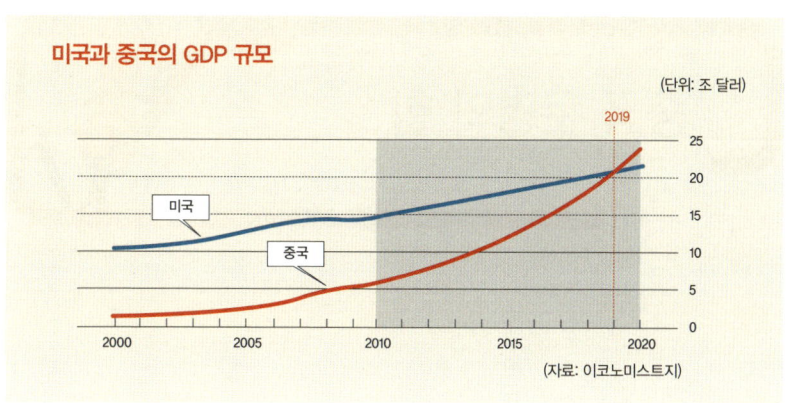

미국과 중국의 GDP 규모

(단위: 조 달러)

(자료: 이코노미스트지)

　둘째, 현재 중국 경제의 구조는 어떻게 형성되어 있는지,

　셋째, 향후 중국 경제를 예상하는 기준은 무엇이어야 할지를 알아보고자 합니다.

중국 문명의 힘

중국은 인류 역사상 대부분의 기간 동안 최강의 문명을 형성해 왔습니다. 경제사를 연구하는 학자들은 중국이 역사상 세계 총생산량의 25% 이상을 꾸준히 점유해왔고, 최고 전성기였던 청나라 때에는 32.8% 수준까지 올라갔다고 평가하고 있습니다. 물론 현재의 GDP 개념을 그대로 적용시키기는 힘들겠지만, 개략적인 평가로도 중국이 세계 최고 문명이었다는 것은 부정할 수 없는 사실일 것입니다.

역사적으로 세계의 GDP 발전을 연구해온 영국 출신 경제학자 엥거스 매디슨Angus Maddison, 1926~2010 교수는 1820년 세계 총생산의 33%를 차지하던 중국이 1900년에는 11%, 1949년에는 1% 수준까지 추락했다고 추산하고 있습니다. 중국이 세계 최강국 위치를 잃어버린 것은 1842년 아편전쟁 패배 이후부터 지금까지인 120년 정도뿐입니다. 그러나 그 120년의 시간은 중국인들에게 정말 끔찍한 세월이었습니다. 중국 최강의 제국이었던 청나라가 서구열강에 수탈당하다가 결국 멸망하고, 내전과 세계대전의 한복판에서 시달려야 했습니다. 중국이 다시 통일된 이후에도 여전히 전제정치 하에서 비효율과 비합리의 극치 속에 살아야 했습니다. 중국의 경제역사를 간략히 정리하면, 기원 이후만 놓고 봤을 때 2000년의 시간 중 1850년 동안 세계 최강국이었고, 딱 120년간 세계사에서 밀려나 굶주림의 시간을 보내다가 다시 30년 만에 세계적인 경제 강국으로 부활했습니다. 이런 다이내믹한 스토리를 가진 나라가 또 있을까요?

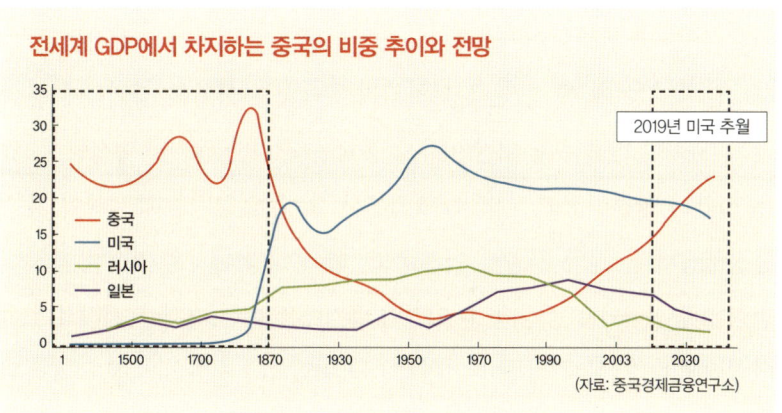

중국 문명이 이렇게 오랫동안 세계 최강을 유지할 수 있었던 힘은 어디에 있었을까요? 역사학이 답해야 할 문제이고, 한두 권의 책으로도 결론 지을 수 없는 문제이기는 하지만, 아주 간단하게 답을 해보자면, 바로 압도적인 농업 생산력 때문입니다. 특히 유럽과 비교해서 중국의 농업은 비교할 수 없이 생산성이 높았습니다. 영국의 역사학자인 니얼 퍼거슨 교수는 유럽에서 한 가족을 부양하기 위해서는 8에이커의 토지가 필요했던 반면, 중국에서는 0.5에이커만 있으면 충분했다고 말하고 있습니다. 실제로 유럽은 건조한 기후와 척박한 토질로 인해 농업 생산량이 매우 낮았습니다. 그러나 중국은 풍부한 수량을 기반으로 매우 조밀한 농업이 가능했었지요. 일단 농업 생산성이 압도적으로 높았으니, 압도적인 인구가 가능했고, 이를 기반으로 문명을 꽃피울 조건을 마련할 수 있었을 것입니다.

강물을 이용한 농업이 가능하기 위해서는 국가적인 치수사업이 반드시 필요했고, 중국의 제국들은 모두 치수를 위해 국력을 집중시켜왔습니다. 불가사의라고도 말해지는 중국의 대운하는 바로 이런 필요에 의해 수천 년간 만들어져왔습니다. 중국 문명을 지키기 위해서는 물을 다스릴 수 있어야 했고, 물을 다스리기 위해서는 국가를 강력하게 통솔할 수 있어야 했습니다. 이런 이유로 중국은 강력한 왕권이 형성될 수 있는 기반이 만들어졌고, 여타 문명권에서 볼 수 없었던 거대제국이 자주 등장했습니다. 진의 시황제 이후로도, 한·수·당·송·원·명·청 제국이 강력한 왕권국가로 등장할 수 있었던 배경에는 이런 경제적·지리적 조건이 있었습니다. 물론 너무나 거대한 제국이었으니 지방의 도전도 계속되었습니다만, 기본적으로 중국은 대제국의 정치체제를 갖췄습니다.

중국 문명은 농사만 지은 게 아닙니다. 흔히 말하는 세계 4대 발명품인 활자, 나침반, 화약, 종이가 모두 중국에서 유래했습니다. 케임브리지 대학의 조셉 니덤 교수는 생화학과에 재직하고 있었는데, 중국 유학생들이 매우 뛰어난 성적을 보이는 데 반해 왜 중국의 과학기술은 발달하지 못하고 있나 하는 의문을 풀기 위해 평생을 바쳤습니다. 그 결과로 20세기 최대 저작이라고까지 일컬어지는 『중국의 과학과 문명Science and Civilization of China』라는 책을 저술했습니다. 유럽에서는 1709년에 용광로가 만들어졌다고 하지만, 중국은 이미 기원전 200년에 용광로를 만들어서 철로 현수교를 지을 만큼 발전해 있었습니다. 중국인들이 화약을 불꽃놀이로만 썼다고 알려져 있지만, 실제로 중국은 14세기에 화약을 이용한 로켓을 만들어 전쟁에 사용했습니다. 소소한 발명품으로도 화학적 살충제, 낚시 릴, 성냥, 칫솔 같은 것도 모두 중국에서 발명되었다고 전해집니다. 이런 중국 문명이 어쩌다가 서구 문명에 추월당하게 되었나 하는 의문은 너무 당연하겠지요?

조셉 니덤 교수는 평생을 그 의문에 답하기 위해 공부했고, 그래서 무려 일곱 권의 책으로 이루어진 대작으로 그 원인을 제시했습니다. 니덤 교수의 대작을 간단히 요약한다는 것은 불가능하기도 하고 또 예의에도 어긋나는 일이겠지만, 그래도 간단히 말씀드려보면, 중국의 유교적 관료체계와 형이상학에 몰두하는 철학 중심의 인문학이 과학적 사유를 억압했기 때문이라고 분석하고 있습니다.

어쨌거나 중국 문명은 근대 이후, 서구에 완벽하게 패배했습니다. 한때 세계 총생산의 32%까지 차지했던 중국 경제력은 전쟁과 내전을 거치면서 세계경제의 3% 미만 수준으로까지 추락합니다. 1958년부터 3년간 이어진 중국 대기근 사태에서는 무려 3천만 명의 중국인이 굶어 죽는 최악의 상황이 벌어집니다. 중국 정부의 공식발표로도 2,158만 명이 죽었다고 하고, 일부 학자들은 사망자 숫자가 4천만 명이 넘었을 것이라고 추정기도 합니다. 인류 최악의 전쟁참사로 알려진 2차 세계대전의 사망자 숫자를 가뿐히 뛰어넘는 인류 최악의 기근 사태로 불릴 만합니다.

장개석과 모택동의 실패

아편전쟁 이후로 유럽 열강들에게 100년간 수탈을 당할 대로 당한 중국은 2차대전 중에는 일본의 침공을 받게 됩니다. 일본과 전쟁을 하는 와중에도 국민당과 공산당은 또 내전을 벌입니다. 국공내전의 승자는 다들 아시다시피 모택동이었습니다. 미국의 엄청난 군사적 지원을 받았던 장개석이 패배한 원인은 수십 수백 가지가 있겠지만, 경제운영을 대실패한 것도 큰 원인 중의 하나입니다.

세계 최초의 지폐는 중국에서 탄생했습니다. 1023년 중국 북송시대에 탄생한 '관교자'가 바로 세계 최초의 지폐입니다. 관교자는 유럽의 지폐에 비해 600년이나 앞선 매우 선진적인 화폐유통수단이었습니다. 아마도 세계적인 발명품 중에서 중국이 최초로 발명하지 않은 게 얼마나 되겠습니까? 지폐도 마찬가지로 중국이 최초로 발명했습니다. 그런데 지폐에 관해 중국은 또 하나의 기록이 있습니다. 이번에는 별로 자랑스럽지 않은 기록입니다.

세계에서 가장 짧은 시간만 유통된 지폐도 중국에서 나왔습니다. 1948년 8월에 발행되었다가 불과 9개월 만에 폐지된 '금원권'이라는 지폐입니다. 금원권이 유통되던 그 짧은 기간 동안 상해의 물가는 무려 644만 배나 올랐습니다. 다른 말로 하면 금원권의 가치가 644만 배나 떨어졌다는 말과 똑같은 말이지요. 전형적인 하이퍼 인플레이션입니다.

이 금원권이라는 돈이 나오게 된 것도 이전 화폐의 실패 때문이었습니다. 1927년 북벌에 성공하여 중국을 통일한 국민당 정부는 화폐개혁 준비에 들어갔습니다. 군벌이 난립하던

1948년 당시의 금원권 10원 지폐

무정부 시절에는 정치만 무정부였던 것이 아니라, 화폐질서도 무정부 상태였기 때문입니다. 당시에는 정부만 화폐를 발행하는 것이 아니라, 은행도 발행하고 회사도 발행하고, 심지어는 개인도 화폐를 찍어내기까지 했습니다. 그러니 어떤 화폐를 어떻게 써야 할지도 모르는 그런 시대였던 것입니다. 실질적으로는 물물교환의 시대였겠지요.

국민당 정부는 결국 1935년 법폐 개혁을 실시해서 화폐는 중국의 3대 은행만 발행할 수 있도록 하고, 이를 영국 파운드화와 연동시키는 개혁을 실시했습니다. 초기에는 성과가 좋아서 시장에 화폐질서가 자리 잡고 국제무역도 활발해지는 효과가 있었습니다. 그러나 곧 전쟁이 터졌고, 국민당 정부는 돈이 필요했습니다. 국민당은 전비를 마련하기 위해 돈을 마구 찍기 시작했습니다. 1937년까지만 해도 중국은 총 14억 원만

지폐를 찍어냈습니다만, 1945년에는 연간 5,000억 원을 찍어내게 되었습니다. 돈을 400배 가까이 더 찍어냈다는 말이고, 이 말은 곧 물가가 400배 올랐다는 말이 되기도 합니다.

'전쟁 경비를 마련하기 위해 정부가 돈을 찍어냈다'라는 말을 쉽게 하면 어떻게 할 수 있을까요? 이 말은 정확하게는 다음과 같은 뜻입니다. '전쟁 경비를 마련하기 위해 정부가 종이 쪼가리를 국민들에게 던져주고는 물자를 수탈했다'. 사실 이 말이 훨씬 더 정확한 말

1940년대 당시 중국의 월급날 풍경.

입니다. 중일전쟁이 끝나고 국공내전이 본격화되었습니다. 대장정을 마치고 반격에 나선 공산당에게 밀린 국민당 정부는 거의 발악적으로 돈을 찍어대기 시작해서는 1947년에는 무려 16조 원을 찍어냅니다. 이어 1948년 5월에는 무려 663조 원의 돈을 찍어냅니다. 이 지경이 되니 중국 돈은 종이 쪼가리 이상의 가치를 가지지 못할 수준까지 떨어지고 맙니다. 완벽하게 실패한 중국 법폐를 대신하기 위해 나온 것이 금원권입니다. 그러나 이 금원권도 똑같은 전철을 밟으면서 초인플레이션만 유발하고는 1년을 버티지 못하고 사라집니다. 결국 모택동이 승리하고, 장개석은 대만으로 쫓겨납니다.

겨우겨우 내전이 마무리되고 난 이후에는 한국전쟁이 터져 중국은 무려 96만 명의 군대를 파병합니다. 말 그대로 백만 대군입니다. 평양을 수복하고 압록강까지 진격했던 한국군과 미군은 중공군의 기습에 밀려 그 유명한 1.4후퇴를 하게 됩니다. 이 1.4후퇴는 지금까지도 미군의 최장 퇴각기록으로 남아 있습니다. 중공군의 개입으로 결국 한국전쟁은 3년으로 늘어나 분단 상황이 고착화되게 되어버렸습니다. 대한민국으로서는 중국과의 국교정상화 이전까지 중공은 최고의 적대국이었습니다. 중국도 이 전쟁의 여파로 전후 복구를 위한 에너지를 탕진해버렸고, 이후 대기근까지 겪어야 했었지요.

어쨌거나 등소평의 개혁개방 이전까지 중국의 경제라는 것은 정말 참담할 지경이었습니다. 이때의 유명한 이야기가 두 가지 있습니다. 먼저 '대약진 운동'입니다. 산업을 부흥시키기 위해서는 철이 필요하고, 이 철을 생산하기 위해 대약진을 벌여 10년 내에 영국을 추월하고 20년 내에 미국을 추월하겠다는 무척 황당무계한 계획을 내세웁니다. 1957년 535만 톤인 철강 생산량을 1958년 1년 만에 1,070만 톤으로 두 배로 늘립니다. 이를 위해 전국적으로 급조한 용광로를 수만 개 만들어서 쇠란 쇠는 모두 집어넣습니다. 이렇게 만들어진 철은 대부분 쓸 수가 없는 상태로 버려지게 되어버렸습니다. 여기에 수만 개의 용광로를 만들기 위해 엄청난 벌목이 이루어지고, 국토는 더욱 황폐화되어 갔습니다. 멀쩡한 쇠붙이를 고철로 만들기 위해 나무란 나무는 다 베어버린 그야말로 황당한 일이었죠.

참새 대숙청 사건도 참 어이가 없습니다. 한 농부가, 참새 떼가 나락을 주워 먹는다고 불평을 하자, 모택동은 과감하게 '참새를 없애라'는 명령을 내립니다. 이를 위해 3억 명의 농민들이 동원되어 참새 잡이에 나서게 됩니다. 새총으로 귀신같이 참새를 잡는 농부가 영웅으로 대접받고, 수천 명이 벌판으로 나가 참새를 잡아댔습니다. 나락 잡아먹는 참새를 대숙청하는 데에는 대성공을 거두었으나, 참새가 사라진 벌판에는 해충이 창궐했고, 농사는 대흉작으로 이어졌습니다. 결국 중국 정부는 비밀리에 소련에 참새를 수출해달라고 부탁하기도 했다고 합니다.

이런 상황이었으니, 수천만 명이 굶어죽는 사태가 벌어진 것입니다. 반만년 중국 역사에서 가장 힘들었던 시대가 아니었을까 싶습니다. 그러나 중국은 놀라운 속도로 다시 일어섰습니다. 역사적으로 중국의 추락이 충격적이었던 만큼, 중국의 부상도 역시 충격적입니다. 중국의 부활을 이룬 힘은 어디에서 나왔을까요? 중국 경제의 구조를 살펴보면서 그 비밀을 풀어봅시다.

중국의 개혁개방과 성공

SECTION 05

1978년 등소평은 개혁개방 정책으로 나라의 진로를 바꾸면서 3단계 발전전략을 제시했습니다. 1단계(1979~1999년)는 원바오溫飽, '따뜻한 밥'이라는 뜻의 이 계획은 중국 인민의 기본적인 의식주를 해결한다는 것입니다. 2단계(2000~2020년) 샤오캉小康은 의식주가 해결된 상태에서 GDP 5,000불 이상의 중등생활 이상의 복지사회를 만들겠다는 계획이고, 3단계(2021~2050년) 따퉁大同은 말 그대로 선진경제대국을 만들어 태평성대를 만들겠다는 계획입니다. 일단 계획 자체가 무려 70년짜리입니다. 100년을 내다보는 거대한 시각 아래에서 70년 경제발전 계획을 세워 그 세부적 내용을 채워넣는 것입니다. 거대한 나라만큼이나 10년 경제개발계획 정도와는 일단 스케일이 좀 다르지요?

사실 이런 계획을 세우는 거야 뭐 어렵겠습니까. 1970년대 중국의 현실에서 이런 계획은 또 얼마나 허황되게 느껴졌겠습니까. 당장 20년만에 12억 인민의 의식주를 해결하겠다는 계획만 해도 비현실적인 계획으로 비춰졌을 것입니다. 그렇게 쉽게 된다면 여태까지 중국 100년은 왜 그 모양이었겠냐는 말이죠.

　그런데 말입니다. 정말 중국은 이 계획을 그대로 성공시켜버렸고, 2단계는 오히려 초과달성했습니다. 이미 샤오캉은 2011년에 달성해버렸습니다. 등소평의 계획보다 무려 9년을 앞당긴 것입니다. 실제 중국 정부는 이미 2000년 초기부터 샤오캉을 달성했다고 공언하고 있었습니다. 2011년은 어떤 의미로 보아도 샤오캉의 목표는 달성한 것으로 평가됩니다. 이제 남은 것은 세계적 경제대국으로 발전하는 것입니다. 영국 이코노미스트지는 그 시기를 2019년으로 보고 있습니다. 올해가 2013년이니, 딱 6년 후에는 중국이 미국을 제치고 세계 1위의 경제대국이 된다는 것입니다.

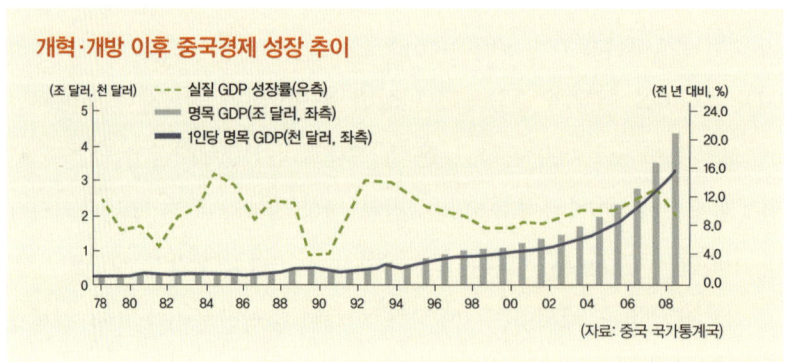

개혁·개방 이후 중국경제 성장 추이

　중국의 실질 GDP는 1978년부터 2005년까지 27년 동안 무려 연평균 9.7% 상승을 기록했습니다. 이렇게 고성장을 지속한 나라는 역사에서도 유래를 찾기 힘듭니다. 고도성장기의 일본이나 한국을 뛰어넘는 엄청난 기록입니다. 거기다 이런 초고성장이 조그만 소국에서 이루어진 것도 아니고, 세계에서 인구가 가장 많은 나라에서 이루어진 것도 경이적인 일입니다. 이제 중국은 구매력을 기준으로 한 GDP를 보면, 이미 일본을 두 배 이상 앞질렀고, 전 세계경제의 13% 이상을 차지하는 대국이 되었습니다. 외환보유고는 무려 3조 달러 이상인 것으로 알려져 압도적인 1위 국가가 되었습니다.

중국의 힘, 어디서 비롯되었나

이제 질문 두 가지를 던져봅시다. 개혁개방 이후, 중국이 이렇게 눈부신 성공을 거둔 원인은 어디에 있나? 정말 6년 후에는 중국이 세계 1위의 경제대국이 될 수 있나? 가장 어려운 질문이자 가장 근원적인 질문이 되겠지요. 아마 현재 세계 경제를 연구하는 학자들에게 가장 뜨거운 주제가 될 것입니다. 정답이 있을 수 없는 질문이겠지만, 그간 학계에서 이야기된 내용들을 기반으로 하나씩 짚어보도록 하겠습니다.

아시아 주요국 고성장기 비교

국가	고성장기	GDP성장률(%)
중국	1978~2005(27년)	9.74
일본	1955~1973(18년)	9.22
한국	1962~1991(29년)	8.48
타이완	1962~1987(25년)	9.48
싱가포르	1965~1984(19년)	9.86

(자료: 중국국가통계국, 한화상해투자자문)

주요국의 GDP 규모와 비중

(단위: 십억 달러, %)

국가	GDP	전 세계 대비 비중
미국	14,526,55	19.53
중국	10,119,90	13.61
일본	4,323,50	5.81
인도	4,057,79	5.46
독일	2,944,35	3.96
러시아	2,230,95	3.00
영국	2,181,46	2.93
브라질	2,178,53	2.93
프랑스	2,134,94	2.87
이탈리아	1,778,83	2.39

(2010년 기준, 자료: IMF)

중국이 어두웠던 100년 역사를 단 30년 만에 바꿀 수 있었던 힘은 어디서 비롯되었을까요? 수많은 원인이 있겠지만, 일단 우리는 딱 세 가지 정도만 짚어보도록 하겠습니다.

첫째, 개혁개방의 힘입니다. 등소평이 처음 내건 기치가 개혁개방이었고, 실제로 그것이 가장 큰 원동력이 되었습니다. 개혁개방의 내용을 한마디로 요약한다면 '열린 경제로의 전환'입니다. '죽의 장막'이라 불린 과거 중국은 공산권 일부 국가와 소규모 교역을 제외하면 외부와 완전히 단절된 닫힌 국가였습니다. 실제로 중국 경제의 대외의존도는 10% 미만이었습니다. 중국의 사회주의 계획경제는 제국주의 자본을 거부하고 자력으로 갱생하겠다는 체제였기 때문입니다. 그러나 등소평의 선언 이후로 중국은 180도 방향전환을 합니다. 이후 90년대에는 이미 대외의존도가 40%대까지 높아지게 됩니다.

개혁개방은 두 가지 측면에서 볼 수 있습니다. 첫째는 외국자본의 유입이고, 둘째는 외국과의 경쟁을 통한 발전입니다. 중국은 자급자족적 체제를 버리겠다고 선언한 이후, 외국자본의 유입에 전력을 기울입니다. 이 정책은 최근까지도 이어져서, 외국기업에 대해서는 오히려 국내기업보다 더한 세제상의 혜택을 주어 자본을 유치하고자 노력했습니다. 오히려 중국 본토 기업들이 외국기업에게 차별을 받는 식이었습니다. 중국의 무역에서 외자기업의 비중은 60%를 넘었습니다. 그만큼 중국 발전에는 자본이 절실했기 때문입니다. 자급자족 시대에는 발전을 위한 동력을 찾을 수 없었습니다. 정부가 정해준 품목을 딱 정해진 만큼 생산하여 정해진 가격으로 팔면 그만입니다. 상품의 질은 최소한만 유지하면 그만이고, 굳이 더 좋은 상품을 만들기 위해 노력할 필요도 없습니다. 국유기업들은 한없이 느긋했고, 상점의 진열대는 휑하게 비어 있었습니다. 그래도 아무 문제없는 시스템이었지요. 중국이 개방을 시작한 이후로 모든 것이 바뀌었습니다. 외국자본들은 중국에 공장을 세워 선진국의 수출기지로 활용했고, 이는 중국의 국부증진으로 이어졌습니다.

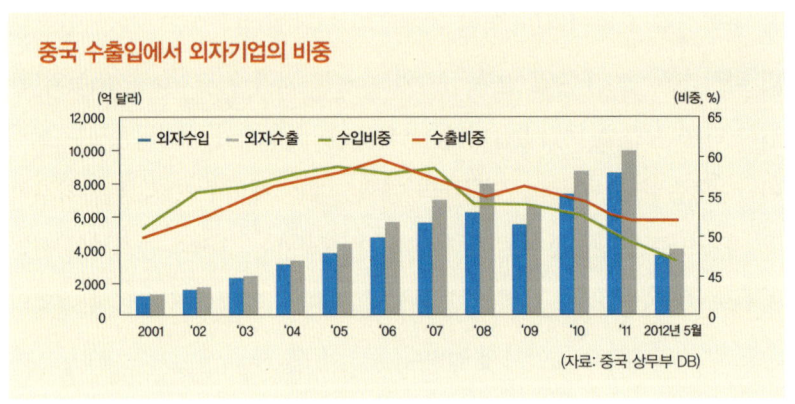

최근 중국의 발전에 대해 매우 독특한 해석을 하는 학자도 있습니다. 중국이 발전할 수 있었던 것은 강력한 국가의 규제와 보호 때문이었고, 이는 자유방임으로 풀어놓은 선진국 경제가 힘들어지는 것과 대비된다는 이야기입니다. 언뜻 듣기로는 꽤 설득력이 있어 보입니다. 중국은 여전히 공산당이 일당독재를 하는 국가이고, 여전히 구미의 선진국에 비해서는 국가가 경제에 엄청나게 많은 부분에 개입하고 있습니다. 이런 국가개입 덕분에 중국의 발전이 가능했다고 해석하는 것입니다. 그런데 이 논리에는 치명적인 허점이 있습니다. 1978년 이전에 중국은 정말 국가가 지금보다 훨씬 강력했고 자국산업을 보호하기 위해 거의 모든 조치를 다했던 시기였습니다. 그런데 그때의 중국은 세계 최빈국이었습니다. 오히려 국가의 개입이 줄어들고 외국자본이 밀려들어오고 외국과의 경쟁이 격화되고 난 이후에야 중국은 발전을 시작할 수 있었습니다. 중국 경제의 성장요인에는 물론 국가의 역할이 지대했습니다만, 그 국가의 역할은 개혁과 개방을 밀어붙인 힘에 있다고 봐야 하지 않을까요? 외부에 닫힌 경제로 경제를 성공시킨 예는 역사적으로 있었던 적이 없습니다.

둘째로 중국의 인구구조를 들 수 있습니다. 아시다시피 13억 인구의 중국은 세계 최대 인구국가입니다. 일단 인구가 많은 것부터 엄청난 강점이 될 수 있습니다. 그 많은 인구가 생산활동에 나서고, 소비를 시작한다면 경제는 진짜 활력적이 될 수 있을 터이니 말입니다. 그런데 중국은 가난하던 시절에도 인구가 많았고, 발전하던 시절에도 인구가 많았습니다. 단순히 인구가 많다는 이유만으로 경제활동에 보너스를 주지는 않습니다. 중요한 것은 인구의 구조입니다.

중국의 인구는 1960년대 5억 명 수준에서 현재 14억 명까지 늘어났습니다. 보통 전후에는 베이비붐이 일어나는데, 당시 중국에서는 대기근 사태로 인해 오히려 인구가 대폭 감소하는 시기도 있었습니다만, 이후 모택동의 다산정책으로 인해 인구가 크게 늘어나기 시작했습니다. 모택동은 '한 사람이라도 더 땀 흘려 일하면 부국강병에 좋을 것'이라는 매우 단순한 발상으로, 인구가 곧 국력이라는 식으로 다산정책을 밀어붙였습니다. 그 결과는 당연히 인구대폭발이었죠. 중국 인구는 1953년 5억 8천만 명에서 1982년 10억 명을 돌파했습니다. 30년 만에 중국 인구가 딱 두 배가 된 것이죠. 그러다 70년대 말부터 이게 아니다 싶은 생각이 들었나봅니다. 인구는 늘었지만, 국력이 따라 늘지는 않았고, 인구증가의 온갖 부작용이 폭발하기 시작합니다. 그러다 1979년부터는 정반대로 초강력 출산제한 정책을 펴기 시작합니다. 1가구 1자녀를 국가적으로 강제하면서, 이를 어길 시에는 엄청난 벌금과 온갖 차별대우를 하는 것입니다. 참 비인간적인 정책이지요? 수많은 중국인들의 눈물이 있었지만, 어쨌든 이 정책으로 이후부터 중국의 인구증가는 차츰 안정을 되찾았고, 지금은 중국도 우리나라처럼 저출산 문제를 고민하고 있습니다.

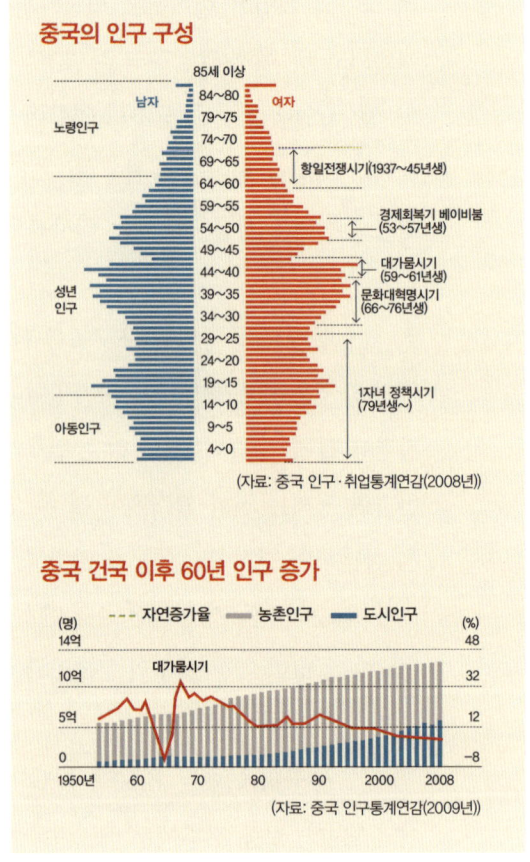

어쨌든 등소평의 1가구 1자녀 정책은 개혁개방 정책과 맞물리면서 중국 경제에 엄청난 인구보너스를 주게 됩니다. 중국의 출산율은 1960년대 5명 수준에서 1980년대에는 2.5명 수준, 2000년대 이후로는 2명 이하로 떨어졌습니다. 이로 인해 중국의 인구구조는 경제활동 인구가 많은 항아리 형태의 구조를 띠게 되었습니다.

출산율이 3명 이상인 나라를 초고출산 국가라고 부르는데, 이런 나라들은 하나의 예외 없이 모두 극빈국가를 형성하고 있습니다. 중

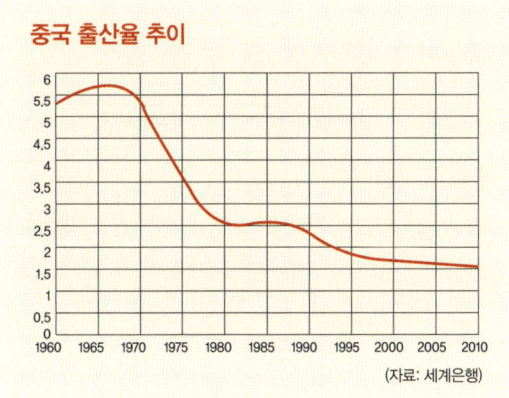

중국 출산율 추이

(자료: 세계은행)

국도 출산율이 높았을 당시에는 최악의 빈곤에 시달려야 했습니다. 왜 그럴까요?

초고출산 사회는 기본적으로 부양비율이 매우 높은 사회입니다. 부양비율이란 생산가능인구(15~64세)에 비해 부양인구(14세 미만의 유년인구+65세 이상의 노년인구)가 얼마나 많은가 하는 문제입니다. 출산율이 1960년대의 중국처럼 5명이 넘어가면, 노년인구가 매우 적다 하더라도 유년인구가 너무 많기 때문에 부양비율이 높을 수밖에 없습니다. 한 집안에 자식이 5명씩 있다면 가장은 식구를 먹여 살리기 위해 전력을 다해야 할 것입니다. 그렇게 힘겹게 먹여 살리는 것까지는 가능하지만, 이 많은 아이들을 제대로 공부시키는 것은 불가능에 가깝습니다. 농촌에서 열심히 농사지어서 겨우 먹고사는 것만 가능한 상태이지요. 그래서 인적자원에 대한 투자가 거의 불가능합니다. 자식들이 너무 많은 집에서는 먹고사는 것이 바빠 고등교육을 받을 엄두를 못 내는 것이지요. 결국 고급기술을 익히지 못한 세대는 또다시 부가가치가 낮은 일만 할 수밖에 없고, 이 악순환은 계속됩니다.

또 이렇게 초고출산이 이루어지는 이유도 문제입니다. 부부가 무리를 해서라도 많은 자녀를 낳고자 하는 것은 아이들을 너무 쉽게 잃어버릴 수 있기 때문입니다. 극빈국에서는 부실한 영양상태에서 전염병을 막는 보건 시스템도 미비하기 때문에 아이들이 영유아 시기에 쉽게 죽을 수 있습니다. 부모들로서는 하나라도 더 많은 아이를 낳아야만 가족을 유지할 수 있다는 압박감에 시달리기 때문에 계속 출산에 나서게 되는 것입니다. 이렇게 기초적인 국가보건 시스템도 미비한 나라에서 경제발전을 위한 인프라를 기대하기는 정말 어려울 것입니다.

그래서 초고출산 사회는 대부분 극빈국입니다. 이들 빈국이 가난을 탈출하기 위해서는 출산율을 낮추는 것이 필요합니다. 그래야 어린이들이 학교에 가서 고등교육을 받을 기회를 얻고, 더 나은 직장을 구할 수 있습니다. 이 말을 뒤집어 본다면, 경제가 발전하면 출산율도 자연스럽게 낮아질 수 있습니다. 먹고사는 문제가 해결되고 기초적인 사회 시스템이 마련되면, 유아사망률도 낮아질 수 있고 애들이 죽는 것이 무서워서 아이를 더 낳아야 한다는 압박이 사라집니다. 닭이 먼저냐 달걀이 먼저냐 하는 말 같지만, 둘 다 맞는 말입니다.

그런데 중국은 정말 출산율이 극적으로 낮아졌습니다. 경제가 갑자기 발전을 시작해서 그런 것이 아니라, 등소평이 우격다짐으로 출산율을 낮춰버렸기 때문입니다. 이 초강력 출산제한 정책 때문에 가구의 부양비율은 극적으로 낮아졌고, 집안에 하나밖에 없는 아들딸들은 엄청난 교육을 받을 수 있는 조건이 마련되었습니다. 지금 중국의 큰 문제점 중에 하나가 이렇게 너무 대접받으면서 큰 아이들이 정말 버르장머리가 없다는 것이라고 합니다. 1자녀 운동이 30년 동안 계속된 중국의 가정에서는 아이 한 명을 키우기 위해 부모와 양가 조부모까지 모두 여섯 명의 어른이 동원됩니다. 이런 결과는 아이들의 버릇을 아주 나빠지게 만드는 효과와 더불어 경제적으로는 '부양률'이 극적으로 낮아지게 되는 효과도 함께 가져옵니다.

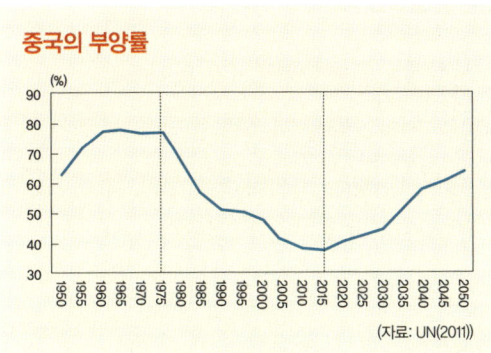

중국의 부양률

(자료: UN(2011))

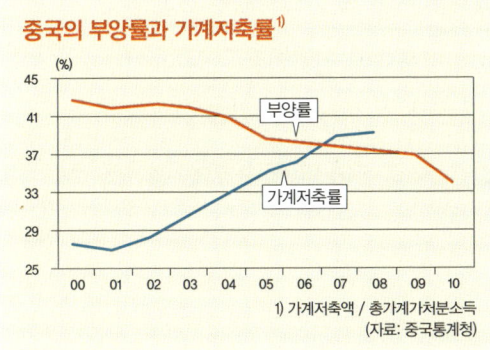

중국의 부양률과 가계저축률[1]

부양률

가계저축률

1) 가계저축액 / 총가계가처분소득
(자료: 중국통계청)

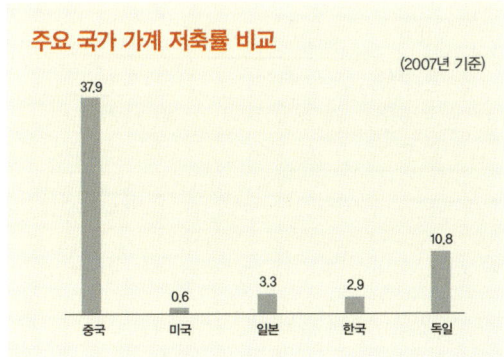

주요 국가 가계 저축률 비교

(2007년 기준)

중국 37.9
미국 0.6
일본 3.3
한국 2.9
독일 10.8

중국의 부양률은 1960년대 무려 80%까지 치솟았던 비율이 2015년에는 40%대까지 절반으로 줄어들게 됩니다. 이것은 두 가지의 효과를 가져 옵니다. 첫째로는 부양부담에서 벗어난 중국 가정이 저축을 할 수 있게 된다는 것입니다. 중국의 저축률은 정말 신기할 정도로 높은데, 총저축률은 무려 51%에 달하고 가계저축률만 37% 수준입니다. 우리나라 가계 저축률이 얼마인지 아시나요? 우리나라의 2010년 가계저축률은 2.9%입니다.

가계가 저축을 시작하게 되면서, 이 돈은 엄청난 투자로 이어질 수 있습니다. 중국이 경제부흥을 일으키기 위해 필요한 자본은 외자의 도움도 컸지만, 내부 저축의 영향도 매우 컸습니다. 낮은 부양률과 이로 인한 저축의 증가는 투자로 이어질 수 있었습니다.

여유가 생긴 중국의 가정은 이제 자녀교육에도 신경을 쓸 수가 있게 되었겠지요. 중국은 역사적으로 가장 교육수준이 높은 민족이었습니다만, 청나라 말기부터 쇠락하고 난 이후에는 교육에 신경 쓸 여력이 전혀 없었습니다. 여기에 더해 모택동 시절에는 문화대혁명까지 일어나서 수천만 명의 홍위병들이 학교 선생님들과 지식인들을 모조리 돌리고 시골로 내려보내 강제노동을 시키는 참 어처구니없는 일까지 벌어지고 말았습니다. 그래서 문화대혁명 10년간은 대학 졸업생이 중국 전역에 거의 없는 지경에까지 이르렀지요. 그러나 지금의 중국 대학은 과거와는 전혀 다른 모습입니다. 세계 최고의 수재들이 대학으로 몰려들었고, 수십만 명의 유학생들이 세계로 나가고 있습니다. 중국 최고 명문대학인 북경대나 청화대에 입학하는 것은 우리나라의 서울대에 입학하는 것보다 인구당 입학생 비율로 100배가량 더 어렵다고 볼 수 있습니다. 그런 인재들이 사회로 쏟아져나와 중국의 경제기반을 더욱 튼튼히 만들 수 있는 것이겠지요.

전문가들마다 숫자는 조금씩 다르지만 중국이 이런 인구보너스 효과를 충분히 누렸다고 보고 있습니다. 학자들은 중국 GDP 성장에서 최소 4.5%에서 최대 26.8%까지 인구 효과로 인한 것으로 보고 있습니다.

인구배당 효과 추정

대상 기간	인구배당 효과* (%)	연구자
1978~2008	4.5~14.3	車士義 등 (2011)
1982~2000	15.5	Wang Feng (2011)
1982~2000	26.8	Cai Fang (2011)

* 전체 성장률 중 인구배당 효과의 기여
(자료: 한국은행)

중국 경제의 구조적 힘

외자도입을 열심히 하고, 인구구조가 바뀐다고 다 중국처럼 성장하는 것은 아닙니다. 나라마다 사정이 다르고, 시대마다 사정이 다릅니다. 특히 정치적 영역도 엄청나게 중요합니다. 중국은 등소평 이후로 매우 강력한 중앙집권제 권력구조를 취하면서 경제정책을 일관되면서도 세심하게 취해 나가고 있습니다. 물론 1989년 천안문사태와 같은 유혈사태도 겪는 등 중국 공산당의 일당독재가 갖는 부작용도 있지만, 경제개발 초기에는 이런 강력한 시스템이 오히려 도움이 된다는 의견도 경제학에서는 많습니다. 정치 시스템과 경제발전 간의 관계에 대해서는 이후 좀 더 자세히 이야기해보도록 하겠습니다.

중국 경제는 참 공부하면 할수록 놀라운 점이 많습니다. 다른 선진국에서는 정말 보기 힘든 숫자가 툭하면 튀어나오기 때문입니다. 그래서 중국 경제를 이해하는 일은 더욱 힘든 일인 것 같습니다.

최근에 중국을 다녀온 분들은 이구동성으로 중국이 얼마나 잘

살게 되었나를 말합니다. 북경이나 상해는 해가 바뀔 때마다 도시의 스카이라인이 완전히 바뀌게 되고, 휘황찬란한 초고층 빌딩이 곳곳에 지어지고 있습니다. 잘사는 중국인들의 호탕한 '낭비'도 연일 신문지상에 오르고, 우리나라의 명동을 비롯한 관광명소에는 중국인 관광객들을 자주 볼 수 있게 되었습니다.

포르쉐나 페라리 같은 초고가 자동차 회사들은 중국 전용 모델을 만들어서 중국 부자들을 유혹하고 있습니다. 전 세계 명품 업계의 최대 관심사는 역시나 중국입니다. 금융위기 이후로 명품 소비가 늘어나는 나라는 중국밖에 없기 때문입니다. 북경이나 상해 중심가에는 서울 명동이나 강남에서도 찾아볼 수 없는 명품 샵들이 빼곡히 들어서 있습니다. 중국인들의 명품 소비는 매년 20%씩 성장하면서 최근 10년 동안 11배 성장했다고 합니다.

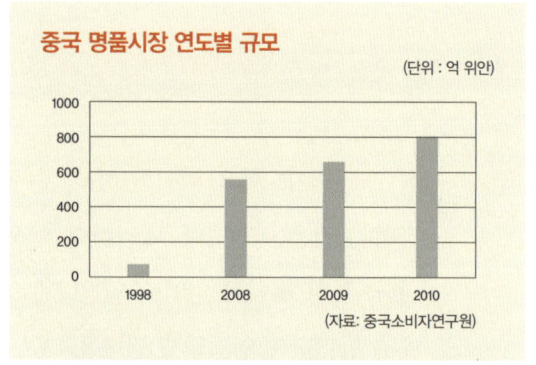

페라리 458 이탈리아 20주년 기념모델. 중국 전용모델로 용문신과 중국어 계기판이 특징

이런 상황이니 유럽의 브랜드들이 중국을 최우선 시장으로 대접하는 것은 당연한 일입니다. 이제 명품 소비로 유명하던 한국이나 일본은 중국 앞에서는 매우 겸손해질 상황인 것입니다.

이런 자료들만 보면 중국의 소비가 대폭발하는 것처럼 보입니다. 그런데 중국 GDP 통계를 보면 전혀 다른 모습이 보입니다. 중국의 소비는 오히려 줄어드는 것처럼 보입니다. 이게 도대체 무슨 일일까요?

가계가 벌어들이는 소득에 비해 얼마나 소비하느냐를 나타내는 가계소비율은 계속 줄어들고 있어서, 총가계소득의 47%까지 떨어졌습니다. 이 그래프와 거의 비슷하게 반대인 그래프는 중국의 저축률이지요. 앞서 보셨듯이, 중국의 저축률은 매년 높아져서 현재 세계 최고의 저축률을 기록하는 나라가 되었습니다. 중국인들은 벌어들이는 돈을 쓰지는 않고, 열심히 저축만 한다는 것을 이 그래프들은 보여주고 있습니다.

한 나라의 GDP는 크게 네 가지 요소로 구성됩니다. '민간소비+민간투자+정부지출+순수출'입니다. 이 내용은 경제학 교과서에서 자세히 설명하고 있지만, 간단히 말씀드리면 한 국가에서 민간이 쓰거나 투자하는 돈과 정부가 쓰는 돈과 수출에서 수입을 뺀 무역수지 흑자액을 모두 합하면 GDP가 나온다는 공식입니다. 이 네 가지 요소를 분석해보면, 많은 것들을 알 수 있지요.

이 표는 주요국들의 GDP가 어떻게 구성되었는지를 보여주고 있습니다. 미국, 중국, 일본, 한국을 비교했지만, 특히 미국과 중국을 비교해봅시다.

미국 GDP에서 가장 특징적인 숫자는 민간소비에 있습니다. 미국 경제를 뒷받침하는 것은 미국인들의 왕성한 소비입니다. 미국의 소비가 죽으면 미국 경제가 죽고, 세계경제

주요 국가 GDP 구성 비교

(단위: %)

	민간지출	민간투자	정부지출	순수출
미국	70.3	18.8	16.0	−5.1
중국	35.9	40.9	13.9	7.8
일본	56.3	23.4	17.9	1.7
한국	54.4	28.5	14.7	1.5

가 함께 죽는 구조입니다. 미국이 왜 그렇게 엄청난 무역수지 적자를 매년 내고 있는지가 바로 보입니다. 반면 순수출은 오히려 마이너스라는 것이 보이시죠? 매년 적자만 내고 있는 나라이기 때문에 수출은 GDP에 전혀 기여하지 못하고 오히려 숫자만 까먹고 있는 것입니다.

그런데 중국은 어떻습니까? 중국의 소비는 35%에 불과합니다. 미국이 70%이니 딱 절반 수준인 것입니다. 중국의 소비 비중은 미국의 절반 수준에 못 미칩니다. 나머지 숫자는 어디에 있습니까? 바로 민간투자에 있습니다. 중국은 투자로 먹고사는 나라입니다 중국의 투자는 GDP의 무려 40.9%에 달하는 것입니다. 역시 미국의 두 배를 넘는 수준입니다. 개념이 좀 어렵긴 합니다만, 한 해 어떤 가정이 100만 원을 버는데 어떻게 쓰느냐로 생각하셔도 비슷합니다. 100만 원을 벌었는데, 미국이라는 가정은 70만 원을 소비로 쓰고 18%만 투자를 하는 데 반해, 중국이라는 가정은 37만 원만 소비로 쓰고 40만 원을 투자하고 있다고 생각하시면 됩니다. 중국은 버는 것도 미국보다 훨씬 적은데 소비는 절반밖

에 안 하고 투자는 왕창하는 그런 집입니다. 이런 양상은 2000년대 들어 더욱 두드러져서, 지금은 소비보다 투자를 더 하는 그야말로 총력생산 체제로 돌아서 있습니다.

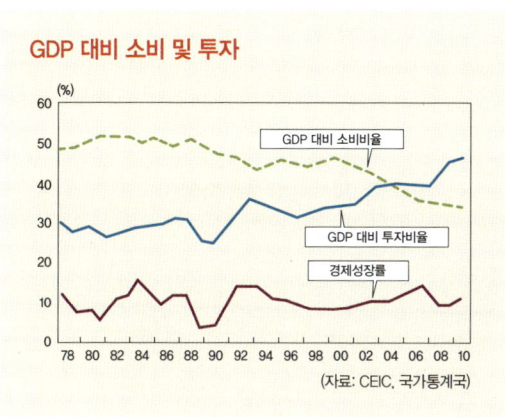

GDP 대비 소비 및 투자

일반적인 국가의 경우, GDP에서 소비가 차지하는 비율은 약 50~60% 정도입니다. 70%를 넘는 국가는 미국밖에 없습니다. 그만큼 미국은 소비를 중심으로 경제가 굴러가는 사회인 것입니다. 너무 소비에 치중하다 보니, 투자나 수출의 비중이 매우 낮게 형성되어 있습니다. 중국의 투자도 너무 과합니다. 통상적인 국가의 투자 비중은 20~30% 수준입니다. 중국처럼 소비 비중이 30%대에 머물고 투자 비중이 40%를 넘어서는 국가는 매우 드뭅니다. 극단적으로 투자에 몰두하고 있는 국가의 모습입니다. 혹자는 이런 중국의 모습을 보고 '상시적인 전시체제 국가'라고까지 부릅니다. 전쟁이 나면 국민의 소비를 극단적으로 억제하면서 온 국가의 여력을 무기 생산에 쏟아붓기 때문에 이런 식의 구성이 나올 수 있습니다.

이 표에서 우리는 맨 처음 이야기했던 글로벌 불균형이 어떻게 이루어지고 있는지를 알 수 있게 되었습니다. 미국이라는 나라는 엄청나게 소비를 하는 것으로 경제대국의 지위를 유지시켜나가고 있으며, 중국이라는 나라는 미국의 소비를 충족시켜주기 위해 먹을 것 안 먹고, 입을 것 안 입으면서 투자에 몰두하여 엄청나게 생산하고 있는 것입니다. 이것이 바로 글로벌 불균형이라 불리는 세계경제구조의 기본 틀입니다. 미국은 죽어라 소비하면서 중국에 물건을 빚을 내어 사오고 있으며, 중국은 죽어라 생산해서는 미국에 팔고는 달러를 받아와서 창고에 쌓아두고 있습니다. 그래서 중국은 3조 달러가 넘는 압도적인 1위의 외환보유국이 되었습니다.

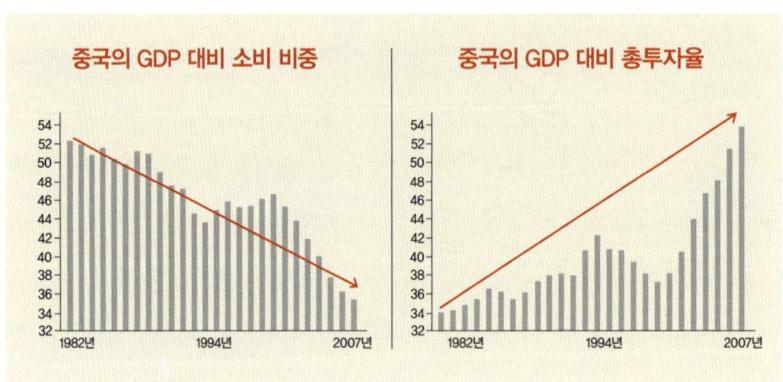

그런데 중국의 소비와 투자를 이야기하면서 주의해야 할 점이 있습니다. 중국의 소비 비중은 점점 줄어들고 있으며, 중국의 투자 비중은 점점 늘어나고 있습니다. 이 숫자를 보면서 자칫 착각할 수 있는 점이 있습니다. 중국의 소비가 줄어드는 것이 아닙니다. 중국의 'GDP 대비 소비 비중'이 줄어들고 있는 것입니다. 중국의 절대적인 소비량도 엄청나게 늘고 있는 것을 간과해서는 안 됩니다. 소비 자체는 엄청나게 늘고 있지만, 투자가 더욱 빠른 속도로 늘어나기 때문에 소비 비중이 줄어들고 있다는 사실입니다.

이미 중국은 2009년부터 미국을 제치고 세계 1위의 자동차 판매

국가가 되었습니다. 1인당 GDP가 4천 불밖에 되질 않고, 국가 전체 명목 GDP도 4조 달러를 좀 넘는 나라가 중국입니다. 미국은 1인당 GDP가 4만 불이 넘고, 국가 GDP는 14조 달러를 넘습니다. 산술적으로 미국은 중국보다 경제규모가 3.5배 큰 나라입니다. 그런데 중국의 2011년 자동차 판매량은 1,805만 대이며, 미국은 1,277만 대입니다. 중국 판매량은 미국보다 무려 50%가 넘게 더 팔리고 있다는 말입니다. 앞서 우리는 중국의 명품 소비가 10년 동안 11배 늘었다는 이야기를 나누었습니다. 명품뿐 아니라, 자동차도 세계 1위 판매국가입니다. 북경이나 상해를 비롯한 대도시에는 이미 6천만 명이 넘는 거대한 중산층 소비군이 형성되어 있습니다. 이들의 소비는 대한민국의 수준을 훨씬 뛰어넘습니다. 자동차뿐 아니라, LG의 평판TV나 삼성의 최신 휴대폰도 중국에서 마구 팔려나가고 있습니다. 중국의 소비 비중이 줄어든다고 해서 중국인들의 소비가 정말 적은 것으로 생각할 것은 아닙니다.

미국과 중국의 자동차 판매량 추이

사실 앞에서 중국의 소비 비중이 줄어들고 있는 내용을 이야기하면서 전시체제에 비유하기도 했습니다만, 중국의 소비도 맹렬하게 늘고 있습니다. 그보다 더욱 무서운 것은 중국의 투자입니다. 그만큼 중국은 전력을 다해 투자를 하고 있으며, 그 투자를 기반으로 생산해서 수출하는 총력체제를 마련해낸 것입니다. 이것이 바로 세계경제 2위 중국의 모습입니다.

이미 등소평이 제시한 목표치의 3분의 2를 달성한 중국입니다. 이제 남은 것은 세계 1위의 선진경제대국이 되는 것입니다. 중국은 지난 150년간의 치욕을 딛고 다시 세계 최고 경제대국이 되고자 합니다. 과연 그 목표는 이루어질 수 있을까요? 이제 중국에게 남은 도전과제는 무엇일까요? 다음에서 이를 살펴보도록 하겠습니다.

중국은 중진국 함정을 피할 수 있을 것인가

SECTION 08

그동안 중국 경제가 이룬 성과는 어떤 것이고, 어떻게 이루어졌는지를 간략히 이야기했습니다. 이제 남은 질문은 중국의 미래입니다. 과연 중국은 지금 같은 초고성장을 계속 유지하여 미국을 제치고 세계 1등이 될 수 있겠느냐 하는 정말 어려운 질문입니다. 이 질문의 진짜 목적은 중국이 1등을 할 거다, 또는 1등을 못할 거다를 예언하자는 것이 아닙니다. 좀더 정확히 말하자면, 이제 중국 앞에 놓인 근본적인 문제는 무엇이며, 중국은 이를 어떻게 해결해가고 있는가에 관한 문제입니다.

등소평이 제시한 3단계 플랜에서 중국은 1, 2 단계를 너무나 성공적으로 마쳤습니다. 이제 남은 것은 마지막 단계의 선진경제대국의 꿈만 남았습니다. 여러 경제학자들은 이미 이것도 거의 실현될 것으로 보고, 2020년에서 2040년 사이에 미국을 따라잡을 것이라 예상하고 있습니다. 정말 이대로만 가면 중국은 세계 1위 국가가 되는 것일까요? 쉽게 대답할 수 있는 사람은 아무도 없겠지요. 그럼 질문을 조금 바꿔 물어보겠습니다. 중국이 정말 세계 1위 국가가 되기 위해 풀어야 할 문제는 어떤 것들이 있을까요? 이 질문은 조금 답하기 쉬울 것으로 보입니다. 전문가들도 여러 가지 측면에서 중국의 과제들을 설명하고 있습니다. 이 중에서 가장 근본적인 문제들을 하나씩 짚어보도록 하겠습니다.

가장 먼저 드는 의문은 과연 지구가 버텨낼 수 있느냐 하는 문제입니다. 주로 환경주의자들이 하는 질문입니다. 인도는 지금 문맹률이 40% 가까이 됩니다. 한때는 90%가 넘는 때도 있었습니다. 인도가 이렇게 문맹률이 높다면 노동의 질이 높아질 수 없다는 문제가 있을 것이고, 문맹률을 낮춰가는 일이 필요하겠지요. 그런데 정작 인도 시민들이 문자를 읽을 수 있게 되면서 신문 잡지를 구독하게 되면 어떻게 될까요? 10억 명의 시민들이 신문을 사보기 시작한다면 전 세계의 나무들이 남아날 수 있을까요? 이 질문을 중국에도 똑같이 던져볼 수 있습니다. 13억 명의 중국인들이 엄청나게 소비를 한다면, 중국이 미국처럼 과소비를 한다면 지구가 세 개는 더 필요하다는 이야기도 있을 정도입니다.

지금도 중국의 자원욕심은 엄청납니다. 아프리카의 거의 모든 자원부국에는 중국의 투자가 이어지고 있으며, 온갖 자원들을 마구 사들이면서 가격상승의 주범으로 몰리고 있습니다. 실제로 전 세계 철강 수입의 70%를 중국 한 나라가 하고 있습니다. 특히 중국은 예전부터 자국의 풍부한 석탄을 이용한 화력발전이 주를 이루고 있어서, 환경오염 문제에도 취약합니다. 이런 문제를 중국 지도부도 잘 알고 있기 때문에 중국에서는 친환경 투자도 적극적으로 이루어지고 있습니다. 중국은 자연환경의 한계를 이겨내는 도전을 이루어야만 할 것입니다.

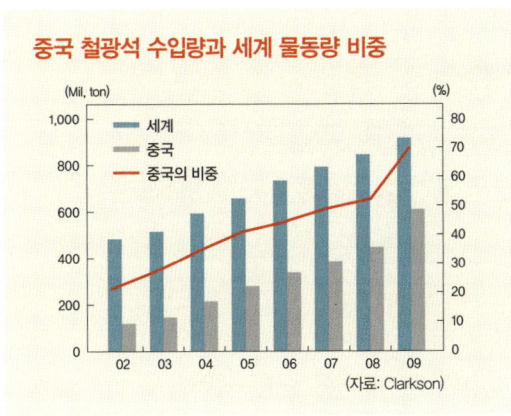

중국 철광석 수입량과 세계 물동량 비중

(Mil, ton)
(%)

세계
중국
중국의 비중

(자료: Clarkson)

또 중국의 부동산 광풍을 우려하는 목소리도 큽니다. 북경과 상해를 비롯해 중국 대도시의 땅값은 그 비싸다는 강남을 추월한 지 이미 오래입니다. 중국 내부에서도 비싼 부동산 가격에 대한 불만의 목소리가 매우 큽니다. 개발광풍은 불었지만, 수요가 뒤따르지 못해 폐허로 변해버린 중국의 쇼핑몰이나 아파트 단지가 신문지상에 단골로 등장하고 있습니다. 나라가 큰 중국이다 보니, 부동산 붐이 부는 것도 그 규모가 정말 장난이 아닙니다.

유럽 전체에 지어진 주택 수만큼을 짓는 데, 중국은 딱 15년이 걸렸습니다. 로마에 있는 주택 숫자만큼 짓는 데에는 중국은 딱 2주가 걸렸다고 합니다. 매년 6천만 명이 농촌에서 도시로 옮겨오고 있는 중국입니다. 그만큼 부동산 수요가 어마어마하고, 여기에 투기 붐까지 겹쳤으니 얼마나 지어댔겠습니까? 전 세계 시멘트 소비량이 가장 많은 국가는 두말할 것도 없이 중국입니다. 이건 뭐 당연하겠지요. 그런데 1인당 시멘트 소비량이 가장 많은 국가는 어디일까요? 중국은 인구가 13억 명이니 아무리 중국에서 시멘트를 많이 쓴다 하더라도, 13억 명으로 나눈다면 1등 하기는 쉽지 않아 보입니다. 그런데도 중국이 1등입니다. 2등은 유럽에서 부동산으로 망하기 직전까지 몰린 스페인입니다.

전 세계 철강의 절반을 중국 한 나라가 소비하고 있으며, 시멘트 소비량도 중국이 전 세계의 절반을 차지하고 있습니다. 중국 인구는 13억 명입니다. 부동산 건설 문제에서는 미국은 중국에 비하면 아무것도 아닙니다. 이로 인해 북경의 주거용지 토지 가격은 2003년에서 2010년까지 무려 9배가 올랐습니다. 중국인들도 도시 집값 폭등으로 엄청나게 힘들어하고 있지요.

상해 중심가의 부동산 가격은 이미 서울 강남을 추월했다고 하지요. 도시 주택가격의 평균을 봐도 절대가격은 물론 선진국에 비해 낮은 수준입니다만, 소득대비 가격은 미국이나 일본의 두 배 이상입니다. 중국인들

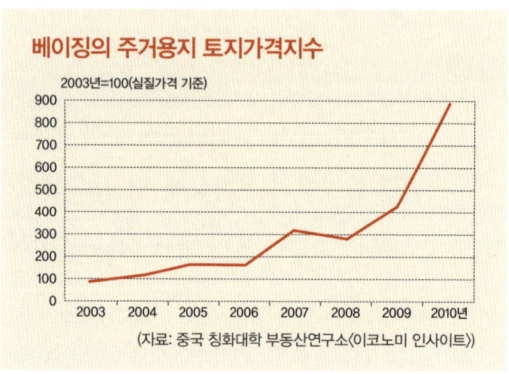

(자료: 중국 칭화대학 부동산연구소〈이코노미 인사이트〉)

이 주택 1평방 미터를 사기 위해서는 연간 소득의 85%를 쏟아부어야 합니다. 미국인들은 31%, 일본인들은 36%를 써야 합니다. 중국인들이 아무리 작은 집에 산다 하더라도 집 한 채를 사기 위해서는 1인당 GDP의 20배 이상을 써야 한다는 말인데, 이게 말이나 되는 소리겠습니까?

언제 중국의 부동산 버블이 폭발할 것인가에 대해서는 전 세계 언론이 모두들 굉장히 관심 있게 지켜보는 주제입니다. 월가의 유명 애널리스트들도 모두들 한마디씩 하는 주제이기도 합니다. 물론 중국의 부동산 버블은 매우 심각하고, 어떻게든 조절이 필요한 것도 사실입니다. 그러나 중국의 국가 시스템은 우리가 생각하는 것보다 훨씬 더 치밀하다는 것도 생각해야 할 점입니다. 또 중국의 모든 토지는 기본적으로 국유지

입니다. 민간인들은 국가로부터 토지를 임대해서 쓰는 식이지요. 중국 정부는 부동산 가격에 대한 통제력이 서구 국가들에 비해서 매우 강력합니다. 부동산 세금을 올리고, 국가가 통제하는 은행의 대출을 규제하고, 금리를 올려버리면 가격은 얼마든지 통제할 수 있습니다.

　　미국에서 서브프라임 모기지 사태가 터지고, 부동산 버블이 터져서 세계적인 금융위기가 온 전례를 보면서 중국의 부동산 붐이 더욱 주목을 끌고 있지만, 사실 중국의 부동산 버블은 미국과 양상이 다른 면들이 많습니다. 첫째로 중국은 가계부채 비율이 높질 않습니다. 물론 부동산 투자에 뛰어든 사람들은 당연히 빚을 냈겠지만, 국가 전체적으로 실질소득 대비 가계부채 비율은 45% 수준에 불과합니다. 미국에서 서브프라임 모기지 버블이 터졌을 때 실질소득 대비 가계부채 비율은 무려 130%대까지 치솟았고, 대한민국은 지금 이보다 더 높은 실정입니다. 일단 가계의 부채안정성이 미국보다 훨씬 좋은 상황입니다. 또 정부의 통제력이 매우 높아서 가격폭락 사태를 방관하지는 않을 것이라는 믿음도 있습니다.

　　중국 부동산 문제가 가지는 위험성은 사실 중국 경제에서 부동산이 차지하는 비중이 너무 높다는 데에 있습니다. 아까 우리는 중국의 GDP 구성에서 투자 비중이 엄청나게 높다는 지적을 한 적이 있습니다. 투자라는 것은 공장이 기계를 사고 사무실을 갖추는 것도 있지만, 부동산을 개발하는 것도 있습니다. 중국의 투자비율이 엄청나게 높다보니, 부동산 투자 비중도 역시나 엄청나게 높습니다. 프랑스 소시에떼 제네랄 은행이 분석한 바에 의하면, 전체 GDP에서 건설투자가 차지하는 비중이 무려 19%라고 추산하고 있습니다. 세계 평균이 12% 수준인 것에 비하면 거의 50% 가까이 높은 비중입니다.

중국 정부 입장에서도 부동산 붐이 일어나는 것은 성장률을 높이는 데 아주 유용합니다. 주택을 짓고 사는 데에도 소비활동이 일어나지만, 일단 집을 가지면 그 안에 채워넣을 각종 물건들을 사느라고 또 돈을 쓰게 됩니다. 이삿짐 센터도

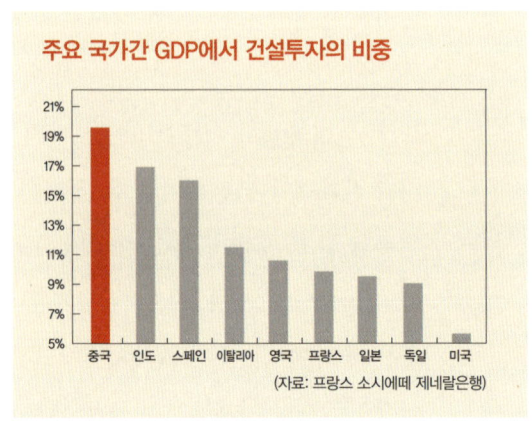

주요 국가간 GDP에서 건설투자의 비중

(자료: 프랑스 소시에떼 제네랄은행)

돈을 벌고, 전자제품 매장도 돈을 벌고, 인테리어 업자들도 돈을 벌 수 있습니다. 이런 식으로 건설투자의 붐은 경제성장률을 높이는 데 매우 큰 역할을 합니다. 사실 중국 정부도 이런 부동산 버블을 어느 정도 용인한 면이 없지 않았습니다.

부동산 버블이 꺼지면, 중국 경제에서 차지하는 비중이 워낙 크다 보니, 그만큼 충격파도 클 것이라 예상합니다. 그러나 미국처럼 엄청난 폭발이 일어날 것이라고 예상하는 것도 좀 무리가 있습니다. 앞서 이야기한 대로 정부의 힘이 워낙 강력하기 때문에 속도조절이 어느 정도 가능하다는 것도 이유이고, 기본적으로 중국 내부의 수요가 워낙 크기 때문에 대폭락으로 이어지기는 힘들다는 이유도 있습니다. 사실 버블은 터져봐야 그 위력을 알 수 있기 때문에 미리 예측하기 힘든 면도 분명 있습니다.

중국은 생산성 중심 경제로 갈 수 있을 것인가

중국의 미래를 이야기할 때 가장 근원적인 문제는 부동산도 아니고, 환경 문제도 사실은 아닙니다. 중국이 새로운 단계로의 도약을 위해서는 경제의 체질이 바뀌어야 하는 문제가 있습니다. 바로 생산성 중심의 경제입니다.

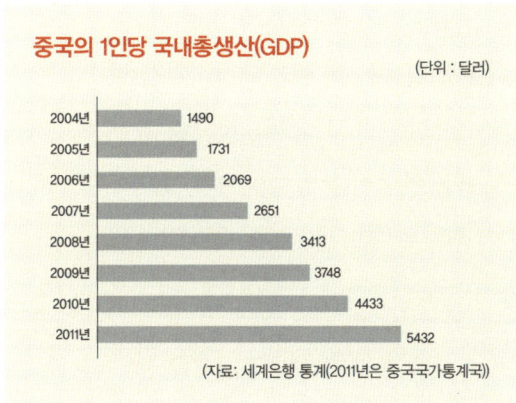

중국의 1인당 국내총생산(GDP)

(단위 : 달러)

연도	
2004년	1490
2005년	1731
2006년	2069
2007년	2651
2008년	3413
2009년	3748
2010년	4433
2011년	5432

(자료: 세계은행 통계(2011년은 중국국가통계국))

중국의 1인당 GDP는 2011년부터 5천 달러대를 돌파했습니다. 그런데 그간 세계적으로 1인당 GDP가 4천 달러에서 1만 달러대 국가들이 어떤 성장의 장벽에 턱 가로막힌 예가 정말 많았습니다. 1960년대에서 70년대의 브라질, 아르헨티나 등 남미 국가들과 필리핀, 말레이시아 같은 동남아 국가들이 이 함정에 갇혀서 성장이 장기간 지체되는 현상이 발생했습니다. 이를 두고 중진국 함정middle income trap이라고 부릅니다.

　　사실 유럽의 기존 강대국을 빼고, 이 중진국 함정에 빠지지 않은 나라는 세계적으로도 매우 드뭅니다. 미국의 한 경제학자는 이를 두고, 100년 전에 부자가 아니었는데 지금 부자인 나라는 일본밖에 없다고 지적한 바가 있습니다. 사실 일본도 100년 전에는 제국주의 침략국이었으니, 이런 말도 별로 의미가 없긴 합니다. 매우 드문 중진국 함정 탈출 국가 중 가장 대표적인 국가는 바로 대한민국입니다. 이미 대한민국은 중진국 범주를 벗어났으며, 경제규모나 산업구조 측면에서는 선진국이라고 불러도 전혀 손색이 없습니다. 비슷한 예로 대만 정도를 들 수 있었지만, 이미 대만은 대한민국을 따라오기 힘들 정도로 격차가 벌어져버렸습니다.

　　그럼 질문을 바꿔보지요. 과연 중국은 대한민국처럼 중진국 함정에서 벗어날 수 있을 것인가? 이 질문은 또 이렇게 바꿔볼 수 있습니다. 왜 지구상의 수많은 나라들은 중진국 함정에 빠져들었던 것이며, 중국은 이를 극복할 무기가 있는가? 이렇게 질문을 바꾸면 대답하기가 한결 나을 것 같습니다. 중국이 지금까지와 같은 초고성장을 지속할 수는 없으리라 생각하는 것은 어렵지 않습니다. 한국이나 일본의 예를 보더라도 이제는 중국의 성장률이 둔화될 시점이 왔다고 판단하는 경제학자들도 매우 많습니다. 고성장이 시작된 지 30년이 지난 시점에서는 대부분의 국가에서 성장률이 둔화되는 경향이 뚜렷하게 나타났고, 그것은 한국과 일본에서도 마찬가지였습니다. 다음의 표를 보면, 한국은 1988년, 일본은 1969년을 성장률의 정점으로 보면, 중국도 2007년이면 성장률 정점 시대가 되지 않겠느냐 하는 생각을 그래프로 나타내본 것입니다.

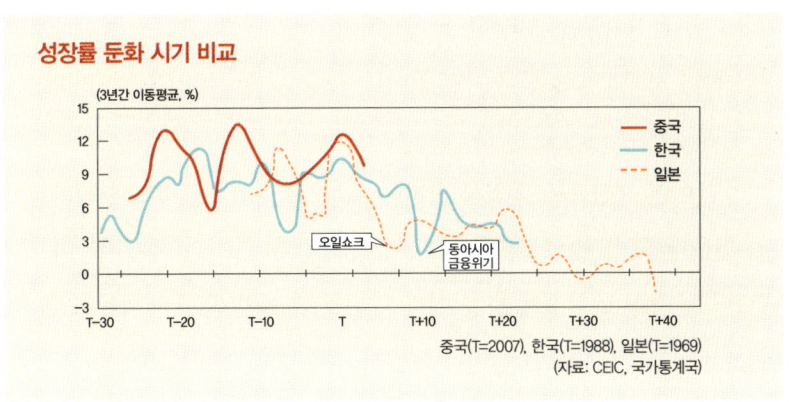

성장률 둔화 시기 비교

(3년간 이동평균, %)

중국(T=2007), 한국(T=1988), 일본(T=1969)
(자료: CEIC, 국가통계국)

　　중진국 함정이 왜 발생하느냐를 말씀드리기 위해서는 좀더 근본적으로 '경제성장은 어떻게 이루어지느냐'를 생각해보아야 합니다. 그래야 왜 성장이 멈추느냐를 알 수 있을 테니까요. 경제성장, 즉 GDP 성장은 두 가지 요인에 의해서 발생합니다. 첫 번째는 생산요소 투입입니다. 생산요소라는 말은 토지, 노동, 자본을 뜻하지요. 한 상품을 생산하기 위해 필요한 요소라는 말입니다. 이걸 한 국가경제 전체로 확대해서, 토지와 노동과 자본을 투입하면 그만큼 생산이 확대되고, 그로 인해 GDP가 성장한다는 뜻입니다.

　　어떤 국가이든지 경제개발 초기에는 생산요소 투입으로 경제가 발전하게 됩니다. 버려져 있던 황무지를 개간하여 도시를 만들고 공장을 건설하는 식으로 토지를 투입하고, 농민들이 도시로 옮겨와서 공장 노동자가 되는 식으로 인력을 투입하고, 외국자본을 끌어오거나 국내 저축을 늘려서 투자할 자본을 마련합니다. 이렇게 생산요소를 투입하면 대체로 그만큼 경제가 성장하게 되어 있습니다. 이런 원리는 자본주의 초기의 영국에서도 이루어졌고, 대성장기의 미국도 그렇고, 1960~70년대 대한민국도 마찬가지였습니다. 제일 이해하기 쉬운 우리나라를 생각해보면 이런 식의 경제개발 방식이 어떻게 이루어지는지 알 수 있을 것입니다.

　　이런 생산요소 투입식 발전을 위해서는 강력한 국가의 리더십이 필요합니다. 좋은 말로 리더십이지, 상당히 많은 나라가 독재국가이기도 했습니다. 중진국 함정에 갇힌 여러 나라들도 이런 독재 체제를 오래 겪었습니다. 아까 말씀드린 남미나 동남아 국가들도 정치 면에서는 그리 자랑할 만한 나라는 아닐 것입니다. 우리나라도 마찬가지이죠. 중국도 공산당 일당체제를 유지해온 나라입니다. 중국 정치가 유능하고 효율적이었다고 평가하는 사람은 있겠지만, 그렇다고 민주적인 정부였다고 평가하는 사람은 거의 없을 것입니다.

　　시카고 대학 정치학 교수인 아담 쉐보르스키는 2차대전 이후 40년 동안 국민소득이 4배 이상 증가한 8개 국가의 정치구조를 분석해보았습니다. 이중에서 대만, 싱가폴, 한국은 그 기간 내내 독재정권이 집권했고, 태국과 포르투갈은 독재정권과 민주정권이 절반씩 집권했습니다. 민주정부가 계속 집권한 나라는 일본과 몰타밖에 없다는 것입니다.

　　20세기 들어서 가장 눈부신 경제발전을 최단기간에 해낸 국가가 어디인지 아십니까? 놀랍게도 그것은 스탈린 시절의 소련입니다. 스탈린 집권 이후, 소련은 정말 눈부신 경제발전을 이루어서 유럽 변방의 지독하게 가난한 농업국가에서 30년 만에 미국의 뒤를 이은 세계 2위의 GDP를 기록하게 되었습니다. 이런 성과를 기반으로 소련은 공산주의의 체제 우월성을 선전할 수 있었고, 1960년대 이후에는 그들이 미국을 추월할 것이라고 공언하기도 했습니다. 그러나 그 끝이 어땠는지는 우리 모두가 잘 알고 있습니다. 스탈린 시절의 이런 반짝 성장이 가능했던 것은 생산 요소 투입을 국가가 극적으로 강제했기 때문에 생겨난 일시적인 현상이 었을 뿐입니다. 그야말로 영양제 과다 투입으로 몸이 뚱뚱해지는 것과 다를 바 없습니다. 약효가 다하면, 그때는 바로 탈이 나버리는 것입니다. 스탈린 시절에는 온 국가가 생산수단에만 생산을 집중시켰습니다. 그래서 당시에는 트럭이나 비행기 같은 중공업 분야에서 소련의 경쟁력이 대단했습니다. 물론 소비재 품목은 뭐가 있는지도 모를 수준이었지만 말입니다. 일단 트럭이나 기계류를 잔뜩 생산해놓고 이를 앞으로 마구 돌려서 생산을 왕창 늘리자는 초단순 계획이었지만, 소련 경제는 결코 이런 계획을 성공시킬 수 없었습니다. 우리가 기억하는 것은 상점 앞에 길게 늘어선 소련 시민들의 줄밖에 없지요. 비효율적인 경제의 결과입니다.

스탈린 시기 생산부문별 생산고 비중

(단위: %)

소련	1928년	1932년	1937년	1940년
생산수단 생산부문	32.8	53.3	57.8	61.0
소비재 생산부문	67.2	46.7	42.2	39.0

생산요소 투입형 경제는 어느 순간 반드시 한계가 오게 마련입니다. 이 원리는 경제학 원론 수준에서도 설명이 가능합니다. 한계 생산성 체감의 법칙입니다. 아무것도 없던 시절에는 자본이나 노동을 조금만 투입해도 생산량이 팍 늘어날 수 있습니다. 그렇지만 어느 정도 공장의 규모가 커지고 나면, 인력이나 기계를 더 투입한다고 해서 생산량이 제대로 팍팍 늘어나는 것이 전혀 아니게 되겠지요. 지금 현대자동차 같은 회사에 사람을 두 배, 세 배로 더 채용한다고 해서, 자동차가 두세 배로 생산되지는 않을 것이니 말입니다. 국가경제에서도 마찬가지입니다.

그간 중진국 함정에 빠진 나라들은 모두 생산요소 투입형 경제에서 그 끝을 봐버린 나라들입니다. 그 이상의 단계로 국가가 발전해야 하는데 그걸 하지 못한 것이지요. 그 이상의 단계가 바로 '생산성 중심의 경제'입니다. 즉 기술과 경영의 합리화를 통해 생산요소를 더 투입하지 않더라도 경제성장이 지속되는 그런 체제입니다. 미국의 신경제라는 신화도 이 논리 때문에 나온 것입니다. 미국의 IT기술이 눈부시게 발전해서, 미국의 생산성이 엄청나게 높아졌기 때문에 이제 미국은 새로운 차원의 경제를 맞이하게 되었고, 앞으로도 성장은 영원할 것이라는 그런 논리입니다.

생산요소 투입형 경제에서는 초고성장이 가능합니다. 스탈린 시절의 소련도 그랬고, 박정희 시절의 한국도 그랬고, 등소평 이후의 중국도 그랬습니다. 물론 모택동 시절의 중국은 그것도 실패했으니 무조건 성공하는 것은 아닙니다만, 생산요소 투입형 경제로 어느 정도 성과를 본 나라들은 매우 많습니다. 그러나 생산요소 투입형 경제가 한계에 부딪혀도, 생산성 중심의 경제로 도약을 한 나라는 그야말로 극소수입니다. 과거의 일본과 현재의 대한민국 정도가 거의 유일한 예입니다. 아직 중국

	GDP	자본		노동		생산성	
1978~2007	9.8	6.3	64%	0.9	9%	2.6	27%
1978~1985	9.8	5.1	52%	1.2	12%	3.5	36%
1985~1989	7.9	5.5	70%	2.2	28%	0.2	3%
1990~1997	11.5	6.8	59%	0.4	3%	4.3	37%
1997~2000	8.0	6.5	81%	0.4	5%	1.0	13%
2000~2007	10.4	7.5	72%	0.4	4%	2.5	24%

(자료: 중국국무원)

은 생산요소 투입형 경제의 전형을 보이고 있습니다.

앞의 표는 중국 국무원이 작성한 표를 바탕으로 비중을 조금 보충해본 것입니다. 기본적으로 중국의 GDP 성장은 자본투자 덕분이라 해도 됩니다. 생산성이 기여한 부분은 30% 미만에 불과합니다. 우리는 그간 중국의 GDP 구성에서 민간투자 부분이 기형적으로 과다하다는 것을 보았습니다. 실제로 그런 투자 덕분에 중국의 고성장이 가능했던 것입니다. 아직 중국은 생산성을 기반으로 한 경제에 진입했다고 보기는 어렵습니다.

잠깐 대한민국을 살펴볼까요? 대한민국은 2006년 이후로 생산성 향상의 효과가 무려 47%에 달하고 있습니다. 그래서 대한민국의 경제성장이 세계의 주목을 끌고 있는 것입니다. 이렇게 성공적으로 경제의 체질을 바꾼 국가는 세계적으로도 한국과 일본밖에 없습니다. 과거 폴 크루그만 교수는 동아시아의 경제발전이 생산성 향상은 매우 작은 반면에, 생산요소 투입의 비중이 매우 크기 때문에 그것을 기적이라 부를 수

	전기간	1981~1990	1991~2000	2001~2010	2001~2005	2006~2010
소득증가율	6.24	10.07	4.91	3.72	4.03	3.41
자본투입	3.26	4.24	3.6	1.95	2.15	1.75
	자본투입 52%	42%	73%	52%	53%	51%
노동투입	1.91	3.1	1.72	0.92	1.49	0.35
	노동투입 31%	31%	35%	25%	37%	10%
생산성효과	1.43	1.97	1.11	1.2	0.78	1.61
	생산성효과 23%	20%	23%	32%	19%	47%

(자료: 한국은행)

는 없다고 논문에서 말한 바 있습니다. 그러나 크루그만 교수의 이런 발언은 대한민국에는 통하지 않습니다. 이미 대한민국은 생산성 중심의 경제체제로 전환하는 데 성공했기 때문입니다.

한국은 중진국 함정에서 탈출하는 데 성공했고, 중국은 이제 중진국 함정에서 탈출할 수 있을 것인지의 여부가 중요한 시기에 들어섰습니다. 중국이 지금처럼 자본투자를 계속해서 성장을 지속할 수 있을까요? 그렇다면야 크게 문제될 점은 없겠지요. 당장은 계속 국가에 자본투자를 하면서 성장을 하면 그만이니까요. 그러나 그 점에서도 쉽지 않다는 의견이 많습니다.

일단 중국의 고정자산 투자는 더욱 증가율이 높아지고 있지만, 중국의 경제성장률은 그만큼 따라잡지는 못하고 있습니다. 고정자산 투자는 매년 28% 수준 증가에서 최근에는 35% 수준까지 늘어났지만, 중국의 경제성장률은 10% 성

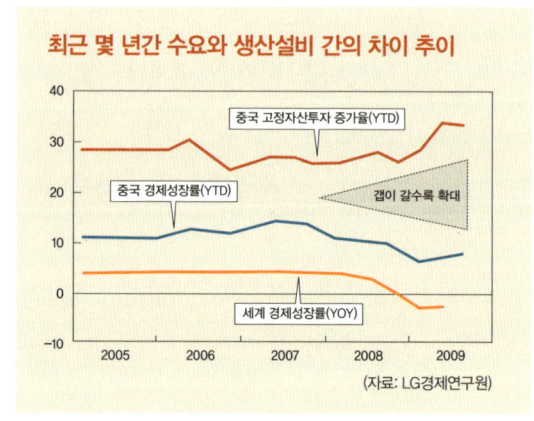

장에서 7%대까지 낮아졌기 때문입니다. 이것은 기존과 같이 자본투자를 통해 고성장을 이루기 어렵다는 것을 보여주는 현상입니다.

실제로 중국의 투자가 어느 정도 한계에 봉착했다는 증거는 곳곳에서 나오고 있습니다. 이제 중국의 인구보너스 시기는 곧 끝이 날 것

입니다. 실제로 한 국가의 인구보너스 시기는 30년 정도가 최대입니다. 그 이후로는 저출산이 정착되어 더이상 노동인력의 대량공급이 생기질 않게 되지요. 중국의 생산가능인구(15세 이상 64세 이하 인구)는 2015년에 최대치를 이룹니다. 이런 시기가 정말 중요한 때입니다. 일본이나 미국도 바로 생산가능인구가 최대치일 때 버블붕괴를 맞아 엄청난 고통을 겪은 바 있습니다. 이제 중국도 그 시기가 다가오고 있습니다. 물론 다른 나라가 그랬으니 중국도 꼭 버블이 터질 것이라는 예측은 예측도 아닙니다만, 그래도 중요한 변곡점이 될 수는 있습니다. 중국은 그간 인구보너스를 가장 잘 활용한 나라였습니다. 그러나 더이상의 보너스는 없습니다. 중국의 진짜 실력이 필요한 때입니다.

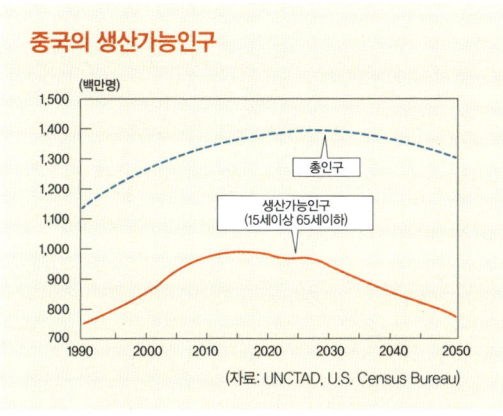

중국의 생산가능인구

중국은 매년 수천만 명의 농민들이 도시로 몰려듭니다. 이들을 일컬어 농민공이라 부르지요. 매년 명절이면 역시 수천만 명, 수억 명의 농민공들이 선물을 사들고 고향을 방문하느라 중국 전역의 열차역과 버스터미널이 인산인해가 되는 광경이 자주 뉴스에 나옵니다. 이들은 그간 매우 열악한 노동조건과 임금에 시달리면서 중국 제조업을 떠받치는 힘이 되어 왔습니다. 그러나 최근에는 조금씩 상황이 바뀌어갑니다. 중국의 평균 노동임금이 점점 오르고 있다는 기사가 나오고 있습니다. 이미 중국은 임금경쟁력을 잃었다는 기사도 보입니다. 동남아시아가 훨씬 임금이 싸다는 말이지요. 사실 이제는 중국 농민공의 유입속도도 줄어들 수밖에 없습니다. 왜냐하면 농촌인구와 도시인구가 역전되기 시작했거든요. 그렇다고 농민공들이 도시로 몰려드는 현상이 바로 없어지지는 않겠지만, 적어도 지금과 같은 추세로 계속 농민공이 늘어날 수는 없다는 말입니다.

또 토지공급도 문제입니다. 중국은 경제개발 초기부터 철저한 지역불균등 발전 전략을 취해왔습니다. 우리나라의 예를 참고로 한 것이죠. 중국은 동남부 해안가 도시를 집중 발전시키는 전략을 취했습니다. 일단 홍콩이 가깝고, 항구

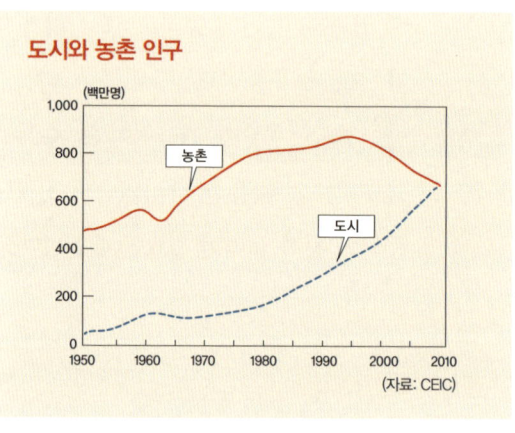

를 통해 물자수송이 쉽고, 인구도 풍부했기 때문입니다. 등소평은 1992년 남순강화南巡講話라는 역사적인 담화 프로그램을 진행한 바 있습니다. 1989년에는 천안문 사태가 벌어졌고, 1991년에는 소련이 무너졌습니다. 중국 사회주의도 흔들릴 여지가 충분한 가운데 등소평은 동남부 해안가 도시들을 돌면서 시장경제 도입에 대한 확고한 의지를 보여줍니다. 체제 위기가 발생했음에도 불구, 자신의 개혁개방 정책을 더욱 일관되게 밀고 나간 것입니다. 그런데 이 남순강화 사건은 다른 한편으로는 중국 시장주의 경제가 어떤 지역을 중심으로 추진되고 있는지도 분명히 보여주는 사건이었습니다. 등소평이 방문했던 상해, 우한, 선전 등은 중국 산업기지의 선두가 되었습니다. 애플 아이폰을 조립하는 팍스콘 공장도 선전에 있지요.

그런데 이 지역의 땅값은 정말 올라도 너무 오른 것이 문제입니다. 중국 내에서 땅값이 비싼 지역은 북경을 제외하고는 거의 동남해안가에 위치한 도시들입니다. 물론 가장 비싼 곳은 역시나 홍콩일 것입니다. 이렇게 땅값이 오르다 보니, 더이상 이 지역에 대한 토지 공급은 제한될 수밖에 없을 것입니다.

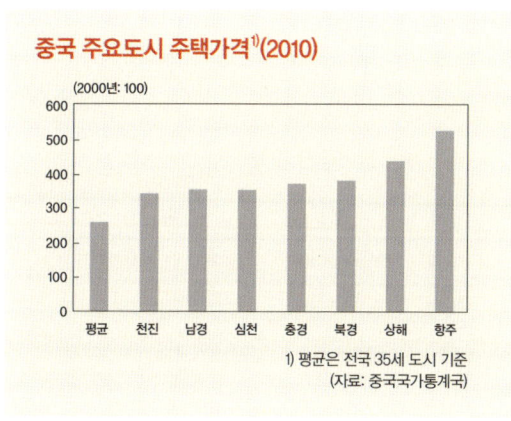

중국 주요도시 주택가격[1](2010)

(2000년: 100)

1) 평균은 전국 35세 도시 기준
(자료: 중국국가통계국)

이제 중국의 도전과제는 분명해졌습니다. 중국의 미래를 비관적으로 보는 이들은 이 점에 주목하는 것입니다. 중국이 그간 해온 자본투입에 의한 경제발전은 한계에 다다른 것이 아닌가? 앞으로 생산성 중심의 경제를 이뤄야 하는데 중국이 과연 그것을 쉽게 이룰 수 있을 것인가? 중국으로서도 쉽지 않은 도전입니다.

그러나 중국은 이미 이런 질문에 대한 답변서를 내놓고 있습니다. 중국의 답변서는 충분히 충실하고 또 설득력이 있습니다. 과연 그대로 실현될지는 모릅니다. 그러나 중국은 충실히 준비하고 있습니다.

먼저 생산요소 투입이 한계에 도달했다는 지적에 대해서 중국은 '이제 우리는 서부를 개발할 것이다'라고 답합니다. 서부의 광활한 토지는 여전히 황무지로 남아 있으며, 그리고 사람을 모아 새롭게 개발을 시

작할 것이라고 합니다. 이런 전
략은 사실 중국이 선택할 수 있
는 거의 최적의 방안이기도 합
니다. 중국의 불균형 발전 전략
은 이미 지역적으로 너무 심각
한 불균형을 야기하고 있기 때
문에 낙후된 서부지역을 개발
해야 할 정치적 이유도 충분한
데다가, 이곳에서 또다시 값싼
토지와 노동을 공급받을 수 있
기 때문입니다.

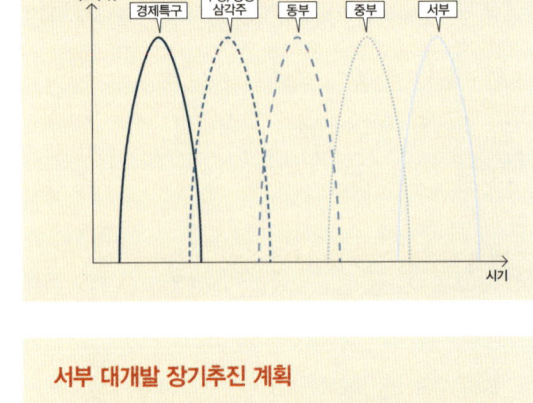

그래서 중국은 청위, 광
시, 관중-텐수이 경제구라는
서부 3대 거점을 설정하고 이곳에 고속도로와 에너지 개발 프로젝트 등
의 인프라를 확충하겠다고 나서고 있습니다.

아직 중국의 생산요소 투입이 끝나지 않았다는 말은 중국이 워
낙 큰 나라이니 충분히 납득할 수 있습니다. 그런데 과연 중국은 생산성
중심의 경제로 탈바꿈할 수 있을까요? 예를 들어보겠습니다. 중국에는
총 1만 개의 차를 만드는 공장이 있다고 합니다. 이 1만 개의 공장 전체
에서 나오는 순이익보다 영국의 유명한 홍차 기업인 립톤 1개 회사의 순
이익이 더 많습니다. 중국 수천 개의 신발공장 순이익보다 나이키 한 회
사의 순이익이 당연히 훨씬 더 높습니다. 아이폰 한 대를 조립하면 중국
인 노동자들에게는 딱 6%가 배분됩니다. 이런 것이 바로 생산성 중심 경

제의 힘입니다. 최신 기술을 통해 고부가가치를 만들고 이를 통해 브랜드를 형성해서 방어막을 칩니다.

2012년도 포춘 선정 500대 기업에서 중국 기업은 무려 73개가 올라와서, 미국 132개에 이어 2위를 차지했습니다. 중국에도 엄청난 대기업들이 무지 많다는 소리입니다. 그런데 지금 중국 기업들 중에서 생각나는 유명 기업이 있나요? 시노텍, 중국석유, 중국이동통신, 중국생명보험, 바오철강, SAIC자동차 등등. 모두들 기업규모로는 세계적이지만 브랜드는 전혀 형성하지 못하고 있습니다. 중국으로서도 브랜드가치를 지니는 강력한 기업을 육성하고 싶겠지요. 언제까지 나이키 신발 하청이나 받고 싶겠습니까?

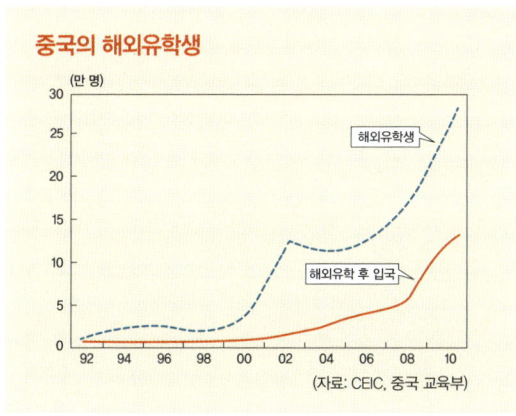

중국의 해외유학생
(만 명)
(자료: CEIC, 중국 교육부)

그래서 중국 정부도 전략을 짜고 있습니다. 먼저 엄청난 규모의 해외 유학생들을 보내고 있습니다. 우리나라의 전체 대학생 수를 모두 합쳐도 295만 명입니다. 중국은 한 해 유학생 수만 300만 명이 넘습니다. 고등교육을 받은 인재가 필요하다는 생각이겠지요. 요즘 한국 유명 대학 캠퍼스에서는 중국 학생들 목소리를 쉽게 들을 수 있습니다. 미국이나 유럽도 마찬가지이겠지요. 이들이 다시 중국 본국으로 돌아온다면 엄청난 경쟁력을 가지게 될 것입니다.

여기에 국가 R&D 투자
는 이미 미국에 이어 세계 2위
입니다. 매년 10% 이상 R&D
투자가 늘어가고 있습니다. 한
국은 뭐 하냐 걱정하시겠지만,
너무 걱정하지 않으셔도 됩니
다. 한국은 경제규모 때문에 절

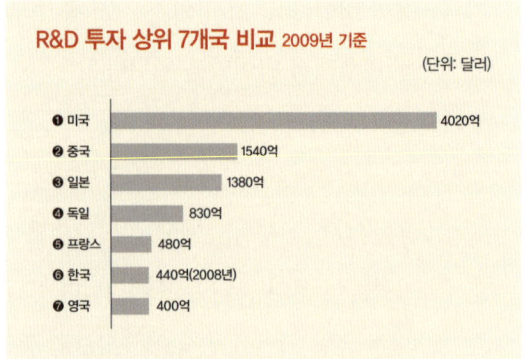

대액수 기준으로는 6위이지만, GDP 대비 R&D 투자는 3.3%를 기록해
서 세계 1위 국가입니다. 한국도 놀고 있지는 않습니다.

중국 위안화는 기축통화가 될 수 있을까

　21세기 중국의 목표는 세계 1위 경제대국이 되었습니다. 앞서 말씀드렸듯, 많은 경제학자들도 그 목표가 충분히 가능하고, 언제까지 가능할 것이라고 예측도 하고 있습니다. 그런데 13억 인구의 힘으로 GDP 1등을 먹겠다는 중국의 목표는 현실가능하다고 치더라도, 과연 그때 중국이 실질적인 세계 1등 경제대국이 되는 것일까요? 미국보다 연간 생산량이 많아지면 자동으로 경제력이 1등이 되는 것일까요? 진짜 중국이 세계의 경제중심국가가 되기 위해서는 중국 화폐가 세계의 화폐가 되는 조건이 반드시 필요합니다. 바로 위안화의 기축통화입니다.

　지금 세계의 기축통화는 당연히 달러화입니다. 이 체제는 1944년 미국 브레튼우즈 마을에서 열린 회의에서 합의된 사실이며, 아직까지 꿋꿋하게 지켜지고 있습니다. 미국은 아주 오랫동안 세계 최강대국의 위치를 지켜왔습니다. 그렇지만 달러화도 처음부터 세계 기축통화였던 것은 아니었습니다. 미국 경제가 세계 1등이 된 것은 19세기 후반부터였습니다. 이미 1870년에 미국은 총생산에서 영국을 앞질렀고, 1912년에는 총수출에서도 영국을 추월하여 명실상부한 1등이 되긴 했습니다. 그런데 미국 달러화가 세계의 통화로 인정받은 것은 1920년대 중반이 되어서야 겨우 가능했습니다. 그것도 제1차 세계대전이라는 엄청난 사건이 없었다면 훨씬 뒤로 미뤄졌을지도 모릅니다. 전쟁 때문에 유럽은 박살이 나고, 미국은 대박이 난 다음에, 미국 정부의 적극적인 노력이 있었던 덕분에 달러화는 세계적 통화가 될 수 있었습니다. 그 이전까지 달러화는 정말 미국 국내용 통화에 불과했습니다.

이후 2차대전까지 겪고 나서 미국은 군사적으로도 1등, 경제적으로도 1등, 그에 걸맞게 달러화도 세계적 기축통화로 공인받게 된 것입니다. 여기서 잠깐, 아까부터 기축통화라는 단어를 자꾸 사용했는데요. 기축통화란 정확하게 어떤 것인지부터 짚고 넘어가겠습니다. 기축통화基軸通貨라는 말을 글자 그대로 풀어보면, 기준이 되고 축(중심)이 되는 통화라는 의미이겠지요? 좀더 구체적으로 설명하자면, 무역의 결제통화가 되고, 외환의 보유통화가 되는 화폐라고 할 수 있습니다.

무역의 결제통화라는 말은 세계 각국이 무역을 할 때 어떤 화폐를 가지고 무역하느냐는 문제입니다. 예를 들어, 우리와 중국이 무역을 한다면 위안화를 가지고 무역을 할 수도 있겠지요. 어차피 무역하는 회사들 사이에서 서로 계약을 맺으면 못할 것도 없습니다. 은행 하나를 지정해두고, 거기다가 수출대금과 수입대금을 위안화로 하든 원화로 하든 결정을 하고 그걸로 양국이 무역을 할 수도 있습니다. 그런데 우리와 폴란드가 무역을 한다면 어떨까요? 폴란드 돈을 쓰거나 우리 돈을 쓸 수도 있겠지요. 그러나 이때 뜬금없이 중국 위안화를 쓰자고 하기는 매우 어렵겠지요? 우리와 폴란드 간에 무역을 할 때에도 양국은 달러화를 가지고 무역을 합니다. 이때의 달러화가 바로 무역의 결제화폐가 되는 것입니다. 미국과의 무역이 아닌 경우에도 세계는 달러화를 씁니다. 달러화는 세계의 결제통화가 되고, 그래서 달러화를 기축통화라고 인정하는 것입니다. 세계 무역의 80% 이상이 달러화로 결제되고 있습니다. 무역을 할 때에도 그렇지만, 하다못해 소말리아의 해적들이 인질 몸값을 요구할 때에도 소말리아 돈을 달라고 하지 않고 달러화를 달라고 합니다. 소말리아에서도 달러화가 통용된다는 것을 의미하겠지요?

또한 각국이 비상금으로 마련해두는 외환보유고도 대부분 달러화입니다. 우리나라는 2013년 1월말 기준으로 약 3,289억 달러의 외환을 보유하고 있습니다. 중국은 무려 3조3,316억 달러를 보유하고 있습니다. 이렇게 각국 중앙은행이 보유하고 있는 외환의 대부분은 달러화이고, 그래서 달러화를 기준으로 자기네 나라의 외환보유고를 표시합니다.

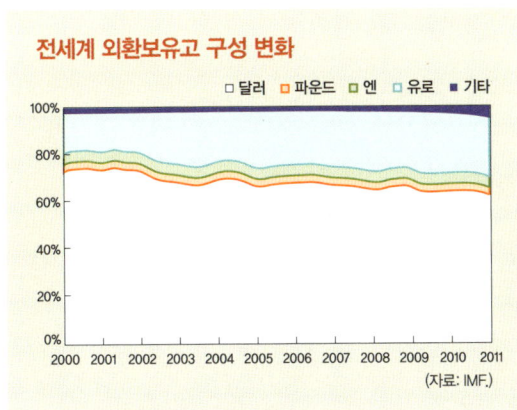

유로화의 탄생 이후, 세계는 유로화도 외환보유고에 편입을 시키고 있습니다. 그래서 거의 30% 가량은 유로화입니다. 그러나 아직도 달러화 비중이 압도적입니다. 옆의 표에서도 보실 수 있듯, 중국 위안화는 아예 표시조차 되질 않는 '기타' 항목에 포함되어 있을 뿐입니다. 외환보유고가 있어야 갑작스러운 금융위기에도 대처할 수 있다는 생각 때문에 세계의 여러 나라들은 버는 돈이 있으면 열심히 외환보유(창)고에 모아둡니다. 그 돈은 대부분 달러화일 수밖에 없습니다. 그래야 정말 필요할 때 즉각 쓸 수 있으니까요.

참고로 미국은 외환보유고가 아예 없다시피 합니다. 달러화가 자기네 나라 돈이고, 그 돈으로 안 되는 게 없으니, 굳이 다른 나라 돈을 창고에 쌓아둘 필요가 없는 것입니다. 미국의 외환보유고는 달러화 기준으로 약 750억 달러 정도입니다. 이는 세계에서 23위 수준이며, 터키(781억 달러)나 폴란드(769억 달러)보다도 작은 규모입니다. 반면 중국은 열심히 달러를 쌓아두고 있는 것이고요.

이렇게 무역의 결제통화와 외환의 보유통화로 쓰이는 것이 기축통화입니다. 미국은 달러화 기축통화라는 라벨을 지키기 위해 온갖 노력을 다 기울이고, 유럽은 이 기축통화 자리를 조금이라도 차지하기 위해서 유로화 통합까지 하고, 중국은 언젠가는 위안화를 기축통화로 만들겠다고 공언을 합니다. 왜 그럴까요? 기축통화가 되면 무슨 장점이 있을까요?

먼저 화폐가 처음 생길 때를 생각해봅시다. 고대에 소금이나 쌀을 화폐로 쓰던 시대를 넘어서 많은 문명국가는 '금'을 화폐로 썼습니다. 그래서 금화는 화폐의 대명사이기도 하지요. 이렇게 금화를 쓴다는 것은 금의 가치 그대로를 화폐로 쓴다는 의미입니다. 그런데 국가가 이 금화를 유통시키다 보면 아주 쉬운 돈벌이 방법을 생각해내게 됩니다. 꼭 금화를 가치 그대로 써야 하나? 금에다가 구리나 납을 좀 섞어서 금화를 찍어낸다면 국가가 그만큼 이익을 보는 게 아닌가 하는 생각입니다. 실제로 많은 나라에서 그렇게 했지요. 대표적인 나라가 로마입니다. 로마가 타락한 것은 로마의 금화가 타락한 시기와 거의 일치합니다. 나라가 망하니 화폐도 망해가는 것이지요. 로마의 황제들은 계속 금화에다가 온갖 불순물을 타서는 결국 순금함량이 100분의 1에도 못 미치는 동전을 마구 발행하기까지 합니다. 예전에 금화 한 닢으로 쌀 한 말을 살 수 있었다면 이제는 금화 백 닢을 줘야 쌀 한 말을 사게 된다는 말이 되니 엄청난 인플레이션이 발생하게 되겠지요. 그런데 로마 황실이 똑같이 금화 한 닢을 월급으로 주게 된다면 어떤 신하가 충성을 바치겠습니까?

로마의 방법은 몰래 금화에서 금을 떼어내는 수법이었습니다만, 아예 공식적으로 금을 떼어내는 방법도 있습니다. 바로 화폐세금을 걷는 방식입니다. 유럽의 군주들은 금화를 만들 수 있는 대장장이들에게 명령을 내려서 화폐를 찍어냅니다. 이때 금화의 일정 부분을 떼어서 국가에 세금으로 내게 만듭니다. 이를 '시뇨리지'라고 부릅니다. 우리 말로 번역하면 '화폐주조이익', 즉 화폐를 만들어서 생기는 이익입니다. 금화 한 닢을 만들려면 일정량의 순금이 필요하고, 순금화폐를 만드는 대장장이 비용이 필요하고, 마지막으로 화폐를 만들면서 내는 시뇨리지 비용이 필요합니다. 국가는 이렇게 공식적으로 순금화폐에서 일정 부분을 국가의 몫으로 챙길 수 있었습니다.

그런데 이제는 종이화폐의 시대입니다. 국가는 마음만 먹으면 윤전기에서 화폐를 마음대로 찍어낼 수 있습니다. 실제로 그렇게 원 없이 찍어낸 국가들은 역사에서 아주 많이 있었고, 그 나라들은 하나같이 하이퍼 인플레이션으로 망해버렸습니다. 아까 말씀드린 국민당 정부도 그 대표적인 예입니다. 그래서 화폐를 찍어내는 데에는 일정한 원칙을 만들어서 꼭 필요한 만큼만 찍어내도록 하고는 있습니다. 그렇지만 국가는 화폐를 찍어내면서 엄청난 이익을 거둘 수 있지요. 한국은행은 조폐공사에 5만 원권 한 장당 185원을 주고 찍어옵니다. 나머지 4만9,825원은 국가의 이익이 될 수 있습니다. 이제 국가의 시뇨리지는 국가의 경제력이 버티는 한도까지 늘릴 수 있습니다.

그런데 세계 기축통화가 되면 어떨까요? 기축통화가 누리는 시뇨리지는 세계경제가 버티는 한도까지 화폐를 찍어내서 누릴 수 있는 이익입니다. 미국 정부는 지금 바로 이 시뇨리지를 통해서 정말 마음껏 돈을 찍어내고 있는 중입니다. 당연히 기존의 달러화를 가지고 있는 나라 입장에서는 열이 받는 일입니다. 달러화의 가치가 떨어질 수밖에 없으니 말입니다. 그중에서 중국이 제일 열 받는 일이겠지요. 중국이 지난 30년 동안 정말 뼈 빠지게 일해서 모은 돈이 3조 달러인데, 2008년 금융위기가 터지고 미국 연방준비은행은 딱 2년 동안에 3조 달러의 미국 지폐를 인쇄해서 뿌려버렸습니다. 30년 동안 온갖 고생한 중국은 얼마나 허탈하겠습니까? 이 돈이 시중에서 제대로 돌아가는 순간이 되면 달러화의 가치하락은 수학적으로 분명하게 이루어지게 되어 있습니다. 이런 꼴을 보고 있으니, 중국은 달러화 기축통화 질서에 큰 의문을 가지게 될 수밖에 없겠지요.

기축통화의 막강한 파워

이렇게 미국이 달러화를 기축통화로 가지게 되는 이익은 실로 엄청납니다. 물론 미국은 돈을 마구 찍어내지는 않습니다. 나름대로의 계산을 굴려서 찍어내기는 합니다. 그런데 미국은 계산하고 찍어내는 돈의 양이 그래도 너무 엄청나서 문제이긴 합니다. 기축통화의 이점은 크게 세 가지로 이야기할 수 있습니다.

첫째는 기축통화국에서 무역하는 기업들이 너무 편하다는 겁니다. 한국의 현대자동차를 예로 들어봅시다. 현대차는 환율에 아주 민감합니다. 기업 수익에서 환차손이나 환차익이라고 하는 항목이 있는데, 1만 달러에 차를 수출하고 1만 달러를 받아왔는데, 원화가치가 올라가서 1,200만 원으로 바꾸는 수도 있고, 800만 원으로 바꾸는 수도 있습니다. 이익이 나면 다행이지만, 까딱 잘못하다가는 회사가 망하는 수준의 손해가 터질 수도 있습니다. 이런 손해를 막기 위해서는 관리가 필요하고, 그 관리를 위해서는 은행에서 선물환을 사는 식으로 비용을 들여야 합니다. 미국 기업이라면 이런 식의 환율관리비용이 전혀 들지를 않습니다.

둘째는 사실 가장 핵심적인 문제입니다. 바로 달러화에 대한 세계적 수요확보입니다. 이는 곧 국가부도가 나지 않는다는 점으로 이어집니다. 미국은 모두 아시다시피 무역적자도 엄청나고 재정적자도 엄청납니다. 그래서 쌍둥이 적자라고 합니다. 미국의 무역적자는 GDP의 3~6% 정도 수준이고, 재정적자도 최근에는 GDP의 6% 수준입니다. 뭐 대충 매년 GDP의 10% 가까이 적자를 보고 있습니다. 그것도 지난 10년 내내 이렇습니다. 정상적인 국가라면 즉각 국가부도를 냈을 수준입니다. 우리나라가 1997년 IMF를 신청했을 당시, 무역적자가 매우 심했는데 그때에도 당시 GDP의 5% 수준이었습니다. 재정적자는 없었구요. 그런데 미국은 무역적자는 1980년대 이후로 30년 동안 계속 적자이고, 재정적자도 클린턴 시절 잠깐 흑자였다가 지금까지 계속 적자입니다.

적자가 나면 누군가가 메꿔줘야 나라가 정상으로 굴러가겠지요? 그 누군가는 바로 미국을 제외한 전 세계입니다. 전 세계가 미국에 돈을 빌려줍니다. 왜냐하면 달러화가 필요하기 때문입니다. 그 결과가 바로 세계 각국이 보유하고 있는

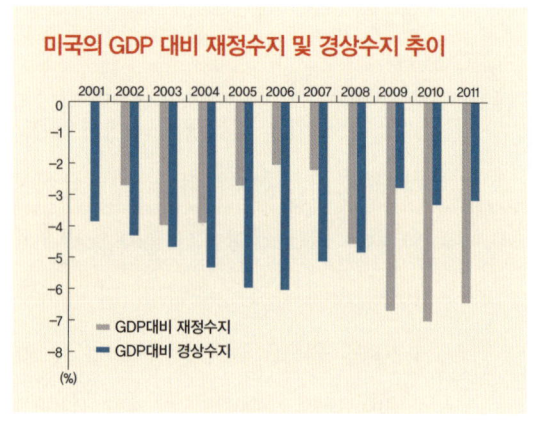

외환보유고인 것입니다. 미국에 물건을 팔고는 달러화를 받아와서 그냥 창고에 쌓아둡니다. 그 힘이 바로 미국의 무역적자를 지켜주는 힘입니다. 미국 정부가 발행한 국채 종이 쪼가리를 하나 받아들고는 미국에 달러화를 가져다줍니다. 그 힘이 바로 미국의 재정적자를 받쳐주는 힘입니다. 전 세계 다른 어떤 나라도 이런 힘을 가지지 못했습니다. 바로 이것이 기축통화의 진정한 힘입니다.

이 기축통화의 힘을 통해 미국은 매년 무역적자를 내면서도 고도성장을 유지해왔습니다. 1980년부터 2008년까지의 성장률을 비교해보면, 일본이 연평균 2.3%, 독일이 연평균 1.9% 수준인데 반해, 미국은 무려 연평균 2.9%를 기록했습니다. 전 세계 각국이 미국에 달러화를 공급해준다는 말은 곧 미국에 투자를 한다는 말과 같고, 그 힘으로 미국은 매년 적자를 보면서도 매년 성장을 지속할 수 있었습니다.

세 번째는 두 번째 이유의 연장선상에 있는데요. 저금리를 유지할 수 있다는 점입니다. 일단 달러화에 대한 세계적인 수요가 있기 때문에 미국의 채권은 다른 나라 채권에 비해 수요가 당연히 많을 것이고, 그 덕분에 채권금리를 낮게 유지할 수 있습니다. 미국은 이 덕분에 채권을 아주 많이 발행하면서(즉, 빚을 아주 많이 내면서도) 금리는 낮게 유지할 수가 있습니다.

달러화 기축통화의 질서는 거의 100년가량 지속되어온 세계경제의 질서입니다. 이에 대한 비판도 엄청나게 많지만, 다른 한편으로 생각해보면 지난 100년 동안의 세계경제는 인류가 단 한 번도 경험해보지 못한 최고의 성장을 구가해왔습니다. 물론 달러 기축통화 때문이라고만 말한다면야 말도 안 되는 소리이겠지만, 지난 100년 성장시스템의 한 축인 것도 사실입니다. 달러화가 기축통화의 권리를 잃는다는 것은 지난 100년 세계경제의 시스템이 바뀐다는 말이기도 합니다. 즉 중국의 위안화가 기축통화가 될 것이냐는 질문은 바꿔말하면, 새로운 세계경제 100년의 역사를 써내려가느냐의 문제이기도 한 것입니다.

자, 이제 질문을 정리해봅시다. 중국은 왜 위안화를 기축통화로 만들고 싶어할까요? 그 답은 나왔습니다. 미국이 달러화를 기축통화로 만들어서 누리는 저 이점을 중국도 누리고 싶어서 그렇습니다. 두 번째 질문으로, 그렇다면 중국은 위안화를 세계의 기축통화로 만들기 위해 어떤 노력을 하고 있나요? 아직 적극적인 노력은 아닙니다만, 중국과 많은 무역을 하는 아시아권의 나라들 간에 위안화로 무역결제를 하자고 계약을 맺고는 있습니다. 지금 당장 중국이 기축통화 국가가 되겠다는 것은 아닙니다. 세 번째 질문은 훨씬 어려운 질문이 될 것입니다. 정말 그렇다면 중국은 전 세계 GDP 1위 국가로 올라서고, 그래서 위안화를 세계의 기축통화로 만들 수 있을까요? 그러기 위해서는 무엇이 필요할까요? 이 질문에 대한 답들을 하나하나 짚어보기로 합시다.

중국 정부의 위안화 결제범위 확대를 위한 노력

연도	정부 추진
2008. 2	무역업에 종사하는 북한기업에 대해 중국 내 위안화 결제개좌 개설
2008. 7	인민은행의 환율담당부서를 설립하여 위안화의 국제화와 해외 유통시장 추진을 공식적으로 지정
2008. 11	2008년 11월 중국 본토와 대만 지역 간 무역결제통화를 달러화 대신 양국 통화로 대체하는 방안 추진
2008. 12	〈제3회 중·러 경제고위포럼〉에서 양국 간 무역거래에서 달러화의 비중을 줄이고 위안화와 루블화의 사용을 확대하는 방안 추진
2008. 12	광동·장강 삼각주 지역과 홍콩·마카오 지역 간, 광서·운남과 ASEN 간의 무역거래에서 위안화를 결제통화로 시범 허용
2009. 3	국무원으로부터 홍콩에서의 위안화 국제결제센터 설립 허가 승인
2009. 4	상하이와 광둥성의 광저우, 선전, 주하이, 동관 등 총 5개 도시를 시범지역으로 선정해 대외무역거래에서 위안화를 결제통화로 허용

(자료: 중국외환관리국, 하나금융경영연구소)

기축통화가 되기 위한 조건

세계 각국이 어느 순간 달러화 대신 위안화를 기축통화로 선택하기 위해서는 어떤 조건이 필요할까요? 달리 말해서, 중국은 어떤 조건을 갖춰야 위안화를 기축통화로 만들 수 있을까요? 딱 세 가지만 갖추면 됩니다.

첫째는 신뢰성입니다. 중국과 위안화를 믿을 수가 있어야 합니다. 허구한 날 화폐 남발해서 돈 가치를 마구 떨어뜨리는 국가라는 생각이 들면 어떤 나라도 그 나라 돈을 손에 쥐고 싶어하지 않을 것입니다. 중국의 인플레를 잘 통제하고 성장률도 잘 조절해서 위안화를 가지고 있다면 안심이 될 수준이 되어야 한다는 뜻입니다. 지금 달러화의 위기를 말하는 사람들도 바로 첫째 조건에 의문을 표시하기 때문입니다. 아무리 위기라지만 저렇게 달러를 찍어내도 되나 하는 생각 때문입니다. 중국은 미국처럼 저렇게 펑펑 돈을 찍어내서 다른 나라 불안하게 만들지 않을 자신이 있어야 한다는 말입니다.

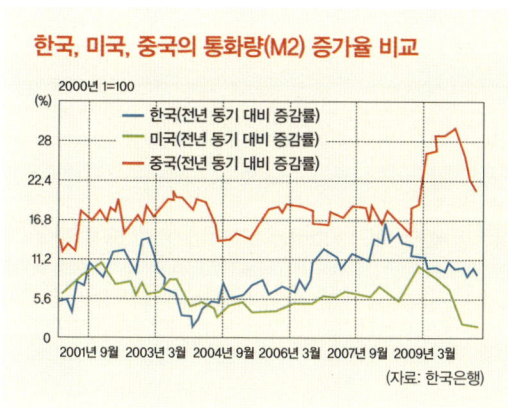

한국, 미국, 중국의 통화량(M2) 증가율 비교

2000년 1=100

(%)

한국(전년 동기 대비 증감률)
미국(전년 동기 대비 증감률)
중국(전년 동기 대비 증감률)

28
22.4
16.8
11.2
5.6
0

2001년 9월 2003년 3월 2004년 9월 2006년 3월 2007년 9월 2009년 3월

(자료: 한국은행)

그러나 이게 말처럼 쉬운 일이 아니지요. 중국도 이번 금융위기에 돈을 엄청나게 찍어냈습니다. 왼쪽의 그림은 시중에 풀린 돈의 양을 측정하는 M2 통화량 지표입니다. 중국은 한국이나 미국보다 훨씬 더 많은 돈을 시중에 풀어댄 것입니다. 중앙은행이 윤전기를 얼마나 돌렸느냐도 중요하지만, 실제로는 시중에 돈이 얼마나 많이 풀렸느냐가 훨씬 더 중요한 문제인데, 이 점에서 보자면 중국은 미국 보고 욕할 처지가 못 됩니다. 이렇게 풀려나간 돈의 힘으로 중국 부동산 시장은 계속 폭등할 수 있었고, 8% 성장률 수치도 맞춰나갈 수 있었습니다. 중국이라는 한 나라의 문제를 풀기 위해 통화량을 조절하는 것은 얼마든지 할 수 있는 일이지만, 기축통화국이 되기 위해서는 지금보다는 훨씬 더 많은 조심성이 필요할 것입니다.

둘째로는 개방성입니다. 일단 기축통화라고 한다면 다른 나라에서도 쉽게 위안화를 사고팔 수가 있어야 합니다. 그러기 위해서는 일단 중국의 시장이 개방되어 있어야만 합니다. 금융시장은 말할 것도 없고, 상품시장도 활짝 열려야 합니다. 그래야 위안화를 가지고 무역을 할 수 있지 않겠습니까? 지금 달러화를 보십시오. 우리나라 사람들도 지금 당장 증권회사에 계좌를 틀면 방 안에서 바로 애플이나 인텔 주식을 사고팔 수 있습니다. 미국 국채도 얼마든지 개인이 사고 팔 수 있습니다. 은행에서 외환을 바꿀 때에도 달러화의 환전수수료가 가장 쌉니다. 그만큼 미국의 시장이 열려 있기 때문에 가능한 것입니다.

그런데 중국 시장은 어떤가요? 중국 본토 기업의 주식은 최근까지도 외국인에게 개방되지 않았습니다. 홍콩 증시를 통해 간접적으로만 투자가 가능했습니다. 중국에 자동차 공장을 세우기 위해서는 반드시 현지회사와 합작형태로만 가능합니다. 선진국으로서는 자사의 기술유출이 매우 걱정되지만, 중국의 시장 때문에 어쩔 수 없이 수락을 합니다. 우리나라의 현대기아차가 미국에 공장 세우는데, GM이나 포드와 합작해야 하는 일은 절대 없습니다. 미국시장과 중국시장의 개방도는 그렇게 차이가 납니다.

세 번째 조건은 결정적이면서도 아주 모순적인 내용을 품고 있습니다. 기축통화가 되려면 미국처럼 무역적자국이 되어야만 합니다. 이유는 아주 단순합니다. 그래야만 기축통화가 세계에 보급될 수 있기 때문입니다. 무역적자가 안 생긴다면 원조를 엄청나게 해서라도 돈을 전 세계에 보급시켜줘야만 합니다. 한국과 말레이시아가 무역을 하는데, 달러화로 결제를 하는 것은 매우 쉽습니다. 세계에 뿌려진 달러가 많기 때문입니다. 마찬가지의 이유로 한국과 말레이시아가 위안화로 무역을 하려면 역시 위안화를 풍부하게 보유하고 있어야만 할 것입니다. 그러기 위해서 중국은 위안화를 세계에 공급해주어야만 하고, 그러기 위해서 중국은 무역적자를 봐야만 한다는 것입니다.

그럼 여기서 의문이 생길 수 있습니다. 지금 미국이 기축통화국으로서의 지위가 흔들리는 이유 중의 하나가 엄청난 무역적자 때문이라고 말씀드린 바가 있습니다. 그런데 기축통화국이 되려면 무역적자를 봐야만 한다는 것이 말이 되는 건가요? 그렇습니다. 그것이 바로 기축통화국이 가지는 모순점입니다. 이 모순을 학문적으로 지적한 분이 미국의 경제학자 로버트 트레핀 교수이고, 그의 이름을 따서 '트레핀의 딜레마(모순)'이라고 부릅니다.

한 국가의 화폐가 기축통화가 되기 위해서는 무역적자를 많이 봐서라도 화폐를 많이 공급해야만 합니다. 그런데 이렇게 무역적자를 많이 보면서 화폐를 공급하다 보면, 화폐가치가 언젠가는 떨어질 수밖에 없습니다. 그렇게 되면, 1번 원칙이었던 신뢰성이 흔들리게 됩니다. 신뢰성을 지키기 위해 무역수지 적자를 줄이게 되면 기축통화로서의 유동성이 모자라게 됩니다. 무역적자로 유동성도 공급하고 신뢰성도 지킬 수 있는 절묘한 한계를 지켜내야만 한다는 것입니다. 미국도 여태까지 불안불안하지만 그 선을 지켜왔기 때문에 지금까지 달러화 기축통화라는 질서를 지켜올 수 있었습니다.

미국이 매년 엄청난 무역적자를 내고 있다고 모두들 비판하지만, 사실 그 미국의 무역적자 때문에 신흥국들의 경제성장이 가능해지고, 달러화는 기축통화의 지위를 계속 지켜낼 수 있었던 것입니다. 중국도 마찬가지입니다. 세계 제1의 무역흑자국이 무역적자국으로 바뀌어야지만 가능한 것이 위안화의 기축통화입니다. 그러니 단기간 내에 '위안화의 기축통화 지위 확보'와 같은 뉴스는 듣기 힘들 것입니다.

중국의 미래를 놓고 수많은 학자들이 논쟁하고 있습니다. 우리도 이런 논쟁에 끼일 수 있겠지요. 중국은 굉장히 많은 장점을 가진 나라이며, 그만큼 치명적인 한계도 가진 나라입니다. 중국이 앞으로 어떻게 될 것이라는 예상은 장님 코끼리 만지기 수준밖에 되질 않겠지만, 그래도 현재 중국 경제의 모습은 어떠하며, 앞으로 중국은 어떤 길을 가려 하는가에 대한 이야기는 서로 나눠볼 수 있겠지요. 어떻습니까? 중국이라는 정말 큰 나라가 다시 과거의 영광을 재현할 수 있을까요? 그때 대한민국은 어떻게 될까요? 수많은 질문이 꼬리에 꼬리를 물고 던져질 수 있을 것입니다. 우리에게 던져진 숙제겠지요.

Europe
Economy

왜 유럽이 어려워진 걸까

2008년 미국의 리먼 브라더스가 파산하면서 뉴욕증시는 대폭락하고 세계경제는 엄청난 충격을 받았습니다. 당장 미국 경제를 비판하는 온갖 목소리들이 뉴스를 뒤덮고, 직장에서 쫓겨나는 미국 시민들의 모습이 신문지상에 올라왔습니다. 미국의 실업률은 10%를 뚫고 올라가버렸고, 하루 걸러 은행들의 파산 소식이 들려왔습니다.

그런데 정작 2009년이 되자, 미국 이야기는 쑥 들어가고 유럽에서 난리가 나버렸습니다. 그리스에서는 온 시민들이 몰려와서 짱돌을 집어던지고 있고, 이곳저곳의 나라에서는 구제금융을 받아야 한다느니 뱅크런이 터졌다느니 하는 흉흉한 소식이 들려왔습니다. 정작 금융위기가 터진 미국은 실업률이 10%라서 난리가 났다는데, 유럽에서는 스페인 실업률이 25%이고, 청년 실업률은 50%에 육박한답니다. 이 정도 실업률이라면 거의 경제가 마비된 공황 수준입니다. 맨날 데모하는 것 같은 그리스는 말할 것도 없고, 스페인과 포르투갈이 둘 다 망할 것 같다고 하고, 페라리와 구찌의 고향인 이탈리아도 위험하다고 합니다. 유럽 각국에서는 선거만 치러졌다 하면 거의 백발백중 정권교체입니다. 집권당이 좌파든 우파든 상관없이 긴축을 해야 한다고 말하면, 야당은 무조건 긴축하면 절대 안 된다고 들고 일어납니다. 선거만 하면 정권이 바뀝니다. 좌파 정권은 우파로 바뀌고, 우파 정권은 좌파로 바뀝니다. 바뀐 정권은 또 긴축을 해야만 한다고 하고서는 또 국민들에게 몰매를 맞습니다. 유럽 국가들마다 전부 이런 꼴입니다. 경제는 경제대로 대형사고가 잇달아 터지고, 정치는 정치대로 맨날 시끄럽습니다.

사고는 미국이 친 것 같았는데, 매는 유럽이 맞는 형국입니다. 도대체 유럽은 왜 이런 난리가 터진 것일까요? 유럽 경제는 아직도 침체 국면인데 어떻게 해야 다시 정상으로 회복할 수 있단 말일까요? 유럽발 경제위기라는 말이 나온 지도 벌써 4년이 다 되어가는데 아직도 유럽은 위기라고 합니다. 언제쯤 되어야 유럽 경제는 위기를 벗어난 걸로 뉴스에 나올 수 있을까요? 언론에서 단편적으로 나오는 유럽발 경제 뉴스를 보면 의문점만 더욱 커집니다. 그런데 우리가 품는 그 의문점들이 바로 유럽 경제위기를 이해하는 첫걸음이기도 합니다.

1차 세계대전 전까지만 해도, 지구는 유럽 국가들의 것이었습니다. 해가 지지 않는 제국이라느니, 남미 대륙 전체를 식민지로 만들었다느니, 아프리카 대륙에서 유럽 국가들끼리 식민지 쟁탈전을 벌인다느니 하면서, 지구 전체를 거의 정복해버립니다. 중국도 청나라라는 껍데기만 남아 있었지, 이미 유럽 열강들에게 거의 뜯어먹힌 상황이었습니다. 우리나라도 유럽의 제국주의를 그대로 흉내 낸 일본 제국주의에 나라를 뺏겨야만 했습니다. 그러나 1차 세계대전이 끝나면서 세계경제의 패권은 미국으로 넘어갔고, 2차대전이 끝나면서 미국의 절대우위는 완전히 확립되어버렸습니다. 부자는 망해도 3년 간다는 식으로 여전히 유럽은 선진국 대열에 있었습니다만, 실제로 유럽은 2차대전 이후로 세계경제의 헤게모니를 계속 뺏겨온 대륙이었습니다.

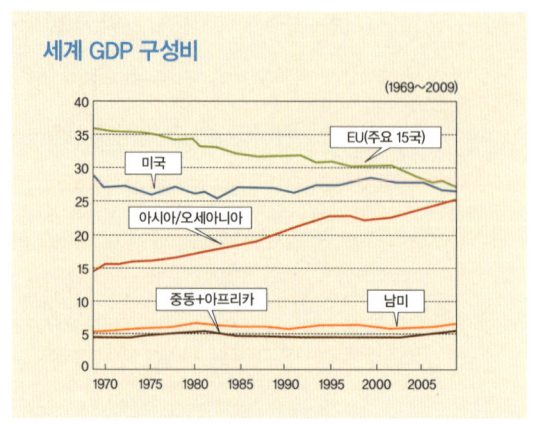

세계경제에서 유럽의 비중은 계속 줄어만 갔습니다. 맨날 위기라고 하는 미국은 자기 위치를 그대로 지켜내고 있었습니다. 유럽이 잃어버린 비중은 아시아 국가들이 차지하고 있습니다. 일본–한국–중국으로 이어지는 동북아 3국의 눈부신 발전 덕분에 아시아의 비중은 날로 커지고 있습니다. 앞으로 중국 경제가 커지면서 아시아의 비중은 더욱 높아질 것입니다. 유럽의 경제는 사실 세계경제 전체로 보면 점차 비중을 잃어가고 있다는 것이 분명한 사실입니다. 20세기 경제를 아주 거칠게 요약하자면, 쇠락해가는 유럽과 흥하는 아시아라고 불러도 될 것 같습니다.

이 와중에 유럽발 금융위기가 터진 것이지요. 즉자적으로 드는 의문은 '사고는 미국이 쳤는데, 왜 유럽이 얻어터지는 것이냐?' 하는 것입니다. 이후 미국 경제는 차츰 회복국면이라고 하는데, 유럽은 몇 년째 위기라고 합니다. 그럼 도대체 유럽 위기의 본질은 무엇이냐는 겁니다. 미리 결론부터 말씀드리자면, 현재 유럽 경제의 위기원인은 단연코 '유로화' 때문입니다. 지난 100년간 가장 거대한 통화실험으로 평가될 유로화 통합은 지금 그 치명적인 약점을 보이고 있는 것입니다. 미리 결론을 말씀드렸으니 이제 본론도 말씀드려야겠지요. 유로화에 대한 질문은 두 가지입니다.

왜 유로화 통합을 했느냐?
유로화가 뭐가 문제냐?

이 질문이야말로 현재의 유럽 경제를 이해할 수 있는 가장 중요한 키워드가 될 것입니다. 맨날 위기라고 하고, 맨날 짱돌 집어던지는 거리 사진이 나오는데, 그 이면에는 어떤 경제원리가 숨어 있는지, 이제 알아보기로 하겠습니다.

유로화, 왜 만들었나

유럽 주요국가를 가보면 모두 유로화를 씁니다. 요즘은 이게 당연한 듯 느껴지지만, 사실 과거에는 독일 마르크화, 프랑스 프랑화, 이탈리아 리라화 등 국가마다 자기 화폐가 있었지요. 그래서 90년대 배낭여행을 갔던 분들은 유럽 국가들을 건널 때마나 열심히 환전했던 기억이 있을 겁니다. 요즘은 환전 스트레스는 전혀 없죠. 영국과 스위스를 제외하면 거의 모든 국가가 유로화를 쓰니 유럽 여행할 때 피곤함이 많이 줄었습니다.

유로화는 1999년 가상화폐로 처음 등장했고, 2002년에서야 지폐와 동전이 정식으로 유통되기 시작했습니다. 유럽 전역에서 17개국의 유럽연합 가입국과 9개국의 미가입국에서 유통되고 있습니다. 유럽의 주요국가들 중에서 유로화를 쓰지 않는 나라는 영국과 스위스, 덴마크, 스웨덴 정도입니다. 이들 나라에서도 유로화의 환전은 매우 쉽습니다. 여러

유로화 (자료: 위키백과)

나라가 한 통화를 쓴다는 결정은 절대 쉽게 내려질 수 없습니다. 한 나라가 자기의 화폐를 가진다는 것은 '통화주권'이라는 말처럼 주권의 상징이기도 합니다. 우리나라가 어느 날 일본이나 중국과 화폐통합을 한다는 것을 상상할 수 있겠습니까? 역사적으로 수많은 전쟁과 갈등을 빚어온 나라와 화폐를 같이 쓴다는 것은 쉽게 결정할 수 없는 일입니다. 유럽도 역사적인 여러 갈등상황이 있기 때문에 화폐의 디자인도 역사적인 인물을 쓸 수가 없었습니다. 예를 들어, 나폴레옹 얼굴을 지폐에다가 그려놓으면, 나폴레옹의 침략을 받은 독일이나 스페인 기분이 좋을 리가 없기 때문입니다. 그래서 유로화에는 사람 얼굴이 아니라 역사적인 건물 그림이 그려져 있습니다. 사실 사람 얼굴을 그려넣는 것이 위조지폐 방지에는 훨씬 좋습니다. 사람 얼굴은 아주 조금만 그림이 달라도 사람들이 알아보기 쉽지만, 건물 그림은 그렇게 달라진 점이 눈에 잘 띄질 않거든요. 그래서 대부분의 국가에서는 자국의 유명한 역사적 인물을 화폐도안으로 쓰고 있지만, 유로화는 그러질 못하고 있습니다.

유럽 화폐통합의 역사는 아주 오랜 이야기를 가지고 있습니다. 최초의 주장은 15세기 보헤미아에서부터 시작되었습니다. 보헤미아는 투르크와 전쟁을 벌이는 중이었고, 자기들이 무너지면 유럽이 투르크의 침략을 받을 터이니 화폐를 같이 써서 전비를 마련하고 같이 유럽동맹을 맺자고 제안한 바 있습니다. 이때야 화폐유통체계가 제대로 자리 잡히기 전의 이야기이니, 그냥 역사적인 의미만 있을 것입니다. 그 후에도 유럽을 거의 통일한 나폴레옹도 통합을 촉진시키기 위해 프랑스 주도의 유럽 화폐제도를 만들자고 주장했습니다. 또 1차 세계대전 전까지는 유럽 전역이 금본위제 하에 있었기 때문에 '금'이라는 실질적인 단일화폐를 쓰고 있기도 했습니다. 물론 전쟁이 터진 후에는 아무 소용이 없었지만 말입니다. 2차 세계대전 이후에는 세계 각국이 미국의 브레튼우즈 마을에 모여 역사적으로 가장 중요한 경제협정을 체결하게 됩니다. 바로 브레튼우즈 협정입니다.

유럽의 통화통일을 이야기하기 위해서는 일단 브레튼우즈 협정부터 이야기하는 것이 좋을 것 같습니다. 2차대전 이후 세계의 통화질서가 여기에서 만들어졌습니다. 브레튼우즈 협정의 가장 중요한 내용을 세 가지로 요약하자면, 달러화는 1온스당 35달러이며 계산해서 언제든 바꿔줄 수 있으니 앞으로 세계적인 기축통화는 달러화로 정하고, 다른 나라의 통화는 달러화에 연동을 시키자는 것입니다. 이 중에서 달러화의 금태환 약속과 고정환율제는 1971년의 닉슨쇼크로 깨졌지만, 달러 기축통화는 지금까지도 여전히 지속되고 있습니다. 브레튼우즈의 세 가지 약속 중에서 금태환 고정환율제는 깨졌고, 달러화 기축통화는 지금도 여전합니다. 달러화 기축통화 확립이라는 것은 가장 핵심적인 내용입니다. 그러니 21세기에도 여전히 세계는 브레튼우즈 협약의 세계 속에서 살고 있는 셈입니다.

1944년, 2차대전에서 연합국의 승리가 결정적인 것으로 다가오고 있었습니다. 전쟁은 군인들이 하고 있지만, 전쟁 이후의 국제질서는 어떻게 형성할 것인가 하는 문제는 경제학자들에게 남겨져 있었습니다. 이를 논의하기 위해 45개국에서 700여 명의 고위 경제관료들이 모여 회의를 시작했습니다. 이렇게 이야기하니 굉장히 심각한 회의처럼 들리지만, 실제로는 밤마다 흥겨운 술파티가 벌어졌다고 합니다. 지긋지긋하던 전쟁이 끝나가고 있으니 다들 흥이 났겠지요. 이 파티에서 가장 신났던 사람은 영국 대표인 케인즈의 부인이었다고 합니다. 케인즈보다 8살 연하였던 부인 리디아 로포코바는 러시아 유명 발레단의 프리마돈나였고, 이 파티에서 오랜만에 고향 사람들도 만나고 신이 나서 매일 밤마다 춤과 술로 마음껏 즐겼다고 하는 이야기가 있습니다. 파티는 밤에 열렸고, 회의는 낮에 열렸겠지요. 20세기 들어 가장 중요한 회의입니다. 이 회의에서 벌어진 논쟁의 결과는 70년이 지난 지금까지도 여전히 영향을 미치고 있습니다.

브레튼우즈에서 만난 케인즈와 화이트

브레튼우즈에서는 두 가지 주장이 경합했습니다. 하나는 영국의 존 메이너드 케인즈가 주장한 국제청산은행의 설립과 국제수지 균형안이며, 다른 하나는 미국의 해리 덱스터 화이트의 달러화 금태환과 기축통화안입니다.

먼저 케인즈는 이미 수년 전부터 새로운 국제통화질서의 수립을 고민해왔습니다. 새로운 국제통화질서는 어떤 목적을 가져야 할 것인가? 그는 무엇보다도 세계가 극단적인 불균형에 빠지는 것을 가장 경계했습니다. 어느 한 나라가 극단적인 무역수지 흑자나 적자를 낸다면, 이로 말미암아 세계경제가 불경기에 빠질 위험이 높아진다는 것입니다. 이를 해결하기 위해 내놓은 케인즈의 안은 정말 '천재적'이라는 말이 아깝지가 않습니다.

케인즈는 먼저 국제청산동맹ICU, International Clearing Union이라는 기구를 하나 만들자고 합니다. 이 기구는 '방코르Bancor'라는 통화를 만들고, 세계 각국은 무역을 할 때마다 이 통화를 빼내 쓰게 됩니다. 영국과 일본이 서로 무역을 할 때 파운드화를 쓸지 엔화를 쓸지 고민할 필요없이 그냥 이 방코르를 쓰자는 것입니다. 여기까지는 뭐, 새로운 가상통화를 하나 만들자는 아이디어니까 별다를 것이 없습니다. 그런데 케인즈는 이 아이디어에 정말 놀라운 아이디어 하나를 더 얹어냅니다. 바로 무역수지가 흑자가 나거나 적자가 날 때는 이자를 내게 하겠다는 것입니다. 이것은 각국이 국제청산동맹이라는 은행에 당좌계좌를 하나 트고 거래를 하는 것과 같습니다. 영국이 계속 무역적자를 보게 된다면 당좌계좌에서 마이너스가 나게 되겠지요. 그럼 이 마이너스분에다가 이자를 물리게 됩니다. 그런데 이 적자국에만 이자를 물리는 것이 아니라, 흑자국인 일본에도 똑같이 이자를 물립니다. 무역수지가 적자가 나든 흑자가 나든 이자가 나가게 되니깐 가장 좋은 것은 무역수지를 딱 0으로 맞추는 것이 가장 유리하게 되는 인센티브를 주는 것입니다. 만약 어떤 나라의 무역수지 흑자나 적자가 너무 많아지게 되면 아예 금액의 일부를 몰수까지 하게 됩니다. 왜 이런 아이디어를 내놓을까요?

바로 미국 편에서 말씀드린 글로벌 불균형 문제를 근본적으로 해결할 수 있는 문제이기 때문입니다. 만약 브레튼우즈에서 케인즈안이 통과되었다면, 지금 미국은 연간 7천억, 8천억 달러씩 무역적자를 보는 일은 없었을 것이고, 중국이 그렇게 무지막지한 무역수지 흑자를 내는 일도 없었을 것입니다. 만약 미국의 무역적자가 마구 쌓이면 패널티로 이자를 자꾸만 내게 되니 어떻게든 적자를 줄이기 위해 노력할 것입니다.

지금처럼 중국에 돈 꿔서 중국 물건을 계속 사대는 일은 없었을 것입니다. 한 국가의 무역적자가 무한정으로 쌓인다는 것은 국제적인 경제적 불안요인이 계속 커진다는 것을 의미합니다. 즉 세계가 균형 있게 발전할 수 있는 토대를 마련할 수 있는 것입니다. 국제청산동맹이 거둔 이자는 모아서 국제경찰업무나 국제구호업무 등 공적인 일에 활용하자는 것입니다. 이 간단한 아이디어, 적자국뿐 아니라 흑자국에도 불이익을 주어서 국제무역의 균형을 끝없이 도모하면서, 세계적인 공익도 추구할 수 있다는 것. 이것은 정말로 세기적인 아이디어라 할 만합니다.

구체적으로 들어가자면 케인즈의 안에도 여러 가지 실행상의 문제점이 나올 수 있을 것입니다. 어떤 나라가 이자를 안 내겠다고 뻗대면 어떻게 받아내겠느냐는 문제, 모아둔 이자를 어떻게 공평하게 쓸 수 있겠느냐 하는 문제, 각국 간의 환율 조절은 어떻게 할 것이냐 등의 문제는 여전히 의문일 수 있습니다. 그러나 그 근본적인 아이디어는 충분히 천재적이라고 평가할 수 있을 것입니다. 케인즈안의 가장 큰 문제는 사실 따로 있었습니다. 바로 미국이 동의해줄 수 없었다는 것입니다. 이 안을 실행하면, 가장 불리한 국가는 바로 미국이었기 때문입니다.

미국 측 협상대표는 해리 덱스터 화이트 차관보였습니다. 그는 단순한 공무원이 아니었고, 미국 내에서 매우 촉망받는 경제학자였습니다. 러시아 출신으로 미국 최고 협상대표가 된 화이트는 케인즈처럼 유쾌한 인물은 아니었지만, 적어도 미국에 대한 충성심과 국익을 읽어내는 눈만큼은 절대 떨어지는 인물이 아니었습니다. 냉소로 유명한 케인즈도 "미국 국무부에서 보기 드문 생산적인 두뇌를 가진 사람이었다"라고 평가할 정도였습니다. 후일담을 말씀드리자면, 화이트는 협상이 끝나고 난 후 미국 메카시즘의 광풍에 휘말려 소련 스파이로 지목을 받아 불명예스럽게 퇴진해야만 했습니다. 그러나 당시까지만 해도 미국 정부가 가장 믿는 탁월한 경제관료였습니다.

미국은 국제청산동맹의 창설에도 찬성할 수 없었고, 국제수지 흑자에 대한 제재도 받아들일 수 없었습니다. 그것은 전후 지구상에 거의 유일하게 남은 초강대국에 대한 국제사회의 제한으로 해석될 수밖에 없었습니다. 물론 케인즈의 방코르안도 받아들이지 않았습니다. 굳이 방코르라는 정체불명의 통화를 쓰느니, 금으로 즉각 바꿀 수 있는 달러화가 있지 않느냐는 말입니다. 케인즈는 국제청산동맹의 자본금을 260억 달러로 하자고 제안했습니다. 이 돈은 지금의 환율로 계산하면 대략 16조 달러 정도로 추산되며, 미국 1년 GDP보다 조금 더 많은 수준입니다. 그러나 화이트는 굳이 이렇게 많을 필요가 있냐면서, 50억 달러를 모아 세계은행을 만들자고 제안했습니다. 결국 절충이 이루어져서 85억 달러의 자본금으로 그 유명한 IMF가 출범하게 되었습니다.

미국과 영국의 안이 치열하게 부딪친 브레튼우즈 협상장이었지만, 결론은 당연히 미국의 안으로 될 운명이었습니다. 영국은 내세울 것이라고는 케인즈의 지성 하나밖에 없었고, 미국은 케인즈 외의 모든 것을 가진 국가였기 때문입니다. 지금 와서 돌이켜보면, 케인즈의 안대로 갔다면 세계는 지금보다 훨씬 나은 모습을 보일 수 있지 않았을까 생각도 들지만, 미국안이라고 해서 엉망인 것은 절대 아닙니다. 세계는 금태환 달러화 고정환율제라는 질서 속에서 꽤 오랫동안 번영했기 때문입니다. 미국이 베트남전이라는 정글에 빠지지만 않았다면 더 오래 지속될 수도 있었을 것입니다.

브레튼우즈의 세계에 균열이 생긴 것은 베트남전이었습니다. 이 이해할 수 없는 부도덕한 전쟁에 빠진 미국은 전쟁에서 패하고, 국민들이 죽어가고, 국론이 분열하고, 경제는 최악의 침체로 빠져들었습니다. 베트남전은 참전용사들에게뿐 아니라, 전 국민에게 악몽을 안겨주었습니다. 유일하게 득을 본 국가는 일본일 것입니다. 평화헌법 덕분에 파병은 하지 않으면서, 병참기지로 군수물자만 실컷 팔아먹을 수 있었기 때문입니다. 대한민국 청년들도 32만 명이 파병되어 5,099명이 전사하고 11,232명이 부상당했습니다. 지금까지도 무려 16만 명의 파병용사들이 고엽제 피해로 고통받고 있습니다. 이 베트남전은 세계경제에도 엄청난 영향을 끼치게 됩니다.

미국에게 베트남전은 말 그대로 총력전이었습니다. 도대체 미국이라는 거대국가가 베트남이라는 열대밀림의 민족에게 깨진다는 게 말이나 될 법한 소리입니까? 그런데도 미국은 베트남에서 판판이 깨져나갔지요. 남은 것은 그냥 무식하게 돈으로 밀고 나가는 수밖에 없었습니다. 전비는 베트남전 10년 동안 총 111억 달러가 쓰였고, 이는 2008년 가치로 680억 불 수준으로 평가됩니다. 전쟁은 하염없이 길어져만 갔고, 달러화는 점점 가치절하의 압박을 받았고, 그만큼 미국의 국력도 쇠락하는 기색이 역력했습니다.

미국이 이렇게 베트남에서 허우적거리고 있을 때, 미국보다 먼저 베트남에 빠져서 된통 당한 적이 있던 프랑스가 약삭빠르게 행동합니다. 브레튼우즈 협약에 따라 프랑스가 보유하고 있던 달러화를 야금야금 금으로 바꿔서 본국으로 실어간 것입니다. 프랑스의 이 달러화 금 환전은 당연한 것이기도 하지만, 미국 입장에서는 정말 열이 받는 일이지요.

미국 달러화가 세계적으로 신뢰를 받을 수 있는 것은 연방준비은행 지하금고에 있는 8천 톤의 금괴 때문입니다. 미국은 이렇게 금괴가 어마어마하게 많으니 달러화는 믿을 만하다는 논리가 성립되는 것입니다. 그런데 재정적자로 달러화가 약세압력을 받는데, 금까지 금고에서 줄어가면 달러 약세는 더욱 심각해질 것이 아닙니까? 프랑스가 선봉에 섰지만, 다른 나라들도 금 바꿔달라고 나서면 정말 미국은 답이 없어지는 결과가 됩니다. 이미 금고 속의 금괴보다 훨씬 많은 양의 지폐를 발행해 놓은 상태이고, 그걸로 베트남전을 치르고 있는 판입니다. 그런데 그나마 모자란 금까지 자꾸 바꿔대면, 미국은 도대체 무슨 돈으로 전쟁 치르라는 말입니까? 1946년부터 1954년까지 제1차 인도차이나 전쟁에서 베트남에게 얻어터지고 도망간 프랑스는 이제 1965년부터 1975년까지 제2차 인도차이나 전쟁을 치르고 있는 미국의 약을 실컷 올리는 꼴이 된 것입니다. 실제로 프랑스는 전통적으로 금에 대한 집착이 굉장히 강한 나라였고, 그래서 지금도 꽤 많은 금을 보유하고 있기도 합니다.

결국 1971년 8월 미국 닉슨 대통령은 금태환을 정지한다는 대결단을 내립니다. 이제 달러화를 들고 오더라도 금괴로 바꿔주는 일은 없다는 말입니다. 그동안 달러화라는 종이를 신주단지 모시듯이 들고 있던 세계 각국은 아마 탱크만 많았으면 미국에 쳐들어가고 싶었을 것입니다.

각국 중앙은행의 금보유 현황(2011년 12월)

순위	국가명	보유량 (톤)	금 비중* (%)	순위	국가명	보유량 (톤)	금 비중* (%)
1	미국	8,133.5	76.6	8	러시아	871.0	9.2
2	독일	3,396.3	73.7	9	일본	765.2	3.5
3	IMF	2,814.0		11	인도	557.7	9.6
4	이탈리아	2,451.8	73.4	12	ECB	502.1	35.0
5	프랑스	2,435.4	71.8	46	한국	39.4	0.7
6	중국	1,054.1	1.8		유로지역	10,788.0	65.4
7	스위스	1,041.1	15.3		전 세계	30,744.3	

*중앙은행의 외환보유고 중 금이 차지하는 비중
(자료: World Gold Council)

다행히 미국은 탱크가 아주 많았고, 미국 이외의 국가들은 그냥 씩씩대면서 분만 삼켰습니다. 결국 브레튼우즈의 세 가지 약속 중에서 두 가지가 깨집니다. 달러화 금태환이 깨졌고, 그와 동시에 고정환율제의 세계도 깨졌습니다. 다른 대안이 없었기 때문에 어쩔 수 없이 달러화 기축통화는 계속됩니다. 그러나 예전처럼 초강력 달러화는 아니게 된 세상이 된 것입니다.

닉슨쇼크 이전까지의 유럽은 화폐통합의 필요성을 크게 느끼지는 못했습니다. 어차피 금으로 바꿔주는 달러화가 확실한 기준으로 서 있는 시절이니, 유럽 각국의 환율도 거의 고정된 것이나 마찬가지입니다. 세계는 달러화라는 확실한 우산 밑에 있었지만, 우산은 이미 구멍이 숭숭 뚫려버린 것이고, 이제 각자도생의 시대가 열린 것입니다. 이후 유럽은 다양한 방법으로 새로운 유럽의 우산을 만들기 위해 노력합니다. 그 최종판이 바로 1999년의 유로화 통합입니다.

영국은 왜
EU에 가입하지 않았나

유럽에서 좀 산다 하는 나라는 거의 유로화를 쓰고 있습니다. 그런데 영국은 아직도 예전의 파운드화를 쓰고 있습니다. 영국도 유럽의 중요한 일원인데, 왜 영국은 유로화를 쓰지 않는 것일까요? 영국인들도 유럽 여행 갈 일이 많을 텐데 유로화를 쓰면 훨씬 편할 것 같은데 말이지요.

영국이 유로화를 쓰지 않는 이유를 무식하게 한 가지로 요약하자면, 바로 조지 소로스 때문입니다. 영국인들에게 조지 소로스는 자기들 돈을 강탈해간 강도나 마찬가지이고, 영국 정치인들에게는 유럽동맹에서 빠지게 만든 원흉인 것입니다. 영국은 소로스라는 한 명의 거물 투자가와 전쟁을 벌였고, 그 전쟁에서 처참하게 패배합니다. 항복선언을 하고는 통화동맹의 대열에서 완전히 이탈하게 됩니다. 지금도 영국이 파운드화를 쓰고 있는 것은 소로스와의 전쟁에서 패했기 때문입니다.

때는 1992년이었습니다. 이 시기 유럽에서는 엄청난 정치 이벤트가 있었지요. 기억나십니까? 바로 동구권 몰락과 동서독 통일입니다. 동서독 통일은 1990년 10월에 있었습니다. 베를린 장벽이 무너지는 이벤트와 함께 행정적으로는 동독의 각 주들이 서독 연방에 가입하는 형식이었습니다. 통일은 되었지만, 더 어려운 '통합'이 남았습니다. 동독과 서독은 오랫동안 분단되어 있었고, 각자 알아서 45년을 지내온 사이입니다. 특히나 동독과 서독의 경제적 격차는 매우 컸기 때문에 한 국가 내에 두 개의 경제권이 있는 것이나 마찬가지입니다. 이제 통일 독일은 통일비용을 치러야 할 때입니다. 독일의 통일비용은 약 1조5,000억 유로로 추산되며 우리 돈으로는 대략 1,800조 원 정도입니다. 대한민국의 1년 GDP보다 1.5배 큰 수치입니다.

서독은 동독 주민들을 포용하기 위해 매우 극단적인 화폐통합정책을 쓰게 됩니다. 당시 동서독의 경제력 격차를 고려하면, 양국은 1:7 정도의 교환비율을 가졌다고 합니다. 서독 돈 1마르크면, 동독 돈 7마르크와 교환할 정도였다는 말입니다. 그런데 통일 독일은 1:1로 동독 화폐를 서독 화폐로 교환해주는 정책을 시행했습니다. 사실 동독 국민들에게 서독 돈을 막 뿌려준 것이나 마찬가지입니다. 당연히 화폐 발행량이 엄청나게 늘었습니다. 그럼 어떤 문제가 생기겠습니까? 바로 물가인상입니다. 시중에 돈이 많아지면 물가가 오른다는 것은 역사적으로 절대 예외가 있을 수 없는 불변의 원칙입니다.

독일 중앙은행은 전 세계에서 가장 강력한 물가안정 의지를 가진 기관입니다. 물가관리에 실패해서 나라가 망하기 직전까지 가본 나라가 바로 독일이기 때문입니다. 1920년대 1차대전에서 패한 독일은 화폐관리에도 실패하여 1923년에는 한 달에 325만%가 뛰어오르는 어처구니

없는 사태가 터진 일이 있었습니다. 1조 달러짜리 지폐가 남발되는 사회였으니, 실질적인 화폐경제는 아예 마비되었다고 봐도 됩니다. 그런 극도의 경제적 불안정 속에서 나치가 탄생하고, 결국 2차대전이 터진 것이기도 합니다. 독일은 그래서 물가관리에 목숨을 거는 나라입니다. 그런데 통일 비용으로 1,800조 원의 돈이 풀리고 있으니, 독일 중앙은행은 절대 참을 수가 없는 상황이 된 것입니다. 물가를 잡기 위한 가장 확실한 방법은 금리인상입니다. 독일 중앙은행은 즉각 기준금리를 8.75%로 올리게 됩니다.

여기까지는 당연한 순서로 생각됩니다. 독일은 통일을 해야만 했고, 통일을 하고 나니 통일비용을 치러야 했고, 통일비용을 치르고 나니 물가를 잡아야 했고, 물가를 잡으려 하니 금리를 올려야 했습니다. 독일로서는 당연한 일들을 한 것입니다. 그런데 세계경제가 이렇게 당연하기만 하면 얼마나 쉽겠습니까? 그런데 여기에는 또다시 유럽의 사정이 얽혀 있게 마련이고, 그 때문에 누군가는 비용을 치러야만 했습니다. 그 나라가 바로 영국이었습니다.

영국 파운드화의 투쟁
독일이 금리를 올렸습니다. 그래서 물가는 안정이 되었겠지요? 금리를 올리면, 물가가 안정되는 효과 말고 또 어떤 효과가 생기겠습니까? 바로 독일 화폐가치 상승이라는 효과입니다. 독일의 금리가 높으니 세계의 자금들은 독일 돈으로 독일 은행에 예금하고 싶어할 것이고, 독일 돈의 인기는 날로 치솟아서, 화폐가치는 절상되게 됩니다. 독일의 화폐가치 절상이라는 말을 똑같은 의미로 다르게 표현하자면, 독일 이외의 국가 화폐의 절하입니다. 유럽 각국의 화폐가치는 독일에 비해 폭락하게 된다는 말입니다.

그런데 1990년대 초반, 유럽의 주요국가들은 ERMEuropean Exchange Rate Mechanism, 유럽환율조절메커니즘이라는 체제 안에 있었습니다. 유로화 통합을 위한 전초전 성격인데요. 간단히 요약하면 유럽의 각국은 준고정환율제를 채택해서 서로 6% 이상의 환율 변동은 허락하지 않겠다는 것입니다. 영국 파운드화는 독일 마르크화에 비해 6% 이하에서만 움직일 수 있는데, 실제로 독일 마르크화는 그보다 훨씬 비싼 가격이 되어야 정상이고, 영국 파운드화는 훨씬 싼 가격이 되어야 정상입니다.

이미 독일 연방은행의 금리인상 때문에 유럽 각국에서는 비명소리가 곳곳에서 들려왔습니다. 도저히 자국화폐의 폭락을 눈뜨고 못 보겠다는 것입니다. 그래서 수많은 나라들이 독일을 따라 금리를 높여서 화폐가치를 방어하고자 했습니다. 안 그래도 불경기가 휩쓸고 있던 당시에 금리까지 높이니 불경기는 더욱 심해지는 것이지요. 독일은 제발 좀 금리를 낮춰달라는 목소리가 많았지만, 독일 중앙은행은 끄떡도 하지 않습니다. 독일 물가관리가 최우선인데, 남의 나라 사정을 우리가 왜 봐주냐는 것이지요.

바로 여기에 틈이 발생한 것입니다. 독일은 초고금리로 마르크화의 가치가 매우 높아질 상황에 있습니다. 그런데 영국이 자존심을 부리기 시작하는 것입니다. 당시 존 메이저 영국 총리는 "파운드화 평가절하는 영국 경제의 장래에 대한 배신행위"라는 강력한 표현을 통해 영국 파

운드화의 가치를 지켜내겠다고 선언한 것입니다. 그래서 영국 중앙은행
은 시중에서 마르크화를 팔고 파운드화를 사서 파운드화의 가치를 지키
고자 했습니다. 2008년, 급작스러운 원화 가치 폭락 때문에 달러화를 마
구 팔아야 했던 한국 정부와 똑같은 상황이었습니다.

이 틈을 조지 소로스가 파고 든 것입니다. '영국 파운드화는 당
연히 지금 가치보다 낮아야 하는데, 영국 정부 때문에 억지로 높은 가치
를 유지하고 있는 것이다. 곧 파운드화는 폭락할 것이다. 그러니 파운드
화를 팔아치워라'. 이것이 조지 소로스의 메시지입니다. 이미 10년 전부
터 전설적인 투자자로 명성이 높았던 소로스는 비밀주의로 유명한 인물
이었습니다. 소로스만 그런 게 아니라, 99%의 헷지펀드 관리자들은 모
두 비밀주의를 고수합니다. 다른 사람들이 자기 투자행태를 따라하면 이
익이 줄어들 수밖에 없으니까요. 그런데 소로스는 이때만큼은 온갖 TV
방송에 다 출연하면서, 영국 파운드화에 대한 악담을 계속 퍼붓습니다.
악담만 퍼붓는 것이 아니라, 물론 돈도 같이 퍼부어대었습니다.

소로스의 전략은 굉장히 설득력이 있었습니다. 이건 영국 정부
가 쓸데없는 고집을 부리고 있는 것입니다. 어차피 파운드화는 버티지 못
할 것이라는 판단이 쉽게 드는 상황입니다. 소로스의 뒤를 따라 다른 수
많은 헷지펀드 투자자들이 파운드화를 같이 공격하는 상황이 되었습니
다. 영국 중앙은행과 헷지펀드들 간의 전쟁이 시작된 것입니다. 물론 총
사령관은 조지 소로스입니다. 소로스는 자기 돈 100억 달러를 퍼부었고,
이 뒤를 따라 다른 투자자들이 1,000억 달러를 퍼붓습니다. 헷지펀드 매
니저들은 자기 돈의 10배 이상을 빌려서 투자할 수 있습니다. 당시 영국

파운드화를 공격하기 위해 동원된 돈은 1조 달러 이상이라고 추산되고 있습니다.

영국 정부는 이길 수 없는 싸움에 나선 것입니다. 이미 파운드화는 큰 상처를 입고 있는데, 조지 소로스를 비롯한 상어 떼들이 덤비고 있는 것입니다. 단기금리를 10%에서 15%로 올리고, 외환보유고를 헐어서 파운드화를 사댔습니다. 그렇게 저항한 시간은 딱 한 달이었습니다. 한 달 후에 영국 정부는 ERM에서 탈퇴한다는 성명을 발표합니다. 이 말은 파운드화의 가치절하를 수긍할 수밖에 없다는 항복문서나 마찬가지입니다. 결국 소로스가 이긴 것입니다. 소로스는 이후 '영국을 이긴 사나이'로 불리게 되었고, 그해 투자수익률은 무려 68%에 달했다고 합니다. 그가 벌어들인 돈은 사실 영국 국민들이 빼앗긴 돈이기도 합니다. 1992년 영국 파운드화는 마르크화에 비해 15%가 가치절하되게 됩니다. 이 말을 좀 거칠게 단순화하자면, 영국 국민들이 딱 한 달만에 15% 가난하게 되었다고도 할 수 있습니다. 소로스의 전설은 이제 신화가 되었습니다.

이렇게 소로스에게 처참하게 당한 영국은 다시는 '고정환율제' 근처에도 가지 않게 되었고, EU 통합 노력에서 완전히 빠지게 되었습니다. 유럽 대륙국가들과 엮이는 것이 너무 싫어진 영국은 미국과 더 긴밀한 경제적 관계를 맺고자 노력했습니다. 영국은 유로화 통합 전초전인 ERM 단계에서도 초대형 사고를 맞았으니, 유로화 통합에는 당연히 근처에도 가지 않게 되었습니다. 이것이 바로 영국이 유로화를 쓰지 않게 되는 역사적 이유입니다.

이렇게 이야기하면 영국의 비극으로 끝이 나는 것일까요? 후일담은 조금 다릅니다. 영국은 고집을 꺾고, 파운드화의 가치절하를 용인하게 되었습니다. 더이상 마르크화와 싸우기 위해 금리를 올리지 않아도 되었구요. 그 결과는 영국 기업들의 선전으로 이어졌습니다. 영국 수출기업의 경쟁력이 크게 좋아지게 된 것입니다. 이후 영국은 여타의 유럽국가들보다 높은 경제성장률을 기록할 수 있었습니다. 그리고 지금도 유로화 위기라는 난리법석에서도 한발 물러서 있을 수도 있습니다. 그런 의미에서 본다면 소로스의 공격도 영국 국민들에게 치욕만 안겨준 것은 아닐지도 모르겠습니다.

유로화, 어떻게 만들어졌나

　　1992년 영국의 대굴욕 사건 이후에도 유로화 통합은 꾸준히 추진되어 결국 1999년 그 결실을 맺게 됩니다. 영국은 '다시는 이런 통화동맹에 엮이지 않겠다'며 자리를 박차고 나가버렸지만, 다른 유럽 국가들은 '오히려 통화를 하나로 묶어버리면, 이런 일을 방어할 수도 있지 않겠나?'라는 논리로 통화동맹은 계속 추진될 수 있었습니다. 그러나 사실 유로화라는 세기적인 대실험의 근저에는 매우 깊은 역사적·정치적 의미가 있습니다.

　　1971년 브레튼우즈 체제가 무너지자, 유럽은 여러 가지 실험을 통해 화폐질서를 만들어내고자 노력했습니다. 이미 1970년대부터 유럽은 '스네이크 체제'라는 이름의 환율동맹을 결성해서 각 나라의 화폐들 간에는 2.25%까지의 환율변동만 허락하는 시스템을 만들기도 했습니다. 그러나 이후 찾아온 오일쇼크 때문에 영국을 비롯한 주요 국가들이 이 시스템에서 마구 탈출하는 바람에 결국은 실패로 끝났습니다. 그러나 유럽인들은 꾸준히 유럽통합을 위해 노력했습니다.

왜 유럽은 이렇게 유럽통합에 집착했을까요? 독일은 독일대로, 프랑스는 프랑스대로 그냥 잘살면 될 텐데요? 물론 경제를 통합시키면 덩치를 키울 수 있다는 장점은 있지만, 그만큼 대가도 큽니다. 이해득실을 따지기는 힘들겠지만, 꼭 통합을 해야만 한다는 이유도 사실 없는 셈입니다. 유럽통합의 핵심은 프랑스와 독일에 있었습니다.

독일 통일로 빨라진 유로화 통합

2차대전 이후, 독일의 최대 과업은 단연 통일이었습니다. 대한민국 국민들의 소원이 통일이듯, 게르만족 사람들의 소원도 통일이었겠지요. 그러나 독일 통일은 매우 위험한 문제를 품고 있습니다. 바로 전쟁에 대한 위협입니다. 1990년 독일 통일은 2차 독일 통일이라고 부릅니다. 그럼 1차 독일 통일도 있겠군요. 1차 통일은 1871년 프로이센의 수상이었던 비스마르크가 프랑스와의 전쟁에서 승리한 이후에 독일의 통일과 독일 제국의 성립을 선포한 사건입니다. 1871년 통일 이전까지 독일은 수백 개의 자잘한 나라로 쪼개진 봉건영주들의 나라였습니다. 비스마르크의 철혈정책으로 독일 통일이 이루어진 이후의 독일은 곧 유럽의 맹주가 되었고, 그 결과는 두 번의 세계대전이었습니다.

독일인의 소망은 통일이었겠지만, 독일 이외의 국민들에게 독일 통일이란 한편의 공포가 있었던 것입니다. 독일이 동서독으로 나뉘어져 있는 상태라면 오히려 유럽의 평화에는 도움이 된다고 믿었습니다. 서독은 나토에 묶여 있고, 동독은 바르샤바 조약기구에 묶여 있습니다. 두 개의 독일로 나뉘어져 있는 한, 독일이 전쟁을 일으킬 수는 없습니다. 그러나 어쨌건 동구 공산권은 무너졌고, 동독과 서독은 통일을 눈앞에 두고 있었습니다. 당시의 독일 수상은 헬무트 콜이었고, 프랑스의 대통령은 미테랑이었지요.

　콜 수상은 독일 통일에 대한 강력한 의지가 있었습니다. 어떤 대가를 치르더라도 독일의 통일을 완수하고자 하는 신념이 있는 인물이었습니다. 그러기 위해서는 독일의 통일을 이웃국가들에게도 인정을 받아야만 합니다. 특히 문제되는 국가는 바로 프랑스입니다. 이미 프랑스는 비스마르크에게도 깨진 적이 있고, 두 번의 세계대전에서도 독일에게 박살이 난 전력이 있습니다. 독일의 통일에 대해 가장 민감할 수밖에 없는 나라가 프랑스입니다.

　현대에 와서 유럽 최강국은 독일이 되었지만, 역사적으로 보자면 언제나 프랑스가 유럽 최강국이었습니다. 일단 프랑스는 넓은 영토 위에 풍부한 농업생산력을 자랑하는 나라입니다. 농업이 발달하니 당연히 인구도 많았고, 이는 결국 국력으로 직접 연결될 수 있었습니다. 로마의 멸망 이후로 프랑스는 언제나 유럽의 중심국가였고, 프랑스 국민들의 좀 과해 보이는 자존심도 바로 이런 역사적 근원이 있습니다. 현대에 와서 프랑스는 여전히 자존심은 엄청나게 세지만, 경제력은 이미 독일에게 확연히 밀리게 된 상태였습니다. 그런데 독일이 또 통일을 한다고 하면 이건 문제가 좀더 심각해지겠지요. 그렇다고 독일을 저렇게 계속 분단된 상태로 두자고 주장할 수도 없는 문제입니다.

　여기에서 바로 유로화 통합의 역사적인 이유가 탄생한 것입니다. 만약 독일의 통일이 없었다면, 유로화의 탄생은 훨씬 뒤로 미루어졌거나 아예 탄생하지 않았을 것입니다. 프랑스는 독일을 확실하게 전쟁으로부터 떼어놓고자 했습니다. 그 방법이 독일의 화폐를 다른 유럽 나라들과 엮어버리는 것입니다. 바로 유로화입니다. 미테랑 대통령은 독일에 대해 마르크화를 포기하라고 강력히 요구했습니다. 즉 통일 유럽화폐의 세계로 들어와 유럽의 감시와 감독을 받으라는 요구이기도 합니다.

독일 국민들에게 유로화를 쓰게 하는 것은 어떤 의미일까요? 독일 국민들이 프랑스나 이탈리아 놀러 갈 때 환전 안해도 되니까 편하고 좋은 것일까요? 아닙니다. 독일인들에게 유로화라는 것은 현대 화폐 중에서 가장 안정적인 화폐로 평가받는 마르크화의 포기를 의미합니다. 그래서 1992년 여론조사에서는 독일 국민들의 70% 이상이 유로화 도입을 반대했다고도 합니다. 유럽 최강국인 독일이 다른 나라와 화폐를 통합시켜버린다면, 독일 국민들이 가지고 있는 마르크화의 가치는 떨어질 수밖에 없습니다. 이것은 독일 국민들의 희생을 요구하는 정책입니다.

새로운 통일 독일이 다시는 유럽에서 전쟁을 일으키지 못하도록 막는 것은 독일을 전 유럽에 통합시켜서 강력한 견제권한을 얻게 하는 것입니다. 이를 위해서 화폐를 통일시키는 일이 필요하고, 이는 독일 국민들의 희생이 필요합니다. 그러나 독일은 이를 수용했습니다. 통일을 위한 또 하나의 희생이라고 생각했기

유럽 경제통화동맹의 완성 일정

	기간	주요내용
1단계	1990.7 ~ 1993.12	자본이동의 자유화, 모든 EU회원국 통화가 역내 동일 변동폭을 가지는 ERM에 참여
2단계	1994.1 ~ 1998.12	유럽중앙은행의 전신인 EMI를 창설하며, 유럽경제동맹에서 차지하는 각국 통화의 가중치 동결
3단계	1999.1 ~ 유로화 통합완결	ERM 통화 간의 환율을 동결하고 이후 단일통화 도입, 유럽중앙은행에 의한 단일통화정책 실시

때문입니다.

　　유로화는 1999년 1월 1일 공식적으로 출범했고, 2002년부터 실제화폐가 유통되기 시작했습니다. 이를 위해서 직접적인 준비기간만 10년이 넘게 소요되었고, 그 근저에는 독일 통일이라는 거대한 역사적 이벤트가 있었던 것입니다.

유로화로 통합되면 어떤 장점이 있나

SECTION 05

2차대전 이후 유럽 각국에서는 '환율체계를 안정시키자'는 움직임이 꾸준히 있어왔습니다. 유럽 내부의 무역을 위해서도 일부 국가의 화폐질서가 흔들리면 아주 피곤해지는 일이 많아지기 때문입니다. 유럽은 한 대륙 안에서 서로서로 국경을 맞대고 있습니다. 그런데 어떤 나라의 화폐가치가 막 낮아진다면, 가장 문제가 생기는 것이 농산물입니다. 화폐가치가 떨어진 국가의 농산물이 마구 수출되어 다른 나라의 농업 기반을 망가뜨릴 위험이 있는 것입니다. 이건 정치적으로 매우 민감한 문제이지요. 농부들의 표는 어느 나라나 똑같이 정치인들이 무서워하기 때문입니다. 그래서 유럽 역내 환율의 안정은 계속 중요한 문제였습니다.

유럽 화폐가 통합된다면 이런 환율체계의 혼동은 막을 수 있겠지만, 그렇다고 이걸 함부로 추진할 수는 없습니다. 반드시 대가가 있게 마련이기 때문입니다. 유로화처럼 여러 국가의 통화가 하나로 통합되면 어떤 점이 좋을까요?

가장 먼저 들 수 있는 것은 환전비용의 감소입니다. 우리처럼 유럽에 배낭여행 가는 사람들이 편하다는 것도 있지만, 유럽인들도 편하기는 마찬가지입니다. 일단 유럽 내에서 무역을 하는 경우(역내무역)에도 환전비용이 줄어드는 것이 확실한 효과입니다. 예를 들어 프랑스와 독일이 무역을 한다고 치면, 프랑스가 독일 차를 사기 위해서 독일 마르크화를 은행에서 바꿔야 할 것이고, 독일 사람들이 프랑스 화장품을 사기 위해서도 은행에서 프랑화를 바꿔 와야 할 것입니다. 그렇다면 각국의 은행들은 이런 외국 돈들을 보관하고 있어야 할 것이고, 이런 관련 비용들이 꽤 들게 되겠지요. 이런 환전관련 비용이 줄어드는 효과는 역내무역 비중이 높은 국가일수록 크게 나타날 것입니다. 물론 무역도 더욱 활성화될 수 있을 것이구요. EU집행위원회는 1990년에 프랑스나 독일 같은 큰 나라에서는 GDP의 0.1~0.2% 환전비용 감소가 있을 것이고, 작은 국가들은 GDP의 1%까지 환전비용을 아낄 수 있을 것이라고 추산한 바 있습니다.

환전비용 아끼는 것도 사실 큽니다만, 환율 때문에 머리 아픈 게 없다는 것도 아주 중요한 문제입니다. 환율이라는 '돈의 가격'은 그 나라의 경제수준을 표시해주는 지표라고 교과서에서는 말하지만, 실제로 그렇게 가격체제가 딱딱 들어맞게 작동하는 건 아닙니다. 경제가 엉망이라도 투기자본이 왕창 들어오면 통화가치는 막 올라갈 수도 있고, 그 반대도 가능합니다. 국가로서는 자국의 환율이 이렇게 부자연스럽게 마구 요동치는 것을 막아야 할 책임이 있으니, 엄청난 돈을 환율안정에 쏟아부어야만 합니다. 우리도 지난 2008년에 원화환율을 안정시키기 위해 외환보유고를 헐어가면서 달러를 마구 팔아야만 했던 기억이 있습니다.

정부만 그런 것이 아니라, 개별 기업들도 환율변동에 대비해서 각종 헷징기법을 써야 하는데 이게 또 공짜가 아닙니다. 금융회사에서 환율변동에 따른 위험을 없애주는 보험을 사는 것과 비슷한 구조입니다. 이런 비용이 보통은 기업이 예상하는 범위 내에서 움직이긴 하지만, 위험상황이 되면 엄청난 비용이 발생하기도 합니다. 키코가 바로 그런 것입니다. 사실 키코는 거의 반 사기 수준의 엄청 불공평한 상품이기 때문에 일반화시키기는 힘들지만, 우리나라에서 GM 같은 거대기업도 조 단위의 환차손 손실을 입기도 했습니다. 그런데 통화를 통합하면 이런 비용에서도 자유로워질 수 있습니다. 프랑스와 독일이 통화통합을 하면 서로 간에는 환율변동 자체가 없으니, 거기는 신경 안 써도 되는 것이죠. 물론 미국 같은 제3국과의 환율문제는 남습니다만, 역내무역만 생각하면 환율변동위험은 아예 없는 것이 됩니다. EU집행위원회 조사는 이런 거래비용 절감액만 유럽 전체 GDP의 0.5% 수준에까지 이를 것이라고 추산한 바 있습니다.

이렇게 유로화가 통합되면 통합된 유럽 국가들끼리는 자기들끼리 무역을 하는 게 훨씬 편하고 또 비용도 적게 들어가기 때문에 역내무역이 활성화되는 효과도 생깁니다. 그러니 유럽공동체를 만든다는 정치적 목적을 위해서도 아주 좋은 수단이 되겠지요. 실제로 유로화 통합은 유럽공동체를 이루기 위한 중간단계이기도 하고 또 수단이기도 합니다. 유로화 통합의 구호도 '하나의 시장, 하나의 화폐One Market, One Money'로 이렇게 화폐통합을 통해 역내무역을 성장시키고 그래서 유럽 전체를 하나의 거대시장으로 만들어서 미국과 규모 면에서도 경쟁을 해보겠다는 생각도 숨어 있는 것입니다. 'United States of America'에 맞선 'United

States of Europe'을 만들어보자는 것이지요.

유로지역의 역내교역 비율 추이[1]

이런 여러 가지 장점들로 인해 유로화는 성공적으로 정착하는 듯 보였습니다. 유로화 환율은 오락가락했지만, 달러화에 비해 꾸준히 가치가 상승했습니다. 처음 유로화를 만들던 때에는 비율이 1:1.2에 가까웠지만, 지금은 1유로는 1.3달러 수준입니다. 유로가 달러에 비해 가치가 더 올랐다는 말이지요. 유로화가 인기절정이던 시절에는 1유로당 1.6달러까지 올라가기도 했습니다. 경제적으로도 많은 이점이 생겼고, 무역도 활발해졌고, 그래서 일자리도 많이 생겼으며, 화폐가치도 올랐습니다. 2007년까지만 해도, 유로화는 승승장구하는 듯 보였습니다. 지금은 아닙니다만.

유로화 환율[1] 추이

유로화 통합은 어떤 비용을 치러야 하는가

자, 이렇게 좋은 유로화에도 치명적인 문제가 있습니다. 경제학에서는 이런 화폐통합의 문제를 최적통화지역OCA, Optimum Currency Area 이론이라고 설명하고 있습니다. 말이 좀 어렵지요? 그냥 하나의 화폐가 쓰일 수 있는 지역은 어디까지인가를 설명하는 이론입니다. 이런 이론을 논문 보고 열심히 공부하실 필요는 없구요. 간단히 설명해드리겠습니다. 기본 얼개는 복잡하지 않습니다.

미국은 한 나라가 51개의 주로 이루어져 있고, 각 주마다 연방제를 통해 상당한 자율권을 보장받고 있지요. 그런데 미국 내에서도 캘리포니아 같은 주는 아주 부유한 주이고, 반면에 알래스카나 노스 다코다 같은 주는 가난하겠지요. 이렇게 주마다 경제적으로 환경이 서로 많이 다르지만, 어쨌거나 달러화라는 단일화폐를 씁니다. 반면에 독일과 오스트리아는 서로 역사를 거의 공유하고 있는 나라입니다. 둘 다 독일어를 쓰는 부자 나라이고, 서로 경제적으로도 많이 의존하고 있습니다. 그런데 유로통합 이전까지는 서로 다른 통화를 썼습니다. 독일은 마르크화를 썼고, 오스트리아는 실링화를 썼습니다. 대충 생각해봐도, 캘리포니아-알래스카보다는 독일-오스트리아가 훨씬 더 가깝지 않을까요? 그런데 왜 미국 내에서는 달러화로 통일이 되고, 독일-오스트리아는 화폐통합이 안 되었을까요? 국가단위마다 다르다구요? 뭐 그럴 수도 있습니다.

여기서 경제학자들의 질문이 시작되는 것이지요. 하나의 화폐가 여러 지역 또는 여러 국가에서 통용되려면 어떤 조건을 갖추어야 하는가 하는 문제입니다. 언뜻 생각하기에 어떤 조건이 필요할까요? 서로 다른 나라가 같은 화폐를 쓰기 위해서는 여러 가지가 서로 공통되면 좋겠지요? 사람들도 쉽게 왕래할 수 있고, 거래도 활발하고, 나라들 사이에 물가도 비슷해야 할 것입니다. 좀 딱딱한 말로 풀어보면 가격과 임금의 유연성, 생산요소 이동성, 자본시장 통합도, 경제개방도, 생산과 소비의 다양성, 물가수준의 유사성, 재정 통합도, 충격 반응의 유사성, 정치적 통합도가 필요하다고 합니다. 정부가 다르다는 것 말고는 경제적으로는 많은 것들이 통합되어야 한다는 말입니다.

예를 들어봅시다. 만약 캘리포니아의 경기가 갑자기 엄청 나빠져서 실업이 많이 생기고 임금이 많이 낮아졌습니다. 반면 알래스카에서는 관광산업이 엄청 호황을 타면서 일손이 부족해지고 그래서 임금이 많이 높아졌다고 생각해봅시다. 같은 미국 내의 일이다 보니, 실업자가 된 캘리포니아 주민들은 알래스카로 일자리를 찾아 떠나겠지요. 또 알래스카의 호텔 회사는 돈도 좀 벌고 했으니, 이번에는 캘리포니아의 따뜻한 해변가에다가도 호텔을 지어볼까 하는 생각을 할 수도 있을 것입니다. 이렇게 노동자들과 기업(자본)은 모두 자유롭게 미국 내의 캘리포니아와 알래스카를 오갈 수 있습니다. 이런 노동과 자본의 이동이 있다 보면 결국 캘리포니아와 알래스카는 다시 대략적으로 평준화된 상태로 돌아갈 수 있을 것입니다.

그런데 지금 유럽은 어떻습니까? 독일은 그나마 수출도 잘되고 일자리도 좀 필요한 수준입니다만, 스페인은 지금 청년실업률이 50%라고 합니다. 스페인 청년들은 주변에 일자리가 하나도 없는 것이나 마찬가지여서, 식당 서빙이나 할 수밖에 없는 것이죠. 그렇다면 스페인 청년들은 독일로 취업하러 가는 것이 합리적인 선택일 것입니다. 독일 기업들도 비싼 독일 노동자들을 쓰느니, 싼값에 스페인 노동자를 쓰는 것이 여러모로 유리하다는 판단을 할 수가 있겠지요. 그런데 정말 스페인 청년들과 독일 기업들은 이런 결정을 쉽게 할 수 있을까요? 스페인어와 독일어는 매우 다른 데다가, 두 나라는 문화도 다르고 법률도 다르고 정부도 다릅니다. 유럽통합이 이루어졌다고는 하지만, 여전히 독일과 스페인은 먼 나라입니다. 이 두 나라는 노동과 자본의 이동이 어느 정도는 보장되겠지만, 알래스카와 캘리포니아처럼 자유롭지는 못합니다.

그래서 어느 정도로 두 지역 간의 경제가 통합되어야만 같은 화폐를 쓸 수 있겠느냐 하는 문제를 연구한 것이 바로 '최적통화지역' 이론인 것입니다. 경제적으로 많은 부분들이 서로 같고 노동과 자본의 이동이 자유로우면서, 정부 통합의 정도가 높다면 화폐를 공용으로 쓰는 것이 가능하고, 그에 따른 편익도 늘어나게 될 것입니다. 반면 다른 점이 많다면 비용이 늘어나게 되겠지요?

통화를 같이 쓰는 것, 즉 유로화를 통합하는 것의 비용은 어떤 것이 있을까요? 편익은 아까 말씀드린 대로 거래비용이 줄고 외환안정비용이 줄어서 무역이 늘어나는 효과가 나올 것입니다. 세상에 공짜가 없듯, 이런 화폐통합도 공짜가 아닙니다. 정말 비용이 아주 무시무시하게 불어날 수도 있습니다. 이 비용문제야말로 유로화의 가장 큰 문제점이고, 더 나아가 유로존 경제의 가장 핵심적이고 근본적인 문제가 됩니다.

독일과 그리스만 화폐를 통합한다면

유럽에서는 무려 26개 국가가 유로화로 통합되어 있으니 설명이 좀 복잡하겠습니다. 쉽게 두 나라만 예로 들어보겠습니다. 독일과 그리스 딱 두 나라가 화폐를 통합했다고 생각해보죠. 독일 마르크화와 그리스 드라크마화를 유로로 통합을 했습니다. 독일은 아무래도 경제규모도 훨씬 크고, 물가도 안정적인 나라입니다. 여기에 무역수지 흑자도 아주 큰 나라입니다. 그래서 마르크화의 가치는 아주 높은 수준입니다. 반면 그리스는 경제 규모도 작고 물가도 인플레가 심한 데다가 무역수지 적자도 큰 나라입니다. 그러니 그리스 드라크마화는 가치가 낮습니다. 계산의 편의를 위해 마르크화는 100의 가치를 가지고, 드라크마화는 50의 가치를 가진다고 생각해봅시다. 두 나라 화폐를 통합한 유로화의 가치는 아무래도 두 나라의 평균으로 수렴해가겠지요. 그래서 통합 유로화는 75의 가치를 가진다고 생각해보죠.

자, 이러면 어떤 일이 벌어질까요? 우선 그리스 사람들이 신나겠지요. 자기가 가진 돈 가치가 올라갔으니 돈 쓰기가 훨씬 좋아지겠지요? 예전 같았으면 50의 가치밖에 없던 돈이었는데, 이제 공짜로 25를 벌게 된 것이나 마찬가지입니다. 여기에다가 돈 가치가 올라가니까, 똑같은 월급을 받아도 월급액수가 훨씬 많아진 것이나 마찬가지가 됩니다. 예전엔 비싸서 못 샀던 독일산 자동차도 조금만 무리하면 살 수 있게 될 것입니다. 독일 물건을 많이 살 수 있게 되었습니다. 그런데 그리스 기업들은 어떨까요? 반대로 엄청나게 힘들어질 겁니다. 일단 똑같은 물건을 만들어도 가격 자체가 비싸지는 효과가 생겨서 외국에 수출하기가 엄청 힘들어질 것입니다. 여기에다가 근로자 임금도 훨씬 비싸지는 효과가 생길 것이고요. 그나마 그동안은 독일 제품 비싸서 못 사니깐 그리스 국내 물건을 사왔었지만, 이제는 독일 물건 막 사게 되어서 문제가 커집니다. 기업들은 경영하기가 엄청 힘들어지니 망하거나 다른 나라로 공장을 이전하게 되겠지요. 그럼 이젠 국가에 실업 문제가 크게 발생하게 될 것입니다.

독일 입장에서는 정반대이겠지요. 일단 독일 사람들은 자기네 돈 가치가 떨어지는 것을 감수해야만 합니다. 이전보다 생활하기가 훨씬 빡빡해집니다. 돈 가치가 떨어지니 수입품 사는 것은 더욱 힘들어집니다. 국산제품 열심히 쓰는 수밖에 없습니다. 반대로 기업 입장에서는 아주 좋아집니다. 같은 물건이라도 예전엔 100마르크로 팔던 물건을 75유로로 팔 수 있으니, 가격경쟁력이 엄청나게 생길 것이고요. 임금도 똑같은 돈을 주더라도 실질적으로는 가치가 팍 깎인 돈을 주게 되니, 여기서도 이익이 커집니다. 그래서 공장을 더욱 늘릴 것이고, 일자리는 더욱 늘어나게 될 것입니다.

양국 모두 일장일단이 있습니다. 그리스는 구매력이 커져서 해피해질 수 있고, 독일은 일자리가 늘어서 행복할 수 있습니다. 반대로 그리스에서는 기업들이 다 망해 자빠져서 일자리가 줄어들 것이고, 독일은 일자리가 늘어날 수 있을 것입니다. 그런데 이 일장일단이 해결이 안 된다는 것입니다. 화폐의 가치는 두 나라가 처한 여러 가지 상황에 맞게 고정이 되어 있습니다. 그런데 두 나라의 경제적 차이는 점점 벌어질 수밖에 없습니다. 그리스는 점점 더 많이 수입해서 쓰게 되고 점점 더 기업들이 망해갑니다. 독일은 점점 더 많이 수출하고 기업들은 점점 커져갑니다. 이런 격차가 계속 벌어질 수밖에 없다는 것입니다.

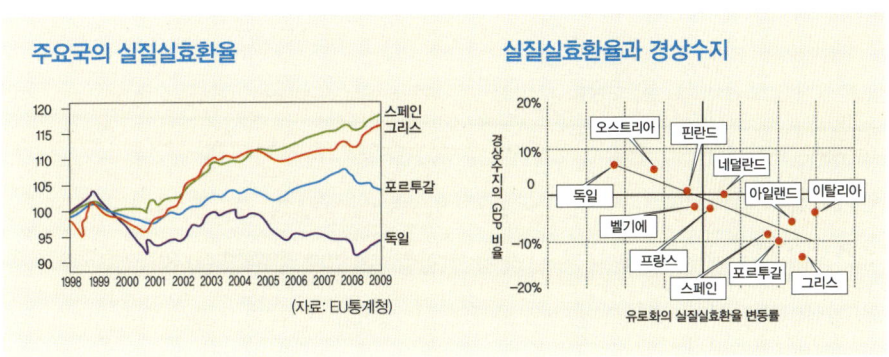

위의 그림은 EU통계청이 유럽 국가들 내부의 실질실효환율을 계산해서 그래프로 표현한 것입니다. 기본적으로 유럽 국가들은 똑같은 유로화를 쓰니까 환율이라는 것은 없습니다. 그러나 실질적으로 1유로가 한 나라 안에서 얼마만큼의 가치를 지니는가 하는 차이는 있을 수 있습니다. 독일은 재정도 안정적이고 수출도 잘되기 때문에 화폐가치가 높아져야만 하지만, 다른 나라와 통합되어 있기 때문에 화폐는 실질적으로는 저평가될 수밖에 없겠지요. 그래서 독일에서는 화폐가치가 낮게 유지되고 있습니다. 반대로 스페인이나 포르투갈 같은 국가는 독일 같은 우량국가와 묶여 있으니, 실질보다 훨씬 고평가될 수밖에 없겠지요. 그래서 그래프에서는 환율이 저환율로 표시가 됩니다. 이런 환율은 단위노동비용, 즉 평균임금이 얼마만큼의 가치를 지니느냐를 기준으로 계산한 것입니다. 형식적으로는 환율이라는 것이 없지요. 독일 돈이나 스페인 돈이나 똑같이 유로화니까요. 하지만 실질적으로 독일 사람들은 자기가 한 일보다 더 적은 돈을 받고 일해주는 꼴이 되고, 스페인 사람들은 더 많은 돈을 받게 되는 꼴이 됩니다. 그렇다면 당연히 상품 경쟁력에서도 차이가 나게 되겠지요? 그래서 무역수지가 마구 한쪽으로 쏠리게 되는 효과가 나타납니다.

그래서 두 나라 간에 경제적 격차가 너무 커진 상태에서는 통합을 해서는 안 됩니다. 무조건 통합이 깨지는 방향으로 가니까요. 두 나라 사이에서는 임금 차이도 점점 벌어질 수 있습니다. 독일과 그리스 사이의 사람들이 아주 자유롭게 다른 나라에 취업할 수 있다면 괜찮습니다. 그럼 실질임금이 비싼 그리스에 취직하려고 할 것이고, 일자리가 많은 독일에 취직하려고 하고 해서 결국 두 나라의 임금이 비슷해지는 경향을 가질 것입니다. 그런데 독일어를 못하는 그리스 사람이 독일에 취업하기도 어렵고, 독일 사람도 모든 게 불편한 그리스에 취업하러 가는 것도 힘듭니다. 그러니 임금격차도 계속 벌어질 수밖에 없습니다. 독일은 점점 더 많이 수출해갈 것이고, 그리스는 점점 더 많이 수입해갈 것인데, 적자가 어느 한계 이상으로 쌓여버리면 그리스는 망해버릴 것입니다.

기업과 가계뿐 아니라, 정부도 문제로 등장합니다. 예로부터 독일은 재정이 건전하기로 유명했습니다. 1차대전 직후에 벌어진 하이퍼 인플레이션의 악몽 때문에 항상 정부재정을 건전하게 유지해야 한다는 강박관념이 있는 나라입니다. 그렇지만 그리스는 솔직히 좀 아닌 나라입니다. 국가가 부도선언을 하고는 돈 못 갚겠다고 드러누워 버리기도 하고, 정부 재정은 늘 엉망진창이었습니다. 독일 정부는 흑자를 내고, 그리스 정부는 적자를 냅니다. 그렇다면 흑자국 독일의 화폐가치는 높아져야 정상이고, 적자국 그리스의 화폐가치는 낮아져야 정상입니다. 그런데 독일과 그리스의 화폐가치는 똑같습니다. 독일 입장에서는 열심히 아끼고 살았지만, 자기네 화폐가치는 그리스 때문에 떨어져야 하는 억울함이 있고, 그리스 입장에서는 펑펑 써대고도 화폐가치는 독일 덕분에 유지될 수 있습니다. 사고가 터지고 나서는 독일에게 돈 빌려달라고 손 벌리는 꼴입니다. 독일 국민들 보기에 이게 얼마나 속 터지는 일이겠습니까? 그런데도 독일과 그리스는 똑같은 유로화를 쓰는 국가로 묶여 있습니다.

유로화 통합은 잘한 일인가

이것이 바로 현재 유로화 경제권의 가장 치명적인 문제입니다. 사실 이런 문제는 천재들만 알아챌 수 있는 문제가 아닙니다. 누구나 다 생각할 수 있는 문제입니다. 유로통합을 추진했던 유럽 정치인들도 아는 문제였고, 유럽 경제학자들도 아는 문제입니다. 그런데도 유로통합은 추진되었습니다. 여기에는 매우 많은 정치적인 고려가 깔려 있고, 역사적인 배경이 깔려 있었던 것입니다.

유로화라는 통합화폐는 이런 문제가 있었습니다. 그래서 유명 경제학자들은 유로화 통합에 매우 비판적이었습니다. 제일 유명한 분이 바로 밀턴 프리드먼입니다. 케인즈 학파 이후 통화주의 학파의 거두이신 분입니다. 프리드먼은 "국가나 지역 간 경제적 불균형은 대개 변동환율제도로 해결할 수 있는데, 단일통화는 변동환율제의 순기능을 포기하는 것이 된다"고 문제의 핵심을 아주 간결하게 지적했습니다. 이 말 그대로입니다.

그리스가 계속 수입이 늘어나서 적자가 많아지면 드라크마화의 가치가 떨어지겠지요? 그럼 그리스 물건 값이 싸져서 다시 수출이 늘고 수입이 줄어들 수 있습니다. 그런데 독일과 화폐통합을 한 바람에 유로화의 환율은 그대로입니다. 그럼 무역수지 적자를 환율을 통해서 해결할 방법이 없어지는 것입니다. 얼마나 치명적인 단점입니까?

물론 당시 유럽 경제학자들도 바보가 아니었습니다. 당연히 이런 일을 예상했고, 그래서 안전판을 만들어둡니다. 그게 바로 마스트리흐트 조약이라는 이름의 유로화 통합을 위한 선결조건입니다. 이름만큼이나 조약 내용도 복잡하지만, 유로통합과 관련한 경제적 문제

마스트리흐트 경제수렴 조건

구분	마스트리흐트 경제수렴 조건
물가	최근 1년간 소비자물가상승률이 가장 낮은 3개 회원국의 평균물가상승률 +1.5% 포인트 이내
금리	최근 1년간 소비자물가상승률이 가장 낮은 3개 회원국의 평균명목장기금리 +2.0% 포인트 이내
재정	재정적자가 명목GDP의 3% 이내
	정부부채잔액이 경상GDP의 60% 이내
환율	자국통화와 다른 회원국 통화 간의 환율은 ERM(환율조정메커니즘)의 환율변동허용폭 이내로 유지하되, 최근 2년간 각 회원국 통화 간에 설정된 중심환율 고수

(자료: European Commission)

만 간단하게 말씀드리면 유로화 통합을 하려면 각국이 서로의 경제적 기준을 충족시켜서 불균형이 커지지 않도록 해야 한다는 것입니다. 그래서 정부의 재정적자도 연간 GDP의 3% 이내로 제한하고, 정부부채도 GDP의 60%를 넘으면 안 되도록 했습니다. 여기에 물가상승률도 유럽 내 물가지수 우량 국가의 1.5% 이상을 넘을 수 없도록 제한했습니다. 이 조약

만이라도 잘 지켜진다면 유로화 통합으로 인한 긍정적인 효과도 분명히 있으니 어느 정도 잘 굴러갈 수 있었을지도 모릅니다.

그런데 문제는 2008년 금융위기가 터지고 나서부터는 가장 우량국가인 독일부터 이 조약을 어기기 시작했습니다. 유럽위기가 본격화된 2010년에는 유로존 내에서 단 한 국가도 재정적자 규약과 정부부채 규약을 지키지 못했습니다. 그리스나 이탈리아 같은 국가들은 정말 밥 먹듯이 조약을 어겼구요. 그리스는 유로존에 들어오기 위해 국가적으로 사기까지 친 전력이 있었습니다. 전쟁 막자고 유로화 통합했는데, 조약 안 지킨다고 그럼 독일이 그리스에 쳐들어가겠습니까?

조약을 안 지키면 확실한 불이익을 줘야 할 텐데, 유럽은 단 한 번도 제대로 제재를 한 적이 없습니다. 그냥 보고서 작성만 하고 땡이었습니다. 물론 불이익을 어떻게 준다는 규

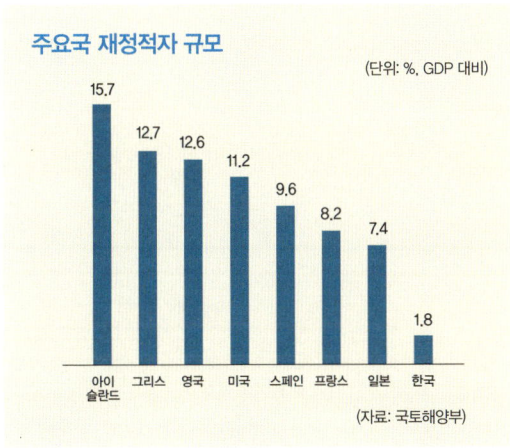

주요국 재정적자 규모

(단위: %, GDP 대비)

아이슬란드	그리스	영국	미국	스페인	프랑스	일본	한국
15.7	12.7	12.6	11.2	9.6	8.2	7.4	1.8

(자료: 국토해양부)

재정규율 위반국가에 대한 조치*사례

국가	위반국에 대한 보고서 작성	재정적자 위반국 제재 종결
포르투갈	2002년 9월 24일 2005년 6월 22일	2004년 5월 11일 2008년 6월 3일
독일	2002년 11월 19일	2007년 5월 16일
프랑스	2003년 4월 2일	2007년 1월 30일
네덜란드	2004년 4월 28일	2005년 6월 7일
키프로스	2004년 5월 12일	2006년 6월 11일
몰타	2004년 5월 12일	2007년 5월 16일
슬로바키아	2004년 5월 12일	2008년 6월 3일
그리스	2004년 5월 12일	2007년 5월 16일
이탈리아	2005년 6월 7일	2008년 6월 3일

*excessive deficit procedures
(자료: EU 집행위원회)

칙은 아주 자세하게 있었지만, 그냥 무시하고 말았지요. 어떤 나라가 그 깟 보고서 작성을 무서워하겠습니까? 당장 선거를 치러야 하고 경기부양 해야 하는데 말입니다.

유로통합의 문제를 깊이 있게 알아보기

첫 번째 유로통합의 문제는 환율의 조절기능이 없어진다는 것입니다. 아까 그리스와 독일의 예를 다시 한 번 생각해봅시다. 두 나라가 서로 다른 통화를 쓰고 있다면 국제수지에 따라 환율이 변동합니다. 독일이 수출을 많이 해서 흑자이고, 그리스가 수입을 많이 해서 적자 상태라면 두 나라의 환율은 어떻게 될까요? 흑자인 독일 기업들은 그리스에서 드라크마화를 받아와서 마르크화로 바꾸려고 할 것입니다. 그럼 마르크화의 수요가 늘어나서 가치가 올라갈 것입니다. 반대로 그리스에서는 물건을 사기 위해서 드라크마화를 팔고 마르크화를 사서 독일 물건을 사야겠지요. 그럼 드라크마화의 가치는 낮아질 것입니다.

신문에서 환율 전망하는 기사를 많이 보셨을 것입니다. 사실 환율 문제는 엄청 복잡하고 고려해야 할 변수도 수백 수천 가지가 되겠지만, 그 핵심 중의 핵심은 바로 이것입니다. 전체적으로 한 나라가 흑자를 내면 그 나라 화폐가치는 높아지고, 적자를 내면 낮아지는 것입니다. 물론 전쟁 위험이 커진다든가, 금리가 변동된다든가, 자연재해가 생겼다든가 하는 수없이 많은 변수들이 있고, 외환딜러들은 이런 변수들을 고려해서 거래를 하지만, 우리 입장에서는 정말 '국제수지' 하나만 봐도 큰 그림을 읽을 수 있습니다.

그런데 지금 독일과 그리스는 화폐를 통합해놨으니, 아무리 독일이 흑자를 보고 그리스가 적자를 보더라도 두 나라의 환율은 딱 고정되어 있을 뿐입니다. 화폐통합 전에는 그리스의 화폐가치가 떨어진다면 그리스 상품 가격은 싸지는 효과가 생기고, 독일 화폐가치가 올라가면 독일 상품 가격은 비싸지는 효과가 생길 것입니다. 그런데 이제는 그런 효과 자체가 생겨날 수가 없게 되었습니다. 환율이 딱 고정되어 있으니, 오히려 독일 상품은 상대적으로 더 싸지는 효과가 생기고, 그리스 상품은 상대적으로 더 비싸지는 것입니다.

환율이 변동을 보일 때마다 신문에서는 맨날 걱정을 합니다. 환율이 오르면 물가가 오른다고 걱정을 하고, 환율이 내리면 기업들이 수출 못해서 망할 것이라고 걱정을 합니다. 신문이야 맨날 걱정을 하지만, 사실 그 반대로 환율이 오르면 기업이 수출을 잘해서 신나고, 환율이 내리면 물가가 내려서 신나할 수도 있습니다. 경제상황이 변하면 환율도 따라 변하게 됩니다. 그 변화에 따라서 경제는 조절기능을 하게 됩니다. 그런데 화폐를 통합해버리면 이 환율의 조절기능을 잃어버리게 되는 것입니다.

실제로 어떤 일이 벌어졌나를 볼까요?

유로지역의 경상수지

(단위: %)

		1994~1998	1999~2007	2008	2009
	유로지역	1.1	0.4	−0.7	−0.7
적자국	스페인	−0.7	−5.5	−9.6	−5.4
	그리스	−2.3	−8.0	−14.4	−8.8
	포르투갈	−4.3	−8.8	−12.1	−10.2
흑자국	독일	−0.8	2.9	6.4	4.0
	네덜란드	5.2	5.0	7.5	3.1
	오스트리아	−2.2	1.1	3.5	1.5

1) GDP(달러화) 대비, 기간 중 연평균   2) 1997~1998 평균
(자료: International Financial Statistics)

유로 통합 전인 1994년부터 1998년까지는 GDP 대비 평균 2.3% 적자를 보던 그리스는 통합 이후에는 적자폭이 −8%까지 늘어납니다. 스페인도 마찬가지인데, 스페인은 이 덕분에 전 세계 무역수지 적자 2위국이 됩니다. 1위국은 두말할 것도 없이 미국입니다. 반면 독일이나 오스트리아 같은 무역경쟁력이 있는 국가들의 흑자는 더욱 늘어납니다. 환율이 서로 고정되어 있으니까요. 아까 그리스−독일 두 나라의 예를 들었는데, 이게 유로존 전체로 보면 흑자국 두세 나라와 나머지 적자국으로 나뉘어 버리게 됩니다. 맨날 적자만 보는 나라들 입장에서 국민들은 독일산 수입물건을 싸게 살 수 있어서 당장은 좋겠지만 문제는 이 적자가 점점 커진다는 점이고, 적자를 극복할 수 있는 방법이 아주 어렵다는 것입니다. 정상적으로 서로 다른 화폐를 쓰고 변동환율제를 채택하고 있다면 환율 조절로 수출입이 자동으로 조절될 수 있을 것인데 말입니다.

이걸 좀더 쉬운 그래프 형태로 한번 볼까요?

유럽 주요국 중에서 흑자 보는 나라는 독일 하나뿐입니다. 나머지 나라는 전부 무역수지 적자를 기록하고 있습니다. 물건은 독일에서 만들어져서 다른 나라로 수출이 됩니다. 반대로 돈은 어떨까요? 돈은 그리스, 스페인 같은 나라들에서

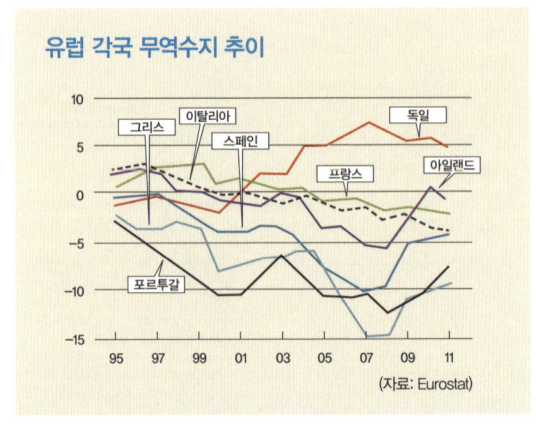

독일로 차곡차곡 쌓이게 되겠지요? 돈의 움직임도 함께 보겠습니다.

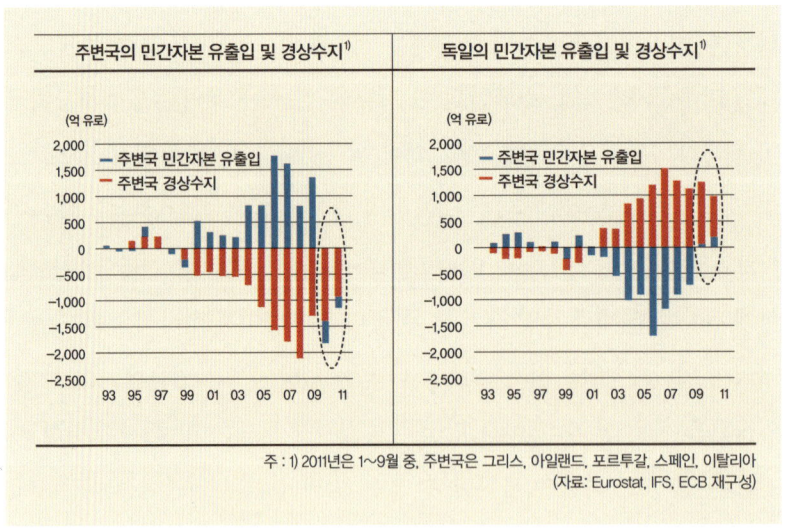

주 : 1) 2011년은 1~9월 중, 주변국은 그리스, 아일랜드, 포르투갈, 스페인, 이탈리아
(자료: Eurostat, IFS, ECB 재구성)

주변국에서는 경상수지(무역수지+서비스수지)는 엄청 적자를 보면서, 민간자본을 많이 들고 왔다는 것이 보이시지요? 반대로 독일에서는 경상수지는 흑자이면서 민간자본 유출이 많았다는 것도 확인할 수 있습니다. 즉 적자를 보는 나라에서는 독일 상품을 사기 위해서 돈이 모자라

니까 독일 은행에서 돈을 빌렸다는 말입니다. 몇 년 동안 계속 독일에서 돈 꿔다가 독일 상품 사준 것입니다.

　　비슷한 그림이 생각나지 않으십니까? 바로 미국과 중국의 관계입니다. 미국은 중국 상품을 엄청 사들이면서, 모자란 돈은 국채를 마구 발행해서 중국에다가 팔아대는 그림 말입니다. 중국 상품 사기 위해 중국에서 돈 빌리는 모습과 독일 상품 사기 위해 독일에서 돈 빌리는 모습은 사실상 똑같습니다. 세계적으로 미국-중국 간의 글로벌 불균형의 모습은 유럽 내부에서도 똑같이 벌어지고 있는 것입니다. 그러다가 2008년 금융위기 이후에는 독일도 더이상 대출해줄 수가 없어서 독일 민간자본의 유출이 딱 끊긴 모습을 보이면서, 그리스와 스페인의 국가부도 위기가 벌어지고 있는 것입니다. 미국도 그리스 신세와 별로 다를 바가 없지만, 다른 점이 딱 하나 있습니다. 미국은 달러를 자기네가 찍어낼 수 있지만, 그리스는 자기 맘대로 유로화를 찍어낼 수가 없다는 점입니다. 그래서 미국은 부도 난다는 말이 없지만, 그리스는 오늘 내일 파산한다고 매일 신문에 나오는 것입니다.

　　두 번째 문제점도 정말 치명적입니다. 바로 재정기능과 통화기능의 분리라고 하는 문제입니다. 말은 어렵지만 내용은 어렵지 않습니다. 국가가 경제정책을 하는 방식은 두 가지가 있습니다. 첫 번째는 세금을 어떻게 쓰느냐 하는 문제이고, 두 번째는 통화정책을 어떻게 하느냐 하는 문제입니다. 그래서 행정부 내의 기획재정부에서는 재정기능을 총괄하고, 중앙은행인 한국은행은 통화정책을 총괄하게 됩니다. 서로 다른 기관에서 하고는 있지만 한 나라 내에서 이런 기능이 총괄적으로 행해집니다. 경제가 침체기에 있으면 재정도 확장을 하고 통화도 확장을 합니다. 반대로 경제가 과열기에 있으면 재정도 줄이고 통화도 줄이고 하는 식으로 정책을 맞춰나가게 됩니다. 그런데 유럽은 어떨까요?

유로화의 통화정책은 유럽중앙은행이 맡고 있습니다. 물론 각국에서도 자기네 나라의 중앙은행이 있지만, 기본적인 통화정책의 큰 틀은 유럽중앙은행이 짜게 됩니다. 아무 나라 중앙은행이 자기들 마음대

유로지역 국가의 재정상황

	재정 부실 국가	재정 양호 국가
재정적자 비율 (對 GDP)	−9.4	−4.7
정부부채 비율 (對 GDP)	87.0	52.6

(%)

2009년 기준(예상치), 재정부실 국가는 그리스, 스페인, 포르투갈, 이탈리아, 아일랜드 등 5개국, 재정양호 국가는 독일, 프랑스 등 11개국을 지칭
(자료: EU 집행위원회)

로 유로화를 마음대로 찍어내게 할 수는 없지 않겠습니까? 그래서 통화정책은 '단일 통화정책'을 쓰고 있습니다. 그런데 재정정책은 어떻습니까? 독일 사람들이 낸 세금은 독일 정부가 쓰고, 스페인 사람들이 낸 세금은 스페인이 씁니다. 즉 세금 쓰는 재정정책 문제는 각자 알아서 하는 것입니다. 재정정책은 '국가별 재정정책'입니다. 이 두 가지가 잘 조화가 된다면야 좋겠지요. 그런데 나라마다 사정이 다 다른데 어떻게 '잘 조화시키면 된다'는 말이 쉽게 나오겠습니까? 그래서 유럽 국가들은 마스트리흐트 조약에서 재정적자(GDP의 −3% 이내)와 정부부채 규모(GDP의 60% 이내)를 딱 정해놓는 규약을 만들어놓기는 했습니다. 그런데 아까 말씀드린 대로 제대로 지킨 나라가 없고, 안 지켰다고 손해 본 나라도 없습니다. 통화정책은 통합되었지만, 재정정책은 분리된 부작용이 아주 제대로 나타난 것입니다. 금융위기 이후에는 한마디로 아수라장이 되어버린 것이지요.

유럽에 경제위기가 터졌습니다. 그럼 통화량을 늘리고, 재정을 푸는 정책을 해야 한다고 교과서에 나와 있습니다. 그런데 중앙은행에서 통화량을 늘리는 방법은 쓸 수가 없습니다. 이건 유럽중앙은행에서 하는 거니까요. 그러니 재정을 푸는 방법밖에 안 남습니다. 일반적인 나라에서는 통화량을 늘리는 것과 재정을 늘리는 것을 적절하게 조절할 수 있겠지만, 유럽 국가들은 재정에만 의존하기 때문에 재정을 더더욱 왕창 늘리는 수밖에 없습니다. 재정정책에 대한 부담이 더욱 커지는 것이지요. 그래서 2009년 이후 유럽의 재정적자는 더욱 극심해졌습니다.

더 불쌍한 것은 재정정책을 가장 열심히 써야 할 스페인이나 그리스 같은 극도의 경기침체 국가들입니다. 이 나라들은 지금 빚이 너무 많아서 곧 파산할 지경이니, 재정을 풀기는커녕 오히려 재정을 긴축해야만 하는 상황으로 몰리는 것입니다. 다음 페이지의 표를 보시면, 이탈리아나 그리스 같은 나라들은 지금 정부부채가 GDP의 100%를 훨씬 넘고, 경제성장률은 마이너스를 기록하는 데다가, 매년 GDP의 20% 이상의 돈을 수혈 받아야만 합니다. 그런데 무슨 재정확장을 할 수 있겠습니까? 재정긴축의 결과는 더욱 심한 극도의 경기침체밖에는 없습니다. 지난 10년 동안 나름 풍족한 소비생활을 해온 대가를 정말 너무 강하게 치르게 되는 것입니다.

세 번째는 좀 부수적인 문제입니다만, 위기의 전염효과가 너무 높아진다는 것입니다. 유럽 통화통합의 결과로 유럽에서 역내무역의 비중이 높아졌다는 이야기를 드렸습니다. 상품이 오가는 무역만 그런 것이 아니라, 돈도 마찬가지입니다. 금융도 역내 금융의 비중이 아주 높아지기

구분	필요금액 (of GDP, %)		정부부채 (of GDP, %)		경제성장률 (%)	
	2011년	2012년	2011년	2012년	2011년	2012년
이탈리아	22.6	23.5	121.1	121.4	0.6	0.3
포르투갈	22.0	22.3	106.0	111.8	−2.2	−1.8
벨기에	21.6	22.2	94.6	94.3	2.4	1.5
프랑스	20.0	20.8	86.9	89.4	1.7	1.4
스페인	19.6	20.6	67.4	70.2	0.8	1.1
그리스	23.7	16.5	165.6	189.1	−5.0	−2.0
네덜란드	16.3	16.0	65.5	66.5	1.6	1.3
아일랜드	19.0	13.9	109.3	115.4	0.4	1.5
독일	10.7	10.5	82.6	81.9	2.7	1.3
핀란드	10.8	8.3	50.2	50.3	3.5	2.2
오스트리아	5.9	5.1	72.3	73.9	3.3	1.6
EU 평균	17.0	15.6	90.0	94.3	1.6	1.1

(자료: IMF, 동양종합금융증권 리서치센터)

때문에 어느 한 나라가 위기에 빠지면 돈 빌려준 은행도 마찬가지로 위기에 빠지게 됩니다.

그래서 건전하기로는 세계 최강이라 할 만한 독일 은행들까지 휘청휘청하게 되는 것입니다. 만약 독일 정부가 그리스나 스페인에 자금을 공급해준다는 결정을 내리지 않는다면, 그리스 국가만 망하는 것이 아니라, 그리스에 돈 빌려준 독일 은행도 똑같이 망하고, 독일도 마찬가지로 망할 위기에 빠지게 되는 것입니다.

현재의 유럽,
앞으로의 유럽

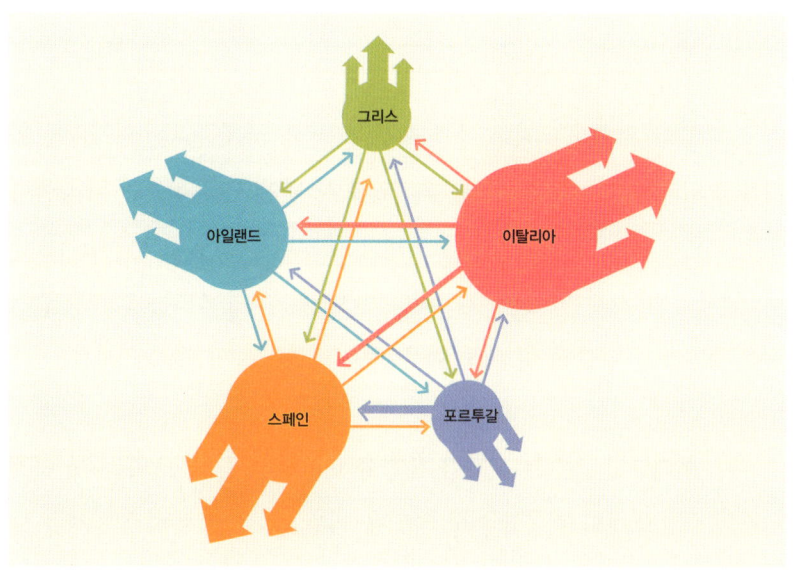

　이 그림은 뉴욕타임즈에서 그린 그림을 요약한 것입니다. 유럽 국가들끼리 서로 얼마나 물고 물려 있나를 보여줍니다. 자세히 안 보셔도 됩니다. 그냥 엄청나게 복잡하게 물고 물려 있다만 보시면 됩니다. 여기서 한 나라가 나가떨어지면, 모두 같이 넘어지게 되는 구조인 것은 분명합니다.

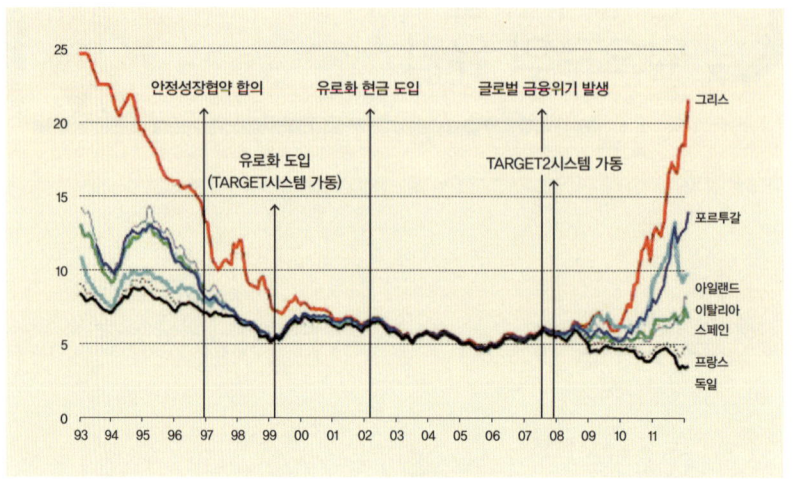

결국 위기가 터지고 나면 재정위기국의 국채금리는 엄청나게 올라가게 되고, 한 나라가 위험하다는 신호가 떨어지면, 비슷한 나라들까지 한꺼번에 같이 위기에 몰리게 됩니다. 유로라는 단일화폐로 묶어놨으니, 넘어질 때도 같이 넘어지게 되어 위기가 더욱 증폭되는 효과가 벌어지는 것입니다. 수습을 할 때도 더욱 돈을 퍼부어야 할 것이구요.

프리드먼 교수는 유로화 통합을 비판하면서, "유로화는 첫 번째 위기를 넘기지 못할 것이다"라고 악담을 퍼부었습니다. 유럽 정치계는 물론 기분이 나빴겠지만, 지금으로서는 딱히 반박할 말이 생각나질 않겠지요. 유로화 위기는 이번이 처음이었습니다만, 수습은 여전히 엄청나게 힘듭니다. 유로화 통합으로 유럽의 부흥을 꾀했지만, 그 대가도 매우 큰 모험이었습니다.

물론 이런 문제 때문에 유럽이 곧 망할 것이라는 둥, 유로화가 곧 깨질 것이라는 식의 간단한 분석은 경계해야 합니다. 유로화 통합 실험 자체가 수십 년의 역사를 통해 준비해온 대사건이듯, 그것의 해체도 마찬가지로 오랜 세월이 걸릴 것입니다. 유로화 자체는 분명히 치명적인 약점을 안고 있는 체제입니다. 그것을 극복할 수 있는 정책적 대안은 솔직히 잘 모르겠습니다. 안정기에는 모든 것이 평화롭지만, 위기 시에는 모든 것이 힘들어지기 때문입니다. 유로화는 위기에 매우 취약한 통화구조이며, 지금의 위기를 어떻게 헤쳐나갈지에 대해서도 여전히 관심이 커질 수밖에 없습니다. 우리나라도 유럽과 무역을 하면서 살아가야 하니까 말입니다.

유로화의 세 가지 미래

유로화는 말씀드린 대로 치명적인 문제를 가지고 있습니다. 유럽 재정위기라는 말을 많이 쓰지만, 좀더 정확하게 표현하자면 '유럽 화폐위기'라고 할 수도 있습니다. 유로화 통합의 대가를 지금 전 유럽이 톡톡히 치르는 것입니다. 이 문제는 유로화 출범 당시부터 충분히 경고되어 왔던 문제이고, 그래서 충분히 예상할 수도 있던 문제입니다. 그런데 정말 어처구니없게도 해결책이 없습니다. 이미 위기는 터져버렸는데, 해결책이라고 내놓는 일은 문제가 터진 그리스 같은 나라에다가 돈을 퍼부어서 메꾸는 수밖에 없습니다. 이런 해결책을 계속 쓸 수도 없거니와 해결이 되지도 않습니다. 여전히 독일은 무역흑자를 엄청나게 내면서도 세계의 자금을 빨아들이게 될 것이고, 여전히 그리스는 고실업과 경기불황을 겪으면서도 정부는 재정긴축을 하라는 압박만 받게 될 것입니다.

전문가들은 누구나 유럽 재정위기의 '근본적인 해결책'이 필요하다고 말합니다. 그런데 그 근본적인 해결책이 뭐냐고 한번 물어보십시오. 그거 알면 지금 당장 유럽에다가 이야기 좀 해주라고 전해주세요. 근본적인 해결책이라고 대충 말해버리고 마는 이유는 딱 하나입니다. 바로 유로화의 해산을 의미하는 것이기 때문입니다. 말은 쉽습니다. '유럽 위기에는 근본적인 해결책이 필요하다.' 그런데 그것은 유로화 통합을 깨자는 말과 똑같습니다. 그 이외에는 어떤 근본적인 해결책도 없습니다. 미봉책은 여러 가지가 있겠지요.

그렇다고 근본적인 해결을 하자고 내일 당장 유로화를 청산해버릴까요? 그것은 아마도 유럽의 자살을 의미하는 말일 것입니다. 유로화를 만드는 데에만 40년이 넘는 준비기간이 필요했습니다. 유로화를 깨는 데에도 엄청나게 오랜 시간과 노력이 필요할 것입니다. 하지만 슬프게도 유로화 체제는 정말로 '근본적인 변화'가 필요하다는 진단을 받고 있습니다.

유로의 미래는 어떻게 될까요? 세 가지 미래가 놓여있다고 봅니다.

첫 번째 미래는 유럽 각국에서 정말 현실적으로 논의가 진행되면서 언젠가 시행해버릴지도 모르는 방법입니다. 유럽에서 그리스 같은 문제아들을 제적시켜버리는 것입니다. 그리스의 경제는 이미 파탄 직전이고, 이를 해결하기 위한 노력은 아무것도 성공하지 못하고 있습니다. 그리스의 빚은 점점 불어만 가는데, 유럽중앙은행과 IMF가 총출동하여 대신 메꿔주고 있는 형국입니다. 그래서 그리스의 탈출exit이라는 의미의 '그렉시트Grexit'라는 말이 유럽에서 올해의 단어로 선정되기도 했습니다. 유럽 강국들이 그리스를 쫓아낼 것인가를 고민하고 있는 사이에, 고실업과 불경기에 지쳐버린 그리스 국민들도 유로화 동맹에서 나가버리자고 시위하기도 합니다. 사실 그리스의 경제규모는 유럽 전체에 비하자면 매우 미미한 수준(유럽 GDP의 2% 수준)이기 때문에 퇴출된다고 하더라도 유로화에는 큰 문제가 없으리라는 관측도 있습니다.

그리스가 유로화 동맹에서 퇴출되면 어떤 일이 벌어질까요? 그리스는 다시 과거의 드라크마화를 도입하게 되겠지요. 그리스의 경제현실을 생각해본다면, 드라크마화는 유로화에 비해 엄청난 가치절하를 하게 될 것입니다. 사실 그리스 화폐의 가치절하가 있어야 그리스 기업들도 수출을 할 수 있을 것이고, 그리스 관광지에 사람들도 몰려와서 돈을 쓰게 되겠지요. 물론 좋은 일만 있는 것은 아닙니다. 아주 비싼 대가를 치러야 하겠지요.

아시다시피 그리스는 아주 많은 빚을 지고 있습니다. 그리스 GDP의 150% 이상의 정부부채를 가지고 있습니다. 또 그리스의 국채는 70% 가량을 외국인들이 보유하고 있습니다. 그런데 그리스의 화폐가 가치절하된다면, 이미 유로화로 빌려온 이 국채를 도저히 갚을 수가

그리스 정부채무의 보유 비중

(단위: %)

그리스 국내	30.7
공적 부문	5.9
민간 부문	24.8
은행	17.9
국외	69.4
공적부문	36.1
민간부문	33.3
유로존 역내 은행	17.1

2011년 1분기 기준
(자료: Goldman Sachs)

없게 됩니다. 현재 100유로짜리 국채를 가지고 있는데, 그리스 화폐가 50% 절하된다면, 이걸 150드라크마화로 갚아야 한다는 말입니다. 100유로짜리도 못 갚는 판에 150드라크마화로 갚으라면 어떻게 갚을 수가 있

겠습니까? 그리스는 국가부도를 피할 수가 없습니다.

그리스 국민들이야 지금 유로화 때문에 이 지경이 되었으니, 그냥 나가버리자고 시위를 할 수는 있습니다. 그러나 그 대가는 확실한 국가부도입니다. 홧김에 할 수 있는 일이 아닙니다.

유럽도 마찬가지입니다. 어차피 지금도 그리스는 실질적 국가부도 상태나 마찬가지입니다. 어차피 못 받고 있는 돈이고, 계속 구제금융 해주고 있는 판인데, 이런 작은 나라를 차라리 유로화에서 퇴출시키고 좀 정리를 해보자고 생각해볼 수도 있습니다. 실제로 이런 논의가 아주 구체적으로 진행되기도 했습니다. 그런데 왜 아직도 그리스는 퇴출되지 않고 있을까요?

그리스 한 나라로 끝나지 않을 것 같아서입니다. 사실 유럽 위기는 그리스 한 나라의 문제가 아니라, 유럽 전체의 문제이기 때문에 그리스 위기의 원인과 대처방법은 다른 나라에도 똑같이 적용됩니다. 다음 타자로 가장 위험한 국가는 스페인이 될 수도 있습니다. 그리스야 워낙 작은 나라라고 하지만, 스페인은 장난이 아닙니다. 여기에 이탈리아까지 위기에 빠진다면 정말 아무런 대책이 없어지게 됩니다. 그리스 한 나라로 끝날 수만 있다면야 벌써 퇴출되었을 것입니다. 조약위반에, 온갖 사기적인 허위보고에, 대책 없는 시위까지 이어지고 있는데 퇴출명분이야 차고도 넘칩니다. 그러나 유럽은 아직도 그리스를 품고 있습니다. 그리스가 예뻐서 그런 것이 아니라, 다른 나라들도 그리스의 뒤를 따라 같이 퇴출되는 것이 너무 무섭기 때문입니다. 전문가들은 그리스가 EU에서 탈퇴하고

국가부도를 낸다면 그 피해액은
1조 유로가 넘을 것으로 추정하
고 있습니다.

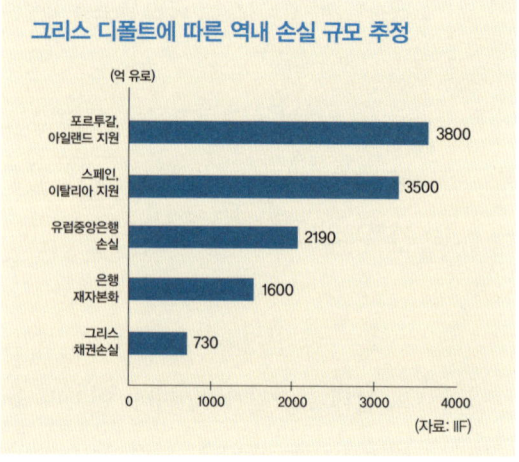

그리스 디폴트에 따른 역내 손실 규모 추정

(억 유로)

포르투갈, 아일랜드 지원	3800
스페인, 이탈리아 지원	3500
유럽중앙은행 손실	2190
은행 재자본화	1600
그리스 채권손실	730

(자료: IIF)

두 번째 방법은 전혀 다
른 각도에서 생각해볼 수 있습
니다. 지금 유럽의 문제는 한 반
에 너무 뛰어난 우등생과 너무
상태가 안 좋은 열등생이 모여
서 똑같은 수업을 듣고 있는 것에서 나오고 있습니다. 그래서 나오는 말
이 열등생을 내쫓아버리자는 것인데, 반대로 말하면 우등생을 쫓아내버
리는 수도 있지 않겠습니까? 바로 독일을 쫓아내버리자는 것입니다.

말은 이렇게 하지만, 사실 쫓겨나는 독일은 나쁜 일보다는 좋은
일이 훨씬 더 많습니다. 이미 유로화는 몇몇 열등생들이 평균을 까먹고
있는 바람에 전반적인 하향추세를 그리고 있습니다. 유로화의 가치가 낮
아진다는 말은 달리 말해 물가가 불안해질 요인이 있다는 말이지요. 유
럽 사람들이 중동에서 석유를 사기 위해서는 더 많은 유로화를 지불해
야만 할 것이니 말입니다. 여기에 덧붙여 열등생들 도와준다고 정말 너
무 엄청난 돈을 구제금융으로 쏟아붓고 있습니다. 이 돈도 모두 물가불
안의 요인이 될 수 있습니다.

독일이 유로에서 벗어난다면, 다시금 안정적인 마르크화로 돌아
갈 수 있을 것입니다. 물론 마르크화 강세로 독일의 수출기업들은 좀더

힘들어지겠지요. 그러나 어차피 지금도 유럽 전체의 경기불안 때문에 힘들어하고 있는 판국입니다. 그리스나 스페인 같은 나라에 구제금융 쏟을 돈 아껴서 독일을 위해 쓸 수 있다면 독일인들이야 나쁠 것이 뭐 있겠습니까?

장기적으로 본다면 마르크화의 가치는 더욱 높아질 것이고, 그렇게 되면 독일의 무역흑자는 조금씩 줄어갈 것이고, 다른 유럽 국가들의 적자도 함께 줄어갈 것입니다. 결국 유로화 통일 이전의 균형상태로 점점 나아가게 되겠지요. 이런 측면에서 생각해본다면 그리스를 퇴출시키는 것보다는 독일을 쫓아내는 것이 더 쉬운 일일 수도 있습니다. 실제로 많은 독일 국민들이 원하는 바이기도 합니다.

물론 그 대가는 유로화의 해산입니다. 뭐니뭐니 해도 유로화의 중심은 독일에 있었고, 그 중심이 빠져버린다면 결국 고만고만한 국가들끼리 유로화라는 통일화폐를 붙잡고 있을 여력이 떨어질 수밖에 없을 것입니다. 물론 남은 프랑스가 나머지 국가를 이끌고 유로화를 계속 유지할 수는 있겠지만, 그것은 유로화 시즌2밖에 안됩니다. 결국 유로화 시즌1의 문제를 똑같이 반복하면서 위기를 맞게 되겠지요. 거대 독일에 대한 유럽인들의 공포심도 무시할 수 없을 것입니다.

그래서 세 번째 방안은 어차피 깨질 유로화이니, 지금부터 차분히 준비해서 해산하자는 것입니다. 열등생만 쫓아내는 방안이든 우등생만 쫓아내는 방안이든 결국은 반이 깨질 수밖에 없다는 것인데, 그럴 거면 반을 깨는 절차를 진행시키자는 것입니다. 유로화라는 실험이 실패했다는 것을 겸허히 인정하자는 것이지요.

유로화 통합은 유럽이라는 거대단일시장의 탄생을 낳았고, 10년 동안의 번영을 이루었지만, 이를 계속 유지할 수는 없다는 것입니다. 전문가들이 말하는 바로 그 '근본적인 해결책'입니다.

Japan
Economy

일본의 저력

전 세계의 수많은 국가들 중에서, 100년 전에는 가난했지만 지금은 선진국이 된 나라는 얼마나 될까요? 그 수많은 국가들 중에서 딱 한 나라만 선진국 클럽에 들어오는 것이 허락되었습니다. 어디일까요? 바로 일본입니다. 두 번째 국가로 가장 유망하고, 거의 성공한 것으로 평가되는 국가가 있습니다. 바로 대한민국입니다.

100년 전 가장 비참한 나락에 빠져 있었던 나라가 초강대국이 된 국가도 있습니다. 바로 중국입니다. 그러나 아직 중국이 선진국(1인당 GDP 기준 3만 불 이상)이라고 보기는 좀 힘들겠지요. 어쨌건 동북아 3국의 성장은 세계적으로 유례가 없는 엄청난 성과입니다. 이제 일본에 대해 알아보기로 합시다. 우리와 일본의 역사를 돌이켜 생각해본다면 객관적으로 사고하기가 힘들어질 정도로 악연이 쌓이고 쌓여온 관계이지만, 그만큼 공부하고 생각해볼 지점도 클 것입니다.

최근 들어 일본이라는 나라에 대한 관심이 더욱 커져갑니다. 우리나라만 그런 것이 아닙니다. 미국이나 유럽에서도 다시 한 번 일본 경제를 생각해보자는 기사나 보고서들이 꽤 자주 나오고 있습니다. 사실 한동안 일본 경제는 그야말로 잊힌 주제 같았거든요. 20년이 넘도록 일본 경제는 진짜 딱 제자리걸음만 하고 있습니다. 어떻게 이렇게 현상유지만 20년을 할 수가 있는지 그게 더 신기할 지경입니다. 일본이 불황이라는 뉴스도 하루 이틀이지, 무려 20년을 똑같은 이야기를 하려면 하는 사람도 지겹고 듣는 사람도 지겹습니다. 그래서 일본 경제에 대한 이야기는 한동안 아무도 안하는 분위기였습니다.

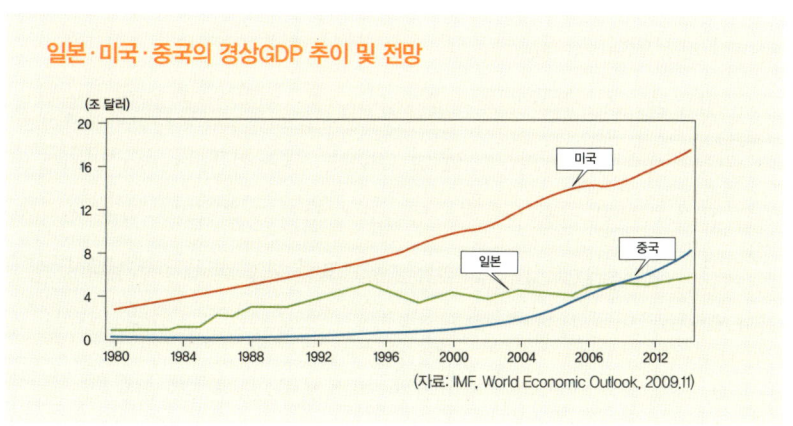

그런데 요즘 갑자기 일본 경제를 이야기하는 사람들이 늘어나고 있습니다. 그것은 일본 경제가 다시 일어나면서 회복의 경험을 전해줘서가 아니라, 불행하게도 저렇게 오랫동안 저성장과 불황에 시달리는 게 미국과 유럽의 미래가 아닌가 싶어하는 불안감 때문입니다. 미국의 부동산 거품이 2008년 꺼지고 난 후, 이제 미국도 일본과 같은 20년 저성장을 각오해야 하는 것 아닌가 하는 불안감이 생기는 것입니다. 우리나라에서도 저출산 고령화 문제가 굉장히 심각해지면서, 최초의 노인국가인 일본을 두려워하는 마음으로 돌아보고 있습니다. 전 세계에서 노령화가 가장 먼저 시작된 국가는 일본이고, 노령화가 가장 급속하게 진행되고 있는 국가는 대한민국이기 때문입니다. 중국은 이제 규모 면에서 일본 경제를 완전히 압도하는 수준에 올랐습니다. 일본은 여전히 빌빌대고 있지만, 중국은 하루하루가 다르니 앞으로 중국과 일본의 격차는 더욱 커질 것이고 중국의 자존심은 더욱 높아질 것입니다. 중국은 일본을 '저렇게 되면 안 되는 사례'로 보고 있는 듯합니다.

일본을 보는 시각은 아주 다양합니다. 일본은 절대 작은 나라가 아니기 때문입니다. 일본 인구는 1억3천만 명에 육박하고, 구매력 기준 국가 GDP는 4조3천억 불로 세계 3위입니다. 1위는 14조 불의 미국이고, 2위는 9조 불의 중국입니다. 1인당 GDP는 3만4천 달러 정도입니다. 우리는 그간 일본이 엄청나게 부유했다고 생각하고 우리와는 비교조차 할 수 없다고 생각해왔었지요. 그런데 사실 그간 대한민국이 엄청나게 성장하고 일본이 20년 불황에 시달리다 보니, 구매력 기준 1인당 GDP는 대한민국이 거의 따라잡은 수준입니다. 미국 CIA가 평가한 기준에 의하면 일본 1인당 GDP가 34,200달러이고, 대한민국 1인당 GDP가 30,200달러입니다. 10% 정도 차이 나는 수준이지요. 실제로 일본의 거리와 대한민국의 거리를 비교해본다면, 아마 대한민국이 훨씬 더 잘사는 국가로 보일 수도 있습니다. 소나타와 그랜저가 길거리에 절반이 넘게 보이는 대한민국 거리와, 660cc짜리 경차들만 와글와글한 일본 거리를 비교해보면 절대 대한민국이 꿀릴 일이 없어 보입니다.

물론 일본은 오래된 부자나라이기 때문에 축적된 자본이 많아서, 한 해 한 해의 소득이 비슷하다고 해서 국민들의 부유함도 비슷하다고 볼 수는 없습니다. 일본은 이미 1970년대부터 부자나라의 반열에 들어섰고, 우리나라는 2000년대 넘어서야 중진국 수준에 들어왔으니 국민들이 쌓아놓은 부유함은 차이가 많이 납니다. 2010년 기준으로 한국은행 통계에 따르면 대한민국 국민들의 개인금융순자산은 1,239조 원이고, 일본의 개인금융순자산은 1,120조 엔입니다. 딱 열 배 차이 나는 수준이지요. 불황이다 불황이다 하지만, 일본인들이 쌓아온 부유함은 우리와 규모 면에서 비교가 되질 않는 수준입니다. 여기서 보이는 일본인들의 이 엄청난 가계자산은 국제적으로도 큰 영향을 미치고 있으면서, 일본 자국 경제에도 큰 왜곡효과를 낳고 있습니다. '와타나베 부인 효과'라고 불리는 것인데, 이후 자세히 살펴보도록 하겠습니다.

	전체	가계부채	순자산
한국	2176.4조 원	937.3조 원	1239.1조 원
일본	1450.1조 엔	330.7조 엔	1120조 엔

(자료: 한국은행, 일본중앙은행)

일본이라는 나라 자체가 큰 나라이니만큼 일본 경제도 매우 큽니다. 그 거대한 일본 경제를 제대로 공부한다는 것은 매우 큰 프로젝트입니다만, 어떤 핵심을 읽어보려고 하는 노력은 가능하겠지요? 그래서 저는 일본에 대해 세 가지의 질문을 던지고 싶습니다. 과거 일본이 이렇게 성장할 수 있었던 힘은 어디에서 나왔나? 현재 일본이 이렇게 고통을 겪고 있는 것은 왜인가? 미래 일본은 어떻게 이 위기를 극복할 수 있을 것이며, 다른 나라에는 어떤 본보기를 보여주고 있는가?

일본의 과거, 현재, 미래의 가장 핵심적인 면모를 짚어보자는 것입니다. 대한민국 경제는 일본이 밟아온 경제성장의 진로를 아주 유사하게 따라왔습니다. 일본을 따라잡자는 국가적 구호를 바탕으로 수십 년을 노력해왔고, 지금은 많은 부분에서 일본을 따라잡았고 또 추월해왔습니다. 그런 의미에서 지금 일본이 처하고 있는 상황과 앞으로의 상황은 우리에게 많은 시사점을 줄 것이 분명합니다.

일본은 어떻게 자본주의의 대열에 서게 되었나

SECTION 02

1853년 미국 페리 제독의 흑선이 일본 에도만 우라가항에 입항하기 전까지 일본은 전형적인 동아시아의 봉건적 농업 국가였습니다. 지하자원이라고 할 것은 거의 없고, 농토도 부족했으며, 섬나라였으니 어업 자원만 좀 풍족하다 할 수준의 나라였습니다. 지배계급이었던 무사들은 패를 지어 싸움질이나 하고, 특별한 사회변화의 동력은 찾기 힘든 그런 닫힌 나라의 전형이었습니다. 그러나 일본 지배계급들도 이미 네덜란드인들이나 포르투갈인들과의 교역경험은 있었고, 중국에 몰려든 서양인들이 얼마나 잔인한 짓을 했는지에 대해서도 알고 있었습니다.

당시 페리 제독이 타고 온 군함은 태평양을 건너온 것이 아니라, 대서양을 건너서 아프리카의 희망봉을 넘어 1년이 넘는 항해 끝에 일본에 도착한 것이었습니다. 페리 제독은 수호조약 체결을 원한다는 미국 대통령의 친서를 전달하고 1년 후에 다시 돌아올 테니 그때까지 조약체결 여부를 결정하라는 통고를 남기고 9일 만에 떠났습니다. 1년 후에는 배가 8척으로 불어나 있었고, 1854년 일본과 미국은 가나가와神奈川 화친 조약을 체결하게 됩니다. 이 사건으로 일본은 구미 열강과 첫 만남을 시작하게 되었습니다.

페리의 흑선이 일본에 도착하기 전에 이미 일본은 내부적으로 사회구조가 매우 취약해져 있는 상태였고, 이후 1867년 쇼군의 막부가 무너지고는 천황의 왕정복고가 시작되었습니다. 이것이 메이지유신입니다. 수천 년간 이어진 일본 봉건제가 끝나고 시작된 것은 철저한 유럽 따라 하기 열풍이었습니다. 유럽을 이길 수 없다면 유럽을 배우자는, 어떻게 보면 매우 실용적이고 어떻게 보면 참 약삭빠른 전략인데, 메이지유신 정부는 정말 이 작업을 기가 막히게 잘 수행합니다. 1885년부터 경제성장이 불붙기 시작한 일본은 1895년에는 청일전쟁을 벌여 청나라를 조선에서 몰아내고 주도권을 잡기 시작했고, 1905년에는 러일전쟁을 벌여 러시아까지 패배시키는 놀라운 발전을 거듭합니다. 그 와중에 조선이 겪은 고통은 모두들 잘 아실 것입니다.

일본의 근대가 시작된 것은 미국의 위협 때문이었지만, 일본의 근대가 폭발적 성장을 한 것은 내부적인 부국강병 정책과 조선에 대한 수탈 덕분입니다. 일본의 경제성장을 이야기할 때 정말 빼놓을 수 없는 것이 바로 전쟁입니다. 일본은 2차 세계대전 전까지 자신들의 전쟁을 통해 경제력을 극도로 집중시켰고, 2차 세계대전 이후에는 남의 전쟁을 통해 자신의 경제력을 극도로 확장했다고 할 수 있습니다.

메이지유신의 결과는 수치적으로 매우 화려합니다. 당시의 초강국이었던 미국과 독일의 성장률에는 못 미쳤지만, 영국과 프랑스의 성장률은 추월한 상태였습니다. 1870년 이후 불과 30년 만에 일본 경제는 두 배 이상 성장했고, 40년 후에는 세 배로 성장했습니다. 아래의 표는 1870년대의 국민총생산 지수를 기준으로 당시의 제국주의 국가들이 얼마나 성장했는지를 보여주는 표입니다.

전쟁을 통해 성장하다

(1870=100)	1900년	1913년
미국	349	585
독일	225	330
일본	206	281
영국	184	224
프랑스	160	200

(자료: Maddison, Angus, 1989, The World Economy in the 20th Century, Paris: 찰스 킨들버거, 경제강대국 흥망사 p307)

20세기 초반 유럽 강국들의 성장패턴은 딱 정해져 있습니다. 바로 식민지입니다. 본국의 강력한 생산력을 유지하기 위해 식민지는 자원을 수탈당하고, 노동력을 징발당하고, 그 상품을 소비해주어야만 했습니다. 더이상 지구에 남은 식민지가 없어졌을 때, 그들은 서로의 식민지를 빼앗기 위해 전쟁을 벌여야 했고, 그것이 바로 제1차 세계대전입니다. 아프리카와 남아메리카, 아시아 대륙이 모두 유럽 제국들의 손에 떨어졌습니다. 그 와중에 일본은 막판 식민지 쟁탈전에 뛰어들어 이웃나라인 조선을 침략한 것입니다. 1910년 나라를 잃은 조선은 일본에 식량을 제공해주어야 했고, 일본의 공장에서 일을 해야만 했고, 일본 상품을 써줘야만 했던 것입니다. 이런 수탈의 결과를 누군가는 '식민지 덕분에 근대화되었다'라고 표현하기도 하는데, 좀더 정확히 표현하자면 '근대적 식민지화 정책에 수탈당했다'라고 하는 것이 옳을 것입니다.

일본은 조선을 식민지화하기 위해 청나라와 전쟁을 벌였고, 러시아와 전쟁을 벌였습니다. 이미 유럽과의 전쟁으로 만신창이가 된 청나라와의 전쟁에서 이긴 것도 의외였지만, 그래도 유럽의 강국이었던 러시아와 싸워 이긴 것은 정말 놀라운 사건이었습니다. 1905년 러일전쟁은 일본이 영국의 간접적인 도움을 받아 러시아를 이겨낸 사건 정도로만 알고 있지만, 사실 이 전쟁은 일본이 모든 국력을 총동원하여 간신히 이긴 전쟁이었습니다. 당시 러시아는 50만의 병력을 동원했고, 일본은 32만의 육군을 동원했습니다. 사상자 숫자만 해도 일본은 7만이 넘어설 정도로 엄청난 인력손실이 있었고, 가용예산의 전부와 청일전쟁의 배상금, 미국에서 빌린 국채까지 총동원해서 전쟁을 치러야 했습니다. 실제로 사상자 숫자는 일본이 훨씬 많았지만, 육군에게 여순항을 점령당하고 해군이 대한해협에서 참패하여 결국 일본이 이기기는 이겼습니다. 전쟁의 승패와는 무관하게 일본은 사실 더이상 전쟁을 수행할 수 없을 정도로 전 국력을 쏟아부은 상태였고, 만약 해전에서 일본이 패배했다면 아마도 일본은 러시아의 식민지가 되었을 것입니다. 일본은 구미 열강들이 종전협상을 제안하자 즉각 이에 응합니다. 사실 더이상 전쟁을 수행할 수 없을 지경이었으니까요. 러일전쟁에서 이긴 일본은 결국 조선을 식민지화하고, 이후 36년간의 식민통치를 시작하게 됩니다.

전쟁은 분명히 인력과 물자를 엄청나게 소비하는 낭비적 행위입니다. 그러나 그 과정을 통해 국가의 전력을 생산에 쏟아붓게 만드는 부수적 효과가 있습니다. 일본은 근대 초기의 전쟁을 통해 국가 전체의 생산력을 극대화시키는 경험을 했고, 이후 식민지까지 만들면서 제국주의적 성장을 지속시킬 수 있었습니다. 이런 경험은 결국 태평양전쟁의 참전까지 이어지면서 매우 끔찍한 결과로 끝이 났습니다.

1941년 일본은 느닷없이 미국 하와이의 진주만 기지를 기습 폭격합니다. 진주만 공습뿐 아니라 일본은 당시 모든 전쟁에서 선전포고 없이 전쟁을 시작하긴 했으니, 미국에 대한 기습도 낯선 것은 아니었습니다. 그러나 이렇게 당한 미국은 엄청나게 열이 받아 그간 주저하던 2차대전 참전을 즉각 결정하게 됩니다. 'Remember the Harbor'라는 구호는 진주만 폭격을 잊지 말자는 미국의 다짐이었습니다. 미국 참전으로 환호성을 지른 것은 독일의 봉쇄로 꼼짝도 못하고 있던 영국의 처칠이었고, 일본에서 이성이 조금이라도 남아 있던 사람들은 그야말로 절망했었습니다. 일본과 미국의 국력 차이는 정신력으로 극복할 수 있는 수준이 아니었기 때문입니다.

당시 뉴욕에서는 일본의 스파이들이 미국과 일본의 국력을 조사해서 보고서를 작성한 바 있습니다. 이른바 '신조 보고서'라 불리는 이 문서는 당시 일본군 스파이였던 신조 켄키치 대령이 과연 일본과 미국이 전쟁을 벌일 수 있는가에 대해 사전조사를 한 내용이었습니다. 당시 신조 대령은 미쓰이상사의 주재원으로 위장하여 뉴욕 엠파이어스테이트 빌딩에 사무실을 임대하여 3개월 동안 그야말로 방대한 내용의 자료를 취합하여 미국의 전력을 분석했습니다. 전후에 미국이 신조 대령의 보고서를 보고, 이렇게 치밀하고 정확한 자료를 만들어놓고 왜 전쟁을 일으켰는지 이해할 수 없었다고 한 기록도 있습니다.

이 보고서에 따르면 미국의 경제력은 일본에 비해 국민총생산 12배, 철강생산능력 24배, 자동차 보급률 50배, 공업노동력 5배, 석유생산량 무한정(일본제로), 석탄생산량 12배, 전력 5배, 알루미늄 8배, 비행기 보유 8배 그리고 선박보유량 2배 등으로 도저히 전쟁을 치를 만한 수준이 아니라는 것이었습니다. 그런데도 전쟁은 벌어졌습니다. 당시 신조는 "숫자는 거짓말을 하지 않지만, 거짓말은 숫자를 만든다"라는 알 듯 말 듯한 명언을 남겼습니다. 그는 진주만 폭격이 있었던 바로 그날 과로로 미국에서 숨을 거둡니다. 일본으로서는 중국과의 전쟁이 시작되고 난 이후, 목재와 석유 자원에 대한 필요가 컸고, 미국의 봉쇄망을 뚫기 위해 전쟁을 벌이고 나면 미국이 평화협정을 제안할 것이라는 말도 안 되는 기대를 품었다고 합니다. 그러나 그 결과는 여러분들이 다들 아시는 대로입니다.

미국은 러일전쟁 당시의 러시아와는 전혀 다른 국가였고, 결국 일본은 원자폭탄까지 맞고서 항복합니다. 태평양전쟁을 시작하고 나서 일본은 그야말로 총력투쟁에 나섭니다. 당시 국내총생산능력의 90%까지 군수품 생산에 뛰어들었다고 하는 통계가 있지만, 미국도 마찬가지였습니다. 미국과 일본의 전력차이는 도저히 가미가제 전술 따위로 극복할 수 없는 수준이었습니다. 당시 일본이 본토와

보고서의 작성자, 신조 대령

조선의 모든 자원을 박박 긁어서 만든 전투기가 총 7만2천 대였는데, 미국이 종전까지 만든 전투기는 무려 32만 대를 넘었습니다. 미군은 항공모함만 141대를 포함해 총 3,300만 톤의 군함 총톤수를 생산한 것에 비

해 일본은 고작 410만 톤을 생산했습니다. 일본의 군함은 이미 비행기가 지배하는 바다에서 아무 도움도 못되는 초대형 야마토 전함까지 포함한 규모였지만, 미국의 10%에도 모자란 수준이었습니다. 한마디로 미국은 무한생산이 가능했고, 일본은 총력생산을 해봤자 미군의 10%에도 미치지 못하는 전력을 가졌던 것입니다. 결국 모두 아시다시피 일본은 1945년 패망했습니다.

1945년 이전까지 일본은 한마디로 군사국가였고, 경제는 전시경제였습니다. 이를 통해 국력을 집중시키는 데에는 성공했지만 그 결과는 아시아 전역의 폐허였습니다. 전쟁이 벌어지면 국가의 GDP를 높이는 데에는 효과가 있을 수 있습니다. 국가의 모든 토지, 노동, 자본을 총동원할 수 있으니, 전쟁으로 인한 생산요소 투입 효과가 얼마나 높겠습니까? 그런데 문제는 이렇게 전쟁으로 GDP를 높여봤자 국민의 경제적 효용은 오히려 마이너스라는 점이지요. 전쟁터에 끌려가야 하고, 군수공장에서 강제노역을 당해야 하는데, 무슨 경제적 효용이 있겠습니까? 국민들이 불행해지는 판국에 GDP가 오르건 내리건 그게 무슨 소용이겠습니까? 거기다가 태평양전쟁의 가장 큰 희생자는 일본이 아니라 오히려 조선이었다는 점이 우리를 정말 분노하게 만드는 일이지요. 그리고 그 상처는 아직도 계속되고 있습니다. 여전히 정신대 할머니들은 일본의 진실한 사죄를 받지 못하고 있습니다. 전쟁국가 일본의 역사는 다시는 되풀이되어서는 안 될 것입니다.

패전 이후 일본은 더이상 전쟁을 통한 국력증진이라는 수단은 쓸 수 없게 되었습니다. 미국은 평화헌법을 통해 일본의 군사대국화를 철저히 막고자 했습니다. 물론 지금도 일본은 자위대라는 이름으로 군사 전력을 보유하고 있으며, 호시탐탐 평화헌법의 개정을 노리고 있습니다. 전쟁의 피해당사국인 우리로서는 이런 행태를 결코 용납할 수 없을 것입니다. 2차대전 종전 이후, 일본은 원자폭탄까지 두들겨 맞은 철저한 패전국이 되었습니다. 미국도 일본에 대해 엄청난 악감정이 있었으니, 일본 사정 봐주고 할 일은 없었겠지요?

종전 후, 일본은 한마디로 폐허가 되었습니다. 원자탄뿐 아니라 미군의 재래식 폭탄에도 엄청나게 당한 상태였습니다. 250만 명의 일본인들이 전쟁을 통해 사망하거나 크게 다쳤고, 전쟁 전에 비해 광공업은 30% 수준, 농업은 60% 수준으로 파괴되어 있었습니다. 국가의 산업이라 할 만한 것들이 거의 파괴되고 나니, 제대군인들은 아무런 일자리를 찾을 수 없어서 대부분 실업자가 되었습니다. 한마디로 완벽하게 파괴된 것이지요. 일본 경제가 다시 제자리를 찾기 위해서는 많은 세월이 필요할 것 같았습니다. 그런데 그때 또 일본에게 거대한 행운이 찾아옵니다. 1950년 한국전쟁입니다.

당시 일본은 극심한 경기불황에 시달리고 있을 때였습니다. 경제를 재건하고 싶어도 돈이 없으니, 기계나 원자재를 살 수도 없었던 그런 때입니다. 그런데 바로 옆 나라에서 초대형 전쟁이 터져버린 것입니다. 이번에는 이웃나라의 전쟁으로 일본의 경제가 살아날 기회를 잡은 것입니다. 우리로서는 또 어이없는 상황이 벌어진 것이지요.

한국전쟁에 참전한 미군은 지리적 이점을 가진 일본에서 군수물품을 조달하기로 했습니다. 미군은 거의 무한대로 군수품을 필요로 했고, 일본의 공장은 다시 돌아가기 시작한 것입니다. 이로 인해 일본은 절대적으로 부족하던 자본을 확충할 수 있었고, 거대한 소비시장을 공짜로 가지게 된 것입니다. 일본 때문에 식민통치를 당해야 했고, 일본 때문에 분단까지 되어야 한 우리나라는 이번에는 동족 간의 전쟁으로 일본의 경제부흥을 일으켜주게 된 것입니다. 참 역사가 비정하기도 하지요. 일본은 당시 자본재 수입수요가 엄청났기 때문에 거대한 무역적자를 보고 있었는데, 한국전 특수 덕분에 이를 완전히 개선시켜버리게 됩니다.

일본의 무역수지와 한국전쟁 특수

(단위: 백만 달러)

	1950	1951	1952	1953	1954	1955
수출	829.3	1353.5	1288.6	1257.8	1611.2	2006.4
수입	885.9	1645.3	1701.3	2049.6	2040.5	2060.8
무역수지	−56.6	−291.7	−412.6	−791.8	−429.2	−54.4
특수	153.6	624.2	787.7	803.2	602.3	505.1

이를 계기로 일본 경제는 완전히 정상궤도에 오르게 되고, 이후 1965년 베트남전쟁 때에 다시 군수품을 납품하면서 2차 특수수입을 올리게 됩니다. 일본은 자기네 전쟁으로 나라가 패망한 이후에, 남의 나라 전쟁으로 나라가 다시 일어서게 되는 역사를 가지게 되었습니다.

일본의 **부흥기**

일본 프로야구는 한마디로 말하자면, 요미우리 자이언츠와 그 외의 팀들이 경쟁하는 구도라고 해도 과언이 아닙니다. 일본 야구팬의 절반 이상이 자이언츠 팬입니다. 거인군(巨人軍, 일어로는 교진군)이라는 별명으로 불리는 이 팀은 일본의 뉴욕 양키즈 이상이라고 봐도 될 것입니다. 미디어들은 자이언츠에게 매우 편향적인 보도를 해도 다들 상관하질 않습니다. 심지어는 다른 팀의 감독이 '우리 팀의 목표는 거인군 다음의 2위를 하는 것이다'라는 정신 나간 소리를 해도, 다들 그런가보다 하고 이해해주는 식입니다. 자이언츠의 구단주는 요미우리 신문사로 일본에서 가장 큰 신문사이기도 합니다. 우리나라의 조선일보 비슷한 위치와 논조를 가지고 있지요. 워낙 사회 분위기가 자이언츠 편이다 보니, 소수의 반대파들은 그만큼 자이언츠를 엄청나게 싫어하기도 합니다. 수도인 도쿄에 굉장한 라이벌 의식을 가지고 있는 오사카에는 한신 타이거즈가 있는데, 오사카 사람들은 자이언츠가 지는 것을 보러 자이언츠 경기장을 찾는다고 하지요. 그런데 오사카 사람들 말고는 거의 전 국민이 자이언츠의 팬이라고 해도 심한 말이 아닙니다. 그런 팀에서 4번 타자를 맡은 이승엽 선수나, 자이언츠 출신으로 올스타게임까지 나갔던 조성민 선수는 정말 대단한 평가를 받을 만합니다. 우리로 치자면 선동렬과 이종범이 버티고 있는 해태 타이거즈 같은 강팀에서 외국인 타자로 4번을 배정받는 것이라 할 수도 있을 것 같습니다.

갑자기 요미우리 자이언츠 이야기를 하는 것은 일본의 고도 성장기를 이야기하기 위해서입니다. 자이언츠는 일본인들에게 그냥 야구 잘하는 팀 이상의 의미가 있습니다. 일본 야구 최강의 팀이라는 이미지도 있지만, 일본인들에게 자이언츠는 일본이라는 국가의 최고 전성기를 기억하게 만드는 힘이기도 합니다. 요미우리 자이언츠는 일본 시리즈 우승을 밥 먹듯이 했지만(총 22회), 1965년부터 1973년까지 무려 9년 동안 연속으로 시리즈 우승을 합니다. 이때는 자이언츠 최강의 전성기로 당시 왕정치(오 사다하루)와 나가시마 시게오 선수가 3번과 4번을 치면서 온갖 타격왕을 휩쓸었고, 전 세계 홈런 1위 기록(868개, 왕정치)와 한 시즌 최대 홈런기록(55개 왕정치, 이후 이승엽 선수가 56개로 이 기록을 깼음)을 세우면서 승승장구합니다.

요미우리 자이언츠의 일본 시리즈 우승 (22회)

1951·1952·1953·1955·1961·1963·1965·1966·1967·1968·
1969·1970·1971·1972·1973·1981·1989·1994·2000·2002·
2009·2012

바로 이 시기에 일본 경제는 매년 10% 이상의 성장률을 기록하면서 초고속 성장을 지속하던 때였습니다. 정부는 중화학공업을 보호육성하여 산업기반을 마련하고, 세계적인 경기호황에 완전히 몸을 맡겨서 수출드라이브를 강력하게 걸어 나갔습니다. 메이드 인 재팬의 신뢰가 세계에 쌓여갔고, 일본 내에서는 경기호황으로 1억 중산층의 신화가 만들어져갔습니다. 인구 1.3억의 일본에 중산층만 1억이라는 말은 전 국민이 중산층화 되었다는 이야기입니다. 그래프를 보시면 일본의 60년대는 거의 매년 10% 이상 성장한 시기입니다. 한국의 80년대, 중국의 2000년대와 비교해도 대단한 성장입니다.

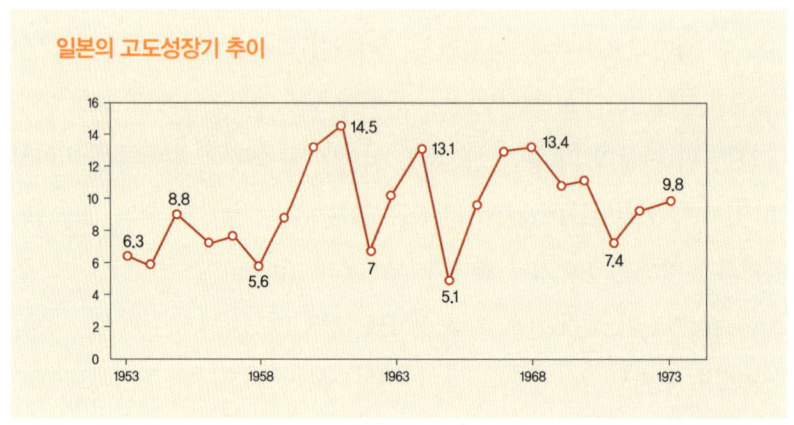

여기에 베트남전 특수라는 것이 또 더해졌지요. 한국전쟁으로 살아날 밑천을 만든 일본은 베트남전쟁에서 또다시 군수품 공급을 맡으면서 달러를 왕창 챙길 수 있었습니다. 전후 일본의 행운이 거듭되는 시기였지요.

이런 호황이 계속되던 시기를 청춘으로 보낸 세대가 있습니다. 바로 일본의 베이비붐 세대인 단카이 세대입니다. 단카이라는 말은 일본어로 덩어리라는 뜻입니다. 1945년 전후 생겨난 출산 붐으로 이 세대가 덩어리처럼 와르르 세상에 쏟아져나왔다는 의미입니다. 실제로 일본의 인구구성표를 보면 1947년부터 1949년생 출신들이 불쑥 솟아오른 모습을 쉽게 알아볼 수 있습니다. 이들 단카이 세대가 자식을 낳으면서 단카이 주니어 세대(1971~1974년생)가 만들어지기도 합니다. 이 단카이 세대가 20대를 보낸 시기가 바로 1960년대 이후 호황인 것입니다. 이들은 일본 이라는 국가가 역동적으로 성장하는 시기를 온몸으로 경험한 세대입니다. 대학에서 전공투와 같은 극렬세력을 만들어내기도 했고, 기업으로 뛰어들어가 일벌레 소리를 들으며 일하면서 일본의 성장을 이룬 세대이기도 합니다. 그리고 지금 단카이 세대는 이제 나이가 들어 속속 은퇴를 하고 있으며, 이들에 대한 부양부담은 일본 사회를 짓누르고 있는 고령화의 직접원인이 되고 있기도 합니다.

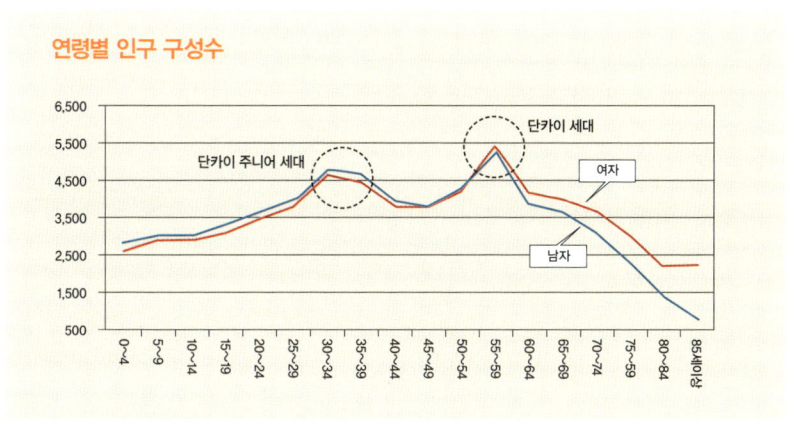

어쨌건 일본인들에게 1960년대란 황금의 시대로 불릴 만합니다. 정말 성실하게 일했고, 그래서 성과도 엄청나게 받을 수 있었고, 사회는 활력이 넘쳤습니다. 최초의 위기는 1975년 1차 오일쇼크였고, 일본은 전후 최초로 마이너스 성장을 하기도 합니다. 그러나 일본은 즉각 긴축모드로 정책대응을 바꾸어서 일본 경제의 체질을 바꿔내는 데 성공했고, 그래서 2차 오일쇼크 때는 훨씬 가벼운 경기침체로 메꿔나갈 수 있었습니다. 사실 오일쇼크는 전 세계에 충격을 주었지만, 특히 일본에게 치명적인 타격일 수 있었습니다. 에너지는 100% 해외에서 수입하고 있는 처지에서 철강 등 중화학 공업 육성에 주력해 에너지 가격 상승에 아주 민감한 경제구조를 가지고 있었기 때문입니다.

오일쇼크로 인한 일본의 경제적 충격은 정말 심각했습니다. 1974년에는 도매물가 상승률이 무려 37%에 달했고, 공업생산은 20%나 감소했습니다. 일본은 1945년 패망 이후, 최초로 실질 GNP 성장률이 마이너스를 기록한 대불황의 시기였습니다. 종신고용 구조가 확립된 일본이었지만, 이때만큼은 중화학공업을 중심으로 인력구조조정을 해야만 했고, 무역수지는 1973년 2사분기의 10.3억 달러 흑자에서, 1974년 1사분기 22.5억 달러 적자로 바뀌었습니다.

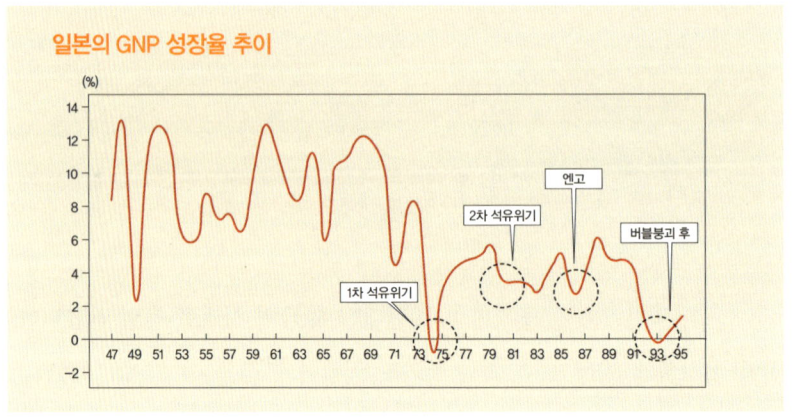

일본의 GNP 성장율 추이

일본은 오일쇼크라는 대위기 상황을 기회로 바꾸는 데 성공한 거의 유일한 국가였습니다. 이때를 계기로 알루미늄이나 석유화학과 같은 중화학공업을 구조조정하고, 전자와 기계 같은 경박단소형 산업을 성장시켜 에너지 절약형 산업구조를 만들어냈으며, 이 과정에서 수많은 기술개발을 이뤄내기도 했습니다. 일본 기업들의 이런 힘은 최근까지도 이어지고 있지요. 엔고현상으로 수출경쟁력이 바닥으로 떨어지더라도 끝없는 기술개발로 이를 이겨내는 힘은 이때부터 길러진 것입니다. 첫해의 충격 이후로 일본의 수출은 여전히 고성장을 지속했습니다. 이것이 바로 일본을 세계 2위의 경제대국으로 만들어낸 힘이라 불러도 될 것입니다.

효율적이면서도 강력한 정책을 집행할 수 있었던 정부와 즉각적인 위기대응능력을 갖춰나간 일본 기업, 일벌레처럼 열심히 일하면서 숙련기술을 익혀간 일본 노동자들 모두가 일본 경제를 일군 힘이겠지요.

당시 일본의 기술수준을 보여주는 한 일화가 바로 혼다자동차의 성공신화입니다. 오일쇼크가 터지기 전까지 미국의 자동차들은 기본적으로 8기통 엔진을 얹은 기름 퍼먹는 기계였습니다. 갑자기 세 배로 뛴 기름값 때문에 미국인들은 이 거대한 차를 끌고 주유소 앞에서 길게 줄을 서야 했고, 그제야 연비 좋은 소형차에 겨우 눈을 돌리고 있던 시기입니다. 여기에 당시 매우 심각했던 로스앤젤레스의 대기오염 때문에 캘리포니아 주정부는 무지막지한 배기가스 규제법을 제정하게 됩니다. 일명 머스키법이라 불리는 이 법안은 1970년에 제정되었는데, 1975년까지 배기가스 배출량을 1971년의 10분의 1 수준으로 낮추라는 내용이었습니다. 미국 자동차회사들은 도대체 이게 무슨 말이냐고 강력히 반발하면서, 이 법을 '엔진금지법'이라고 부르며 맹렬하게 반대 로비를 해댔습니다. 이건 도저히 인간의 기술로 이룰 수 있는 게 아니지 않느냐는 말이었습니다.

그런데 이 미션을 일본의 혼다자동차가 통과해버린 것입니다. 그것도 촉매를 달아서 배기가스를 줄이는 것이 아니라, 엔진 그 자체의 효율성을 극도로 높이는 방법으로 이룬 것이라 더욱 세계를 놀라게 했습니다. 이때부터 일본 자동차의 신화가 미국에서 만들어지게 된 것입니다. 이제 일본 자동차는 가난한 사람들이나 타는 싸구려 소형 자동차가 아니라, 세계 최고의 기술력을 가진 자동차라는 이미지가 미국인들에게 심어진 것

2012년 주요 자동차업계 판매실적

GM	903만 대
폭스바겐	816만 대
르노-닛산	802만 대
토요타	795만 대
현대	659만 대
포드	569만 대
피아트-크라이슬러	404만 대
SAIC	401만 대
PSA	350만 대
혼다	309만 대
동펑	306만 대
FAW	260만 대
BMW	166만 대
메르세데스-벤츠	136만 대

(자료: Global Auto News)

입니다. 지금도 미국 소비자들에게 최고의 평가를 받는 자동차는 대부분 일본 차들입니다. 물론 더욱 놀라운 일은 이 대단한 혼다자동차의 규모를 대한민국 현대자동차가 뛰어넘었다는 것입니다. 2011년 기준으로 혼다자동차는 총 309만 대를 팔았는데, 현대·기아차는 무려 659만 대를 팔아치웠습니다. 혼다의 신화만큼이나 현대·기아차의 약진도 놀라운 기록인 것은 분명합니다.

새로운 위기의 탄생

　　1980년대 초반은 세계적으로 혼란한 시기였습니다. 2차 오일쇼크의 충격은 여전했고, 세계적으로 물가는 두 자릿수를 넘어들고 있던 그런 때였습니다. 무엇보다 물가 때문에 아무것도 할 수 없다고 판단한 미국은 초고강도 금리인상 조치를 때리고 있던 참이었습니다. 앞서 미국 편에서 본 볼커 미연방준비은행장이 미국 기준금리를 18%까지 올리고, 미국 국채금리가 20%를 넘어서고 있었습니다. 그래서 미국은 물가를 안정시키는 데 성공을 합니다. 그런데 이렇게 일이 쉽게만 풀리면 얼마나 좋겠습니까? 경기 안 좋으면 정부가 재정을 풀면 해결되고, 물가가 뛰어다니면 기준금리를 올리면 해결되고 하는 것은 중고등학교 교과서에도 나오는 이야기입니다. 이렇게만 된다면 경제가 얼마나 쉬운 것이겠습니까만, 문제는 반드시 대가가 따른다는 점입니다. 미국은 기준금리를 대폭 올려서 물가를 안정시킬 수 있었습니다. 그렇다면 그 대가는 무엇이겠습니까?

　　한번 생각을 해봅시다. 미국의 금리가 20%라고 합니다. 그런데 한국의 금리는 15% 수준입니다. 지갑에 돈이 좀 있다면 그 돈을 들고 어디로 갈까요? 미국 은행에 달러로 예금을 할까요? 한국 은행에 원화로 예금을 할까요? 당연히 금리를 많이 주는 미국 은행으로 가야겠지요? 그럼 무슨 현상이 벌어질까요? 누구나 돈을 들고 달러로 바꿔서 미국 은행에 예금하고 싶어한다면, 미국 달러의 가치가 높아질 수밖에 없을 것입니다. 달러 가치가 높아지면 미국 수출기업이 엄청나게 힘들어집니다. 미국 포드와 GM의 자동차 가격은 비싸질 수밖에 없습니다. 안 그래도 미국 자동차들은 오일쇼크를 맞아 연비 나쁘다고 시장의 외면을 받던 참이었는데, 이제는 가격도 비싸지게 된 것입니다. 상대적으로 일본 엔화는 가치가 떨어지고, 일본 자동차는 훌륭한 연비에 잔고장 없는 품질을 갖춘 데다가 이제는 환율 덕에 가격도 훨씬 더 싸지게 된 것입니다. 일본 자동차 기업의 미국 시장 진격이 시작된 것입니다. 물론 일본 상품의 미국 시장 폭격은 자동차뿐 아니라, 전자, 조선, 기계 등 전분야로 확산됩니다. 40년 전에는 일본 폭격기가 하와이를 공격했지만, 1980년대에는 일본 산업계가 미국 본토를 폭격한 것이나 마찬가지입니다.

이때까지 미국은 그간 무역수지가 적자 날 일이 별로 없던 나라였습니다. 세계 최고의 산업경쟁력을 자랑하는 나라에서는 수출할 물건들은 많았지만, 굳이 다른 나라에서 사올 만한 물건은 없었던 것입니다. 지금도 나이 드신 분들은 '미제 물건'에 대한 신뢰가 있으시지요. 그러나 요즘에 미제 물건 보신 적이 있나요? 그 유명한 애플 아이폰도 그냥 '캘리포니아에서 디자인'한 '메이드 인 차이나' 상품입니다. 1980년대 초반부터 시작된 미국 무역수지 적자는 점점 눈덩이처럼 불어나서, 이제는 전 세계 무역수지 적자의 60%를 미국 혼자서 감당하고 있는 지경까지 되었습니다. 그 주요한 원인은 바로 1980년대부터 시작된 미국 제조업의 공동화 현상 때문입니다.

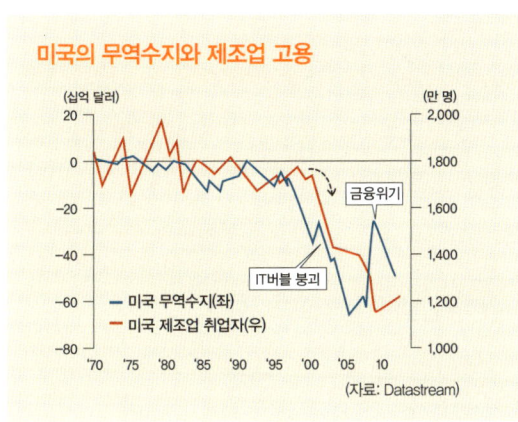

미국의 무역수지와 제조업 고용

(십억 달러)
(만 명)

금융위기

IT버블 붕괴

■ 미국 무역수지(좌)
■ 미국 제조업 취업자(우)

'70 '75 '80 '85 '90 '95 '00 '05 '10

(자료: Datastream)

미국 기업들이 환율만 문제되는 것은 아니지요. 금리가 오르면 사람들은 돈을 은행에 저금하고 소비를 줄이게 마련이지요. 그래서 물가가 안정되는 것이니까요. 그럼 당연히 기업들의 매출은 줄어들 수밖에 없을 것입니다. 거기에 고금리로 인한 이자부담도 엄청나게 늘어날 것입니다. 미국 기업들의 대수난 시대가 시작된 것입니다. 이때부터 전통적인 미국 기업들은 미국에서 공장을 철수하여 외국으로 옮기는 대탈출을 시작합니다. 그래서 생겨난 것이 미국 제조업의 공동화 현상입니다. 물론 이런 현상은 1980년대 미국에서만 일어난 일은 아닙니다. 1990년대에는 일본이 똑같이 자국의 공장들을 동남아시아로 옮겼고, 2000년대 한국도 중국으로 옮겨갔습니다. 더 싼 노동력과 더 큰 시장을 찾아 생산거점을 옮기는 것은 어떻게 보면 불가피한 일일 수 있겠지만, 문제는 본국에서는 일자리가 계속 줄어간다는 점일 것입니다.

다음 페이지의 그림을 보시면 알 수 있듯이, 80년대부터 미국의 국내고용이 급속도로 줄어갑니다. 그리고 이 격차는 2000년대 들어 엄청나게 커지고 있지요. 미국 경제는 꾸준히 성장해왔습니다만, 미국의 고용은 전혀 늘어나지 않고 있습니다. 미국 내에서도 이렇게 일자리가 줄어드는 것은 결국 미국 기업들이 외국에만 일자리를 만드는 것이 아니냐고 비판하는 목소리들이 나오고 있습니다. 실제로 디트로이트의 실직한 자동차 공장 노동자들

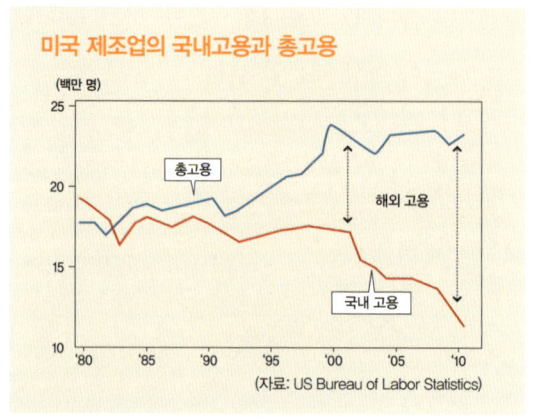

미국 제조업의 국내고용과 총고용
(백만 명)
(자료: US Bureau of Labor Statistics)

이 일본산 자동차를 때려 부수는 시위까지 벌이기도 했습니다.

　　상황이 이렇게 돌아가니 미국 정부도 조치가 필요하게 됩니다. 언제까지 2차대전 패전국인 일본과 독일에게 미국 산업이 당하고만 살거냐는 비판에 대해 미국은 아주 손쉬운 칼을 꺼내듭니다. 미국 기업이 망해가는 이유는 여러 가지가 있었지만, 가장 눈에 띄는 이유는 환율이었습니다. 일본이 이렇게 미국에 수출을 해대는 것은 엔화가 비정상적으로 싸기 때문이 아니냐? 일본이 계속 이렇게 무역수지 흑자를 내고 있으면 이제 엔고가 되어야 정상이다, 이런 비정상적인 환율문제만 해소되면 미국 제조업은 다시 활력을 찾을 것이다, 이런 논리입니다. 그래서 나온 것이 바로 그 유명한 플라자 합의입니다.

　　1985년 플라자 합의는 뉴욕의 플라자 호텔에서 경제선진국 5개국의 재무장관과 중앙은행 총재들이 만나 엔화와 마르크화의 가치를 높이고 달러화 가치를 낮추기로 한 합의입니다. 이렇게 말하니 참 평화로운 '합의'처럼 보이지만, 실제로는 미국이 일방적으로 일본과 독일에 통보하

고 강요한 사건이라 해도 좋습니다. 당시 이 회의에 참석했던 일본 재무상 미야자와 키이치는 훗날 '총만 머리에 대지 않았을 뿐이었다'라고 회고하기도 했습니다. 그만큼 미국의 압박이 거셌다는 말입니다. 플라자 합의가 이루어졌다고 발표한 다음 날 엔화 환율은 달러당 250엔에서 230엔으로 즉각 20엔이 떨어졌습니다. 실제로 플라자 합의 당시에는 엔화 가치가 약 25%쯤 오르는 정도를 예상했다고 합니다. 그러나 시장에서 엔화는 이보다 훨씬 더 올라 1988년경에는 달러당 120엔대까지 올라갔습니다. 거의 100%가 오른 것입니다. 쉽게 말해 일본 상품의 가격은 고작 3년만에 두 배가 올라야 한다는 말입니다.

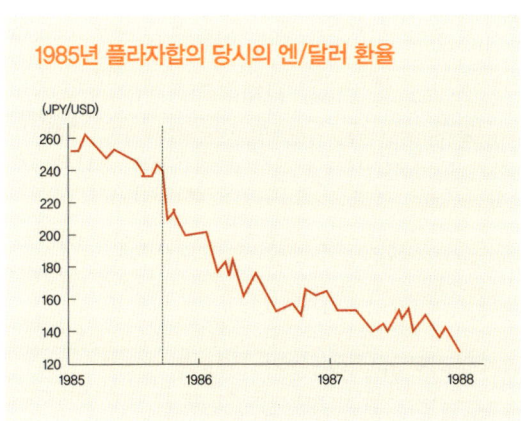

1985년 플라자합의 당시의 엔/달러 환율

(JPY/USD)

미국은 30년이 지난 지금, 중국에 똑같은 소리를 합니다. 중국 위안화 가치가 너무 저평가되어 있기 때문에 중국이 무역흑자를 기록하고 있으니, 얼른 위안화를 절상하라고 틈만 나면 중국에 대고 말합니다. 1985년의 일본은 즉각 엔화를 올렸지만, 중국은 듣는 둥 마는 둥입니다. 일본이 고분고분 말을 듣고, 중국이 미국에 코웃음을 치는 것은 여러 가지 이유가 있겠지만, 일본에는 오키나와에 미 해군이 주둔하고 있는 데 반해, 중국에는 미군이 없다는 것이 가장 결정적인 이유이겠지요.

어쨌거나 엔화 가치가 극적으로 올랐습니다. 이 사건은 이후 세계경제에 온갖 영향을 끼치기 시작합니다. 대한민국도 플라자 합의의 영향을 매우 크게 받았습니다. 3저 호황이라는 말을 들어보셨을 것입니다. 우리 경제가 한 단계 도약하는 데 아주 중요한 역할을 해주었던 1980년대 중후반기의 국제경제환경입니다. 3저란 저유가, 저금리, 저달러를 뜻합니다. 80년대가 되어 다시 미국이 국제 에너지 헤게모니를 찾아가면서 유가는 배럴당 20달러 이하로 안착하게 됩니다. 2차 오일쇼크 때에 배럴당 40달러를 넘었던 것을 생각하면 인플레를 감안하여 유가는 3분의 1 이하로 떨어진 셈이 됩니다. 여기에 미국은 1981년부터 기준금리를 대폭 인하하는 조치를 취하게 됩니다. 기업 투자의 큰 부분을 외자에 의존하던 우리 경제로서는 국제금리의 인하로 외채위기를 벗어나는 데 큰 도움이 되었습니다. 그리고 결정적인 것이 바로 저달러입니다. 이 부분은 조금 설명이 필요합니다. 플라자 합의로 엔화는 상승하고 달러화는 하락하는 추세가 만들어졌습니다. 그럼 원화와 엔화는 어떻게 변하게 될까요? 아주 쉽습니다. 우리나라는 지금까지도 일본 엔화와 직접적인 환율관계를 맺고 있지 않습니다. 달러화를 중간에 끼고 계산을 하게 됩니다. 2013년 3월을 기준으로 1달러=93엔, 1달러=1023원입니다. 그렇다면 원-엔 환율은 어떻게 될까요? 그럼 1달러당 원화 나누기 1달러당 엔화를 하면 원-엔 환율이 바로 나오게 됩니다. 그럼 1023÷93을 하면 11이 나오는군요. 100엔당 1,100원이라는 말이 됩니다. 약간의 환전 수수료가 발생하기 때문에 정확하지는 않지만 대체로 이렇게 계산하면 원-엔 환율이 나옵니다. 플라자 합의로 엔화가 올라갔다는 말은 달러화가 낮아졌다는 말이 되고, 이 말은 곧 원화도 같이 낮아졌다는 말이 됩니다.

3저 호황은 저달러라고 표시를 하지만, 실제로는 저원화라고 해도 무방합니다. 한국은 지금도 마찬가지지만, 당시에도 일본과 유사한 수출상품 구조를 가지고 있었는데, 엔화가치가 높아지고 원화가치가 낮아지면서, 한국 상품의 가격경쟁력이 아주 좋아지게 된 것입니다. 미국은 자국의 대일무역수지 적자를 해소하기 위해 달러화 가치를 낮추게 되었는데, 그 여파로 한국 원화 가치도 같이 낮아졌고, 이 때문에 한국의 수출도 대폭 늘어나게 된 것입니다. 이 3저 호황 전까지만 해도 한국은 출혈수출이 매우 많았습니다. 그런데 이제는 유가와 금리가 낮아져서 상품의 원가가 낮아지고, 거기에 원화가치까지 낮아지니 상품 가격도 더 낮게 가져갈 수 있어서 수출이 대폭 늘어납니다. 실제로 이때서야 겨우 한국은 무역수지 흑자를 기록할 수 있었습니다. 이전까지만 해도 한국은 지속적인 자본재 투자가 필요한 국가였기 때문에 무역수지는 늘 적자였습니다.

한국은 플라자 합의 덕분에 덕을 많이 봤습니다만, 일본은 어땠을까요? 이렇게 급작스럽게 환율이 변동하니, 일본 수출기업들로서는 곡소리가 날 지경이 되었습니다. 당장 수출길이 갑자기 막히는 결과가 되니 어떻게 하냐는 것입니다. 일본 정부로서는 당장 자기들이 나가서 덜컥 합의를 해준 상황이니 어떤 식으로든 기업들을 달래주어야 하겠지요? 대책은 역시 통화정책(금리인하)과 재정정책(경기진작용 재정확대)이었습니다.

일본 중앙은행은 1986년 1월 5%의 기준금리를 0.5% 인하한 것을 시작으로 해서 1987년부터는 2.5%까지 금리를 낮추고는 이를 1989년 5월까지 유지하게 됩니다. 요즘은 0% 기준금리가 흔해 빠졌지만, 당시로서는 역사상 최저 금리 수준이었습니다. 이와 더불어 일본 정부는

1987년까지 총 3회에 걸쳐
13.5조 엔 규모의 대규모 경기진
작 예산을 풀었습니다. 갑작스
러운 엔고로 경기가 나빠질 가
능성이 컸던 일본 정부로서는
불가피한 선택이었을 것입니다.

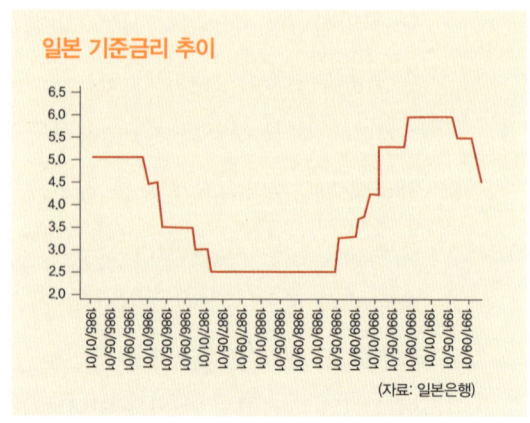

일본 기준금리 추이

(자료: 일본은행)

반면 일본 기업들은 엔
고로 인해 수출길이 막혀서 고생했어야 정상일 것입니다. 그런데 놀랍게
도 일본의 무역수지는 전혀 줄지 않고, 오히려 더욱 큰 흑자를 기록합니
다. 수출 측면에서는 엔화 베이스로 따지자면 수출이 대폭 줄어든 것으
로 나오지만 달러화 베이스로 계산을 해보면 그리 줄지 않았습니다. 수
입 측면에서는 똑같은 엔화로 훨씬 많은 상품을 수입할 수 있으니, 수입
액수는 오히려 대폭 줄어들게 됩니다. 대미무역수지 흑자는 줄었지만, 일
본은 미국에만 수출하는 것이 아니라 전 세계에 수출하는 나라입니다.
오히려 일본의 무역수지 흑자는 80년대 초반에 비해 두 배 이상 대폭 늘
어나게 됩니다.

플라자 합의 이전인 1984년에는 443억 불 수준이던 일본 무역수
지 흑자액은 1986년 이후 964억 불 수준으로 급격히 증가합니다. 이것은
일본 경제가 플라자 합의로 인한 엔고사태를 너무나 훌륭하게 극복한 것
입니다. 일본 기업들이 수출 안 된다고 난리를 친 것은 사실 엄살이었습
니다. 일본 기업들의 엔고극복 전략은 세 가지 방향으로 추진되었습니다.

엔고 당시 일본의 수출입 동향과 무역 수지

(단위: 조 엔)

	1984년	1985년	1986년	1987년	1988년
수출	40.3	42.0	35.3	33.3	33.9
수입	32.3	31.1	21.6	21.7	24.0
무역흑자	8.0	10.9	13.7	11.6	9.9
무역흑자 (억 달러)	443	560	928	964	950

(자료: 일본은행, 〈경제통계월보〉)

첫째 수출에서 내수로의 방향전환, 둘째 채산성 낮은 산업의 퇴출과 고부가가치 산업으로의 전환 가속화, 셋째 생산기지 해외이전입니다. 이 방식은 자국 화폐가치가 높아져서 수출이 어려울 때 보편적으로 쓰는 방법들입니다. 누구나 이렇게 해야 한다고 생각은 하지만, 정말 성공적으로 하는 것은 전혀 다른 문제이지요. 일본은 이를 매우 성공적으로 추진할 수 있었습니다. 달러 가치가 낮아졌다 하더라도 미국 상품은 일본을 제대로 공략하지 못했습니다. 일단 일본의 유통망 자체가 매우 복잡하고 폐쇄적이었던 탓도 있고, 미국 상품의 매력도가 일본인들에게 어필하지 못한 것도 컸기 때문에, 미국 상품의 일본 상륙은 대체적으로 실패 분위기였습니다. 일본 기업들은 내수에 신경을 더욱 쏟으면서 성공적으로 내수시장을 지켜냅니다. 여기에 엔고의 부가가치를 높여서 극복하자는 전략으로 반도체와 컴퓨터 등 첨단 상품의 경쟁력을 더욱 높여갔고, 꾸준히 생산기지를 해외로 옮겨 환율변동 위험을 피해갔습니다. 엔화 가치가 높으니 해외에 공장을 세우는 것도 훨씬 쉽게 할 수 있었습니다. 미국 전역에 일본 자동차 공장이 속속 들어섰습니다. 이제 미국 자동차 기업들은 일본산 자동차뿐 아니라, 미국산 일본 자동차와 경쟁하게 되었고, 일본 자동차는 미국 시장에서 더욱 승승장구했습니다.

일본 상품의 가격상승 요인이 엔고 때문에 생긴 것은 사실이지만, 한편으로는 원재료를 훨씬 싼값에 사올 수가 있게 되었습니다. 또 당시에는 원유 가격도 매우 낮았으니, 일본으로서는 원자재 부담이 크게 줄어들어 가격 상승을 최소화할 수 있었습니다. 또한 일본에는 세계 최고의 부품소재 기업들이 많이 있었기 때문에 다른 나라 상품으로 대체할 수 없는 상품들이 많았습니다. 지금도 세계의 거의 모든 유명 자전거에는 일본산 기어박스가 달려 있습니다. 시마노 기어라고 하면, 거의 자전거 기어의 대명사와 마찬가지죠. 일본에는 기술력으로 세계적인 독점을 만들어내는 기업들이 아주 많이 있습니다. 이런 기업들은 엔고라 하더라도 수출이 줄어들지 않습니다. 오히려 수익이 어마어마하게 불어날 수 있지요. 이런 특징은 지금도 계속되고 있어서, 엔고가 되면 일본 부품 수입이 많은 대한민국은 대일 무역적자가 오히려 늘어나는 현상이 나타납니다.

엔고가 되었으니 일본 무역수지가 줄어드는 것이 정상인데 오히려 흑자는 두 배 이상으로 늘어나 버렸습니다. 여기에 일본 정부는 저금리 정책으로 시장에 돈을 팍팍 풀어댔습니다. 어떤 현상이 벌어질까요? 기업은 수출로 돈을 벌어다 일본에 풀어놓고, 정부는 금리를 낮춰서 돈을 일본에 풀어놓습니다. 그렇습니다. 일본 전역에 돈이 넘쳐나는 상태가 된 것입니다. 일본의 위기는 미국이 플라자 합의 테이블에서 일본을 협박해서 생긴 것이 아닙니다. 오히려 일본이 플라자 합의의 위기를 너무나 성공적으로 극복해버린 것 때문에 생겨난 것입니다. 시장에 넘쳐나는 돈은 갈 곳을 몰라 하다가, 결국 부동산과 주식시장으로 해일처럼 몰려갑니다. 바로 일본의 대버블이 생긴 것입니다.

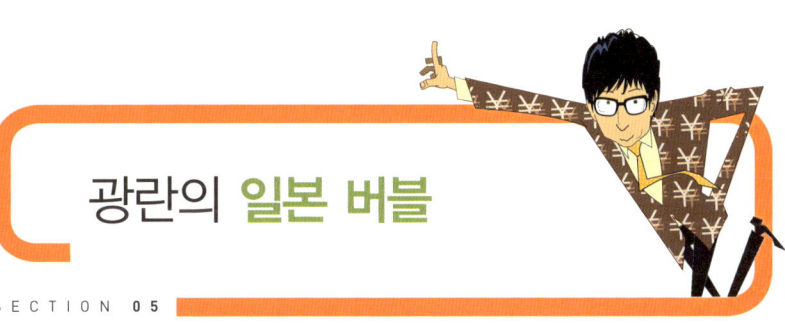

광란의 일본 버블

일본의 버블붕괴는 1990년에 있었고, 그로부터 24년이 지난 지금까지도 여전히 그 여파가 미치고 있습니다. 한마디로 일본의 버블과 그 붕괴는 일본의 경제를 구조적으로 바꿔버렸으며, 거의 한 세대를 불황의 늪으로 빠뜨려버린 것입니다. 그런데 참 허무하게도 일본의 버블은 짧게 잡으면 딱 3년간 있었던 것입니다. 그 3년간의 파티 때문에 24년 동안 뒷정리를 하고 있다는 것이니, 참 일본도 딱하다는 생각이 듭니다.

우리가 좋게 보는 일본인들의 이미지는 검소하고 예의 바르면서 성실하다는 이미지가 있습니다. 물론 일제 강점기를 생각하면 전혀 다른 이미지가 떠오르겠지만요. 그런데 일본에 거품경제가 한창일 때, 일본인들은 탐욕스럽고 앞뒤 가릴 줄 모르는 무모한 사람들이었습니다. 외국의 미술작품이나 골동품을 상상초월의 가격으로 사버리고, 끝을 모르고 뛰어오르는 주식이나 부동산을 사기 위해 어이없는 가격을 써내리는 모습은 지금의 눈으로는 도저히 이해할 수 없는 모습들입니다. 그런데 이 어이없는 일들이 2000년대 중반 미국에서도 똑같이 벌어졌고, 우리나라에서도 강남을 중심으로 한 일부 부동산 시장에서도 벌어진 일입니다. 큰 돈을 벌 수 있다는 거품경제가 찾아오면 맨 먼저 사람들의 이성부터 마비시킵니다.

일본 경제 내로 엄청난 돈이 쏟아져들어옵니다. 이 돈을 쌓아둔 은행들은 난감한 처지에 빠집니다. 은행으로서는 돈을 대출해줄 곳을 찾지 못하는 것입니다. 당시 일본에서는 금융자유화가 진전되고 있던 때라서, 기업들은 자금조달을 국내에서는 전환사채, 해외에서는 신주인수권부 사채를 이용하는 경우가 늘어났고 기업들의 은행이탈이 한참 진행 중이었습니다. 기업대출 시장을 잃어가던 일본 은행으로서는 또다른 대출시장을 찾아야만 합니다. 은행의 새로운 시장은 바로 가계를 대상으로 한 토지담보융자와 중소기업을 대상으로 한 주식담보융자입니다. 이런 대출흐름은 곧바로 투기시장으로 연결되어 부동산과 주식이 대폭등하기 시작합니다.

은행들은 거의 제정신이 아니었습니다. 창고에 돈은 쌓여가는데 대출처를 못 찾고 있으니 직원들에게 대출할당을 내리고, 은행 직원들의 가족들은 필요도 없는 대출을 받아가는 실정이었습니다. 이제 투기 붐이 일어나자 대출은 대폭발

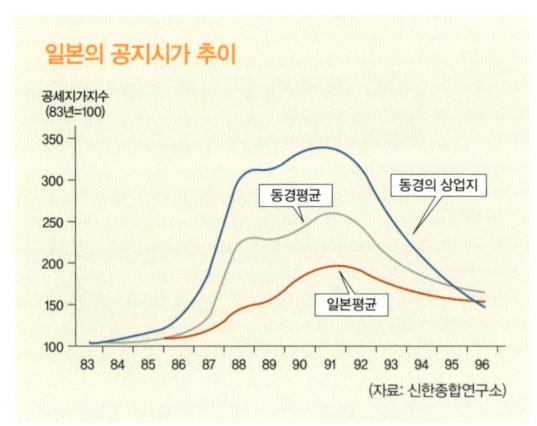

하기 시작합니다. 연간 대출증가율이 30%대를 웃도는 엄청난 증가세를

보입니다.

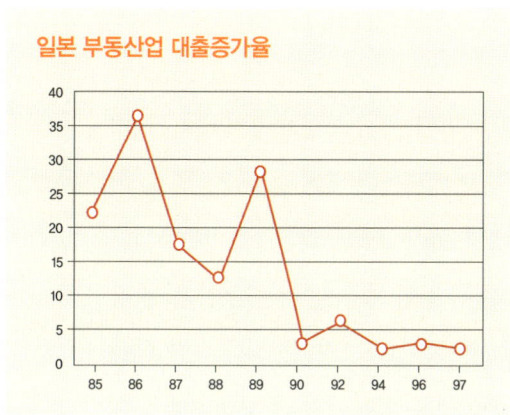

일본 부동산업 대출증가율

일본 버블 시대에는 별 별 어이없는 일화들이 수도 없이 많지만, 센 마사오의 사례가 대표적입니다. 이 사람은 우리나라의 트로트 비슷한 엔카 몇 곡을 히트시킨 가수였습니다. 2차대전 후에 몰락한 농가의 아들로 태어나서 어렵게 고등학교까지 졸업하고는 고생고생 끝에 몇 곡의 히트곡을 만들어냅니다. 검소한 생활로 돈을 모은 그는 우연한 기회로 그린벨트 땅을 사게 되었는데, 이 땅이 철도 공사로 대박이 나게 됩니다. 이후로는 그야말로 풍운아의 삶을 살게 되어서, 한때 세계에서 가장 부유한 가수로 불리기까지 했습니다. 은행은 묻지도 따지지도 않고 돈을 빌려주었고, 센 마사오의 명성이 바로 담보가 아니냐고 또 돈을 빌려줍니다. 이렇게 모은 돈으로 그는 롤스로이스를 타고 다니면서 일본뿐 아니라 전 세계의 땅을 마구잡이로 사모았습니다. 한때는 하와이의 호텔 절반이 마사오 것이라는 소문까지 돌았을 정도입니다. 센 마사오의 전성기 때 그는 무려 3천억 엔어치의 부동산을 소유하고 있었다고 합니다. 땅 하나를 사고 나면 그 땅을 담보로 돈을 빌려서 또 땅을 사고, 또 담보로 돈을 빌려서 땅을 사는 식의 땅 짚고 헤엄치기식 돈 벌기 전략을 구사했습니다. 그는 노래하는 부동산 재벌로 불렸습니다. 그러나 버블이 꺼지고 그는 1천억 엔의 빚을 가진, 세계에서 가장 빚을 많이 진 가수가 되어 파산하고 시골을 돌아다니면서 노래를 불러서 생계를 유지하고 있습니다. 이 풍운아의 삶은 『굿바이 부동산』이라는 책으로도 소개가 되었고, 우리나라 방송에서 다큐멘터리로 방영되기도 했습니다.

센 마사오의 사례는 그 규모가 가장 커서 유명해진 것이지, 이런 땅 짚고 헤엄치기식 땅 투기는 일본 전역에서 엄청나게 불어나갑니다. 전 국민이 이 버블에 어떻게든 편승하고자 마구잡이로 돈을 빌려대던 그런 시기입니다. 동경시내 한복판에서 교통순경이 보초를 서는 주인 없는 땅이 어떻게 된 일인지 은행에 저당을 잡히는 일도 벌어졌는데, 여기에는 누군지도 모르는 사람 16명이 달라붙어서 은행에서 무려 630억 엔을 대출해갔다고 하는 일도 있었습니다. 당시 일본 은행들은 1억 엔짜리 땅을 담보로 잡히면 1억 엔을 빌려주는 것은 당연했고, 어떤 경우에는 땅값 이상으로 1억2천만 엔까지 대출해주는 경우도 비일비재했습니다. 어차피 땅값은 오를 것인데, 더 대출해주어도 괜찮다는 논리였습니다. 그러니 일단 땅 한 평이라도 가지고 있으면 그때부터는 즉각 은행대출로 땅 투기에 나설 수 있는 기반이 마련되는 것입니다. 부동산이나 주식뿐 아니라, 미술품 시장까지 진출하여 전 세계 명작들을 일본인들이 싹 쓸어가는 일이 벌어졌고, 뉴욕 한복판의 록펠러센터까지 일본이 사들입니다. 금리는 최저수준을 계속 유지했고, 은행들은 넘쳐나는 돈을 주체할 수 없어서 마구잡이로 대출해주고, 이 돈을 받아든 투기꾼들은 일본 전역의 땅을 싹 쓸어간 것도 모자라서 해외 부동산까지 마구 사들입니다.

이게 고작 3~4년 동안 일어난 일입니다. 당시 일본의 금리는 2.5% 수준을 계속 유지했고, 엔화는 사상최고치를 계속 갱신하고 있었

일본 기업이 매입·투자한 미국 주요 부동산

매입시기와 물건	물건 개요	투자기업	투자액 (억 달러)
(1986년) 알코 프라자(LA) 하야트 리젠시(하와이) 엑손빌딩(뉴욕)	53층 빌딩 2개동 대형 호텔 3개동 54층 고층빌딩	슈와건설 아자부건설 미쓰이부동산	6.2 4.2 6.1
(1987년) 티슈먼 빌딩(뉴욕) 시디코프센터(뉴욕)	41층 상업빌딩 60층 고층빌딩	스미토모부동산 다이이치생명	5.0 6.7
(1989년) 록펠러센터(뉴욕)	12개동 빌딩군	미쓰비시지쇼	13.7
(1990년) 페블리치 골프장 (캘리포니아)		코스모월드	0.9

으니, 얼마나 해외자산을 사기가 쉬웠겠습니까? 물론 그때 사들였던 해외부동산은 버블 붕괴 이후에 절반 값도 못 받고 다들 토해내게 되었습니다. 미쓰비시는 1989년에 13억 달러를 은행에서 빌려 13.7억 달러에 록펠러센터를 매입했고, 버블붕괴 이후인 1995년에 절반 가격으로 다시 미국에 팔게 되었습니다. 록펠러센터는 너무 유명해서 그나마 절반이라도 건졌지만, 10% 가격으로 토해낸 부동산 자산도 부지기수였습니다.

1988년에는 하와이 와이키키 해변 호텔의 70% 이상이 일본인 소유였다고 전해집니다.

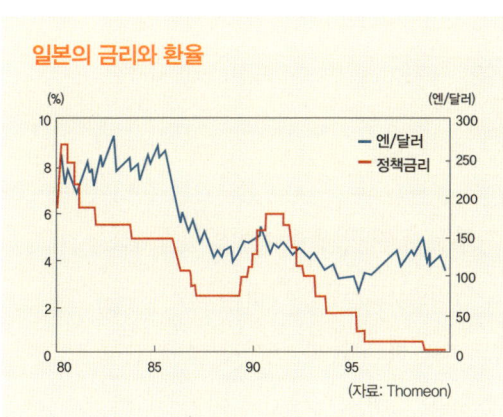

일본의 금리와 환율

(자료: Thomeon)

주식 쪽에서도 입이 떡 벌어지는 수준입니다. 1988년 기준으로 전 세계 시가총액 50대 기업 중에서 일본 기업이

33개였습니다. 1위는 당연히 일본 기업인 NTT이었고, 시가총액은 2,768억 달러였는데, 2위인 미국 IBM사의 시가총액은 고작 760억 달러였습니다. 1위부터 10위까지의 기업 중에서 8개가 일본 기업이었고, 2위 IBM과 4위 엑슨이 겨우 미국 체면치레를 해준 지경이었습니다.

불꽃처럼 타오르던 일본의 자산시장은 결국 1990년 끝이 납니다. 버블붕괴의 직접적인 원인은 일본 중앙은행의 금리인상과 정부의 융자 총량규제로 알려져 있습니다. 버블경제로 인해 물가불안이 점점 심해지고, 대폭등한 부동산 가격으로 인한 국민들의 불만이 너무나 커졌기 때문에 일본 정부도 손 놓고 볼 수 없는 지경에 이르렀고, 1989년부터 점차 금리를 올리기 시작합니다. 결국 1990년 8월에 금리를 6%까지 올리고 나서부터 자산시장은 급격히 냉각되기 시작합니다. 여기에 더해 일본 정부는 부동산업 융자 총량규제라는 정책을 시행합니다. 은행들이 융자할 수 있는 총량을 정해두고 그 이상의 대출을 그냥 금지해버리기 때문에 신규대출을 거의 불가능하게 만드는 정책입니다. 그럼 투기시장에서 새로운 투기자금이 딱 끊겨버리기 때문에 버블붕괴에는 그야말로 직효약이었습니다만, 시장에 주는 충격도 어마어마하게 되는 문제점이 있습니다. 이 정책 때문에 일본 버블붕괴의 충격이 훨씬 더 커졌다고 지금까지 비판받고 있는 정책입니다.

우리나라에서도 2006년까지 부동산 붐이 엄청나게 일었습니다. 이후 부동산 가격의 거품이 꺼져가고 있지만 일본처럼 나라가 망하는 지경까지는 가질 않았지요. 물론 아직도 여전히 부동산 문제가 남아 있지만, 일본처럼 한순간에 가격이 대폭락하는 사태는 벌어지지 않았습니다.

이것은 우리 정책당국의 대처가 일본보다 훨씬 훌륭했기 때문입니다. 일단 우리와 당시의 일본을 비교해보더라도 버블의 규모 자체가 비교할 수 없었습니다. 우리나라에서도 강남 재건축 아파트 1~2억 원짜리가 10억이 넘었다더라 하는 이야기들이 많이 돌긴 했지만 통계상으로 본다면 일본 부동산 상승률의 규모에 비하면 아무것도 아닙니다. 또 부동산 가격을 안정시키기 위한 정책적 수단도 매우 훌륭했다고 평가할 수 있습니다. 참여정부 시절에는 허구한 날 부동산 안정대책 나오고, 그게 효과가 없다고 맨날 비난을 받았지만, 그러나 쉽게 평가할 만한 것은 아닙니다. 일단 2007년 금융위기가 본격화되기 이전부터 거품이 있다는 것을 분명히 인지하고 이를 대비한 정부는 거의 대한민국이 유일했습니다. 그래서 부동산 관련 세제를 정비하고, 특히 DTI, LTV 정책을 시행했습니다. 금융위기 이후, 부동산 문제가 대한민국만큼 조용히 넘어간 나라가 없는데, 그 공은 그야말로 이 DTI, LTV 정책에 돌려도 될 것입니다.

DTI는 'Debt to Income'의 약자로, 소득에 비례해서 대출을 해주라는 것입니다. 연간소득이 1억 원인데 DTI 비율이 40%라면, 연간 원리금 상환액이 4천만 원 이내가 되도록 대출을 해줄 수 있다는 규제입니다. LTV_Loan to Value는 담보비율이라는 뜻입니다. LTV가 60%라면, 은행이 1억 원짜리 아파트를 담보로 잡았으면 6천만 원까지만 대출해주라는 규제입니다. 원래 정상적인 금융기관이라면 굳이 정부가 이렇게 상한선을 정해놓지 않더라도 알아서 심사를 하여 대출규모를 정하면 됩니다. 그런데 문제는 버블이 한창일 때는 어떤 은행도 제정신이 아니게 된다는 것입니다. 우리나라에서 DTI, LTV 규제를 한참 시행 중일 때, 우리보다 금융이 훨씬 선진적이라는 미국에서는 말도 안 되는 일들이 버젓이 벌어졌습니다. 미국 은행들은 NINJA론이라고 해서 아무런 소득도 없고no income, 아무런 자산도 없는no asset 사람들에게도 대출해주는 상품이 대유행이었습니다. 이게 우리로 보면 DTI 위반이지요. 또 부동산 담보대출 비율은 그냥 100%를 꽉꽉 채워나갔습니다. 10만 달러 아파트를 사는 데 10만 달러 대출이 가능했으니, 집 한 채 사는 데 돈이 한 푼도 안 드는 것입니다. 여기에 더해 집값이 12만 달러로 오르면 2만 달러를 추가로 더 대출해주기도 했습니다. 무조건 LTV를 100% 채워넣어야 직성이 풀렸던 것입니다. 이런 광란의 파티 결과가 바로 서브프라임 모기지 사태인 것입니다. 대한민국이 미리 DTI, LTV 규제를 실시했던 것은 정부가 이미 미국 부동산 시장의 버블을 감지하고 미리 대비를 한 것이었습니다. 그 대비 덕분에 대한민국 부동산 시장은 연착륙이 가능했던 것입니다. 향후 대한민국 부동산 시장이 어떻게 될지는 아무도 모를 일입니다. 그러나 최소한 세계적 금융위기의 한복판에서 대폭락으로 인한 금융기관의 연쇄 도산 사태는 피했다는 것만으로도 당시 부동산 정책은 충분히 칭찬받을 만하다고 생각합니다.

그러나 당시의 일본 정부는 이런 세심함이 없었습니다. 버블이 한창일 때는 버블을 더 키워가기만 하다가, 막판에는 느닷없이 초강력 정책을 내세워 정말 버블 대폭발을 일으켜버린 것입니다. 갑작스러운 대폭락으로 금융기관들은 엉망진창이 되어버렸고, 갑자기 세상이 바뀌어버립니다. 급작스러운 경기침체가 왔고, 일본에서도 실업률이 치솟는 사태가 벌어집니다. 조금만 참으면 무언가 좋아질 것이라는 기대는 무려 24년이 지난 지금까지도 이루어지지 않고 있습니다.

버블 붕괴, 그 이후…

일본의 주요 경제지표

연도	경제성장률 (%)	소비자물가 지수 (%)	경상수지 (백만 달러)	실업률 (%, 계절변동 조정)
1988	6.8	0.7	79,249	2.5
1989	5.3	2.2	63,215	2.3
1990	5.2	3.1	44,078	2.1
1991	3.3	3.4	68,204	2.1
1992	1.0	1.6	112,574	2.2
1993	0.2	1.3	131,637	2.5
1994	1.1	0.6	130,255	2.9
1995	2.0	(0.1)	111,044	3.1
1996	2.7	0.1	65,792	3.4
1997	1.6	1.9	96,814	3.4
1998	(2.0)	0.6	118,749	4.1
1999	(0.1)	(0.3)	114,604	4.7
2000	2.9	(0.8)	119,660	4.7
2001	0.2	(0.7)	87,798	5.0
2002	0.3	(0.9)	112,447	5.4
2003	1.4	(0.3)	(522,101)	5.3
2004	2.7	0.0	(640,149)	4.7
2005	1.9	(0.3)	(754,848)	4.4
2006	2.4	0.3	(811,486)	4.1
2007	2.1	0.0	(738,641)	3.9

(자료: Bloomberg)

연간 5~6%대를 오르 내리던 경제성장률은 1~2%대로 떨어지고, 소비자물가는 오히려 내리막길입니다. 여기에 완전고용상태를 유지하던 일본 경제에서도 실업률이 5%대로 치솟아갔습니다. 전형적인 디플레이션(경기침체)입니다.

일본 정부도 놀고만 있었던 것은 아닙니다. 경기침체 시에 필요한 정책이란 정책은 다 썼습니다. 기준금리를 내리고, 국가재정을 풀어서 온갖 재정사업을 벌이고, 부실기업을 정리해나갔습니다. 그런데도 일본의 불황은 끝없이 이어졌습니다. 도대체 일본은 왜 이렇게 오랜 기간 동안 불황을 겪어야 했을까요? 몇 가지 이유가 있습니다.

첫 번째로는 일본의 버블이 정말 너무너무 컸기 때문입니다. 버블로 날아간 자산의 크기는 약 1500조 엔 수준으로 알려져 있습니다. 일본의 연간 GDP가 500조 엔 규모입니다. 연간 GDP의 세 배 규모의 자산이 날아간 것입니다. 연봉이 5천만 원인 집에서 주식투자와 부동산 실패로 1억5천만 원을 날려버렸다고 생각해보십시오. 일단 날려먹은 돈의 규모가 너무 크기 때문에 그 집안이 정상화되는 데도 오랜 시간이 걸릴 것은 분명합니다. 전 세계를 뒤흔든 2008년 서브프라임 모기지 사태 때, 미국의 자산 감소분은 약 13조 달러 수준이라고 합니다. 미국의 연간 GDP는 14조 달러 수준이기 때문에 90% 수준입니다. 단순비교만 한다면, 일본의 자산버블 붕괴는 미국의 서브프라임 사태보다 나라에 주는 충격이 세 배 이상으로 큰 것입니다. 이 정도의 자산 감소를 겪고서도 나라가 완전히 망해버리지 않은 것은 나름 일본 경제의 힘이라고 해도 될 정도입니다.

둘째로는 일본도 저성장기 경제로 구조가 바뀐 것입니다. 국가경제도 규모가 작을 때는 10%가 넘는 초고성장이 가능하지만, 어느 정도 규모가 커지고 나면 그런 성장은 불가능해집니다. 미국 경제가 2000년대 중반에 그렇게 호황이었다고 하지만 성장률은 4%를 넘기기 힘듭니다. 또 일본은 이미 인구보너스 시기를 넘어 고령화 사회로 진입한 것도 저성장의 큰 원인입니다. 앞서 말한 단카이 세대는 산업역군 시기를 넘어 은퇴

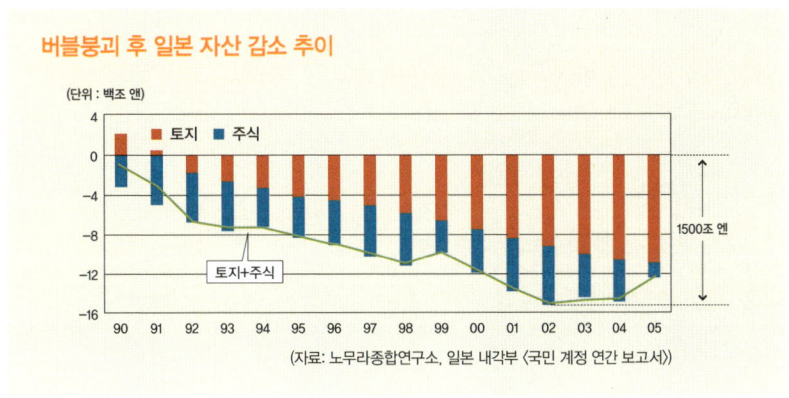

버블붕괴 후 일본 자산 감소 추이

(단위 : 백조 엔)

■ 토지 ■ 주식

토지+주식

1500조 엔

'90 '91 '92 '93 '94 '95 '96 '97 '98 '99 '00 '01 '02 '03 '04 '05

(자료: 노무라종합연구소, 일본 내각부 〈국민 계정 연간 보고서〉)

자금 수령인으로 변해 있습니다. 이들은 소비를 극단적으로 줄이면서 노후생활을 유지해가야 하는 세대입니다. 젊은 층에서도 이들을 부양해야 하는 책임이 있기 때문에 역시 소비를 마음껏 할 수 없는 문제가 있습니다. 산업구조가 고도화되고, 고령화가 진척됨에 따라 일본 경제는 구조적으로 저성장이 불가피해진 면이 있습니다. 일본의 버블이 붕괴된 시점이 일본의 핵심 노동인구가 최정점에 이른 시점과 똑같다는 점도 큰 의미가 있습니다. 커질 대로 커진 자산버블을 받아줄 후속세대가 줄어든다는 것은 곧 거품이 꺼진다는 말과도 같기 때문입니다.

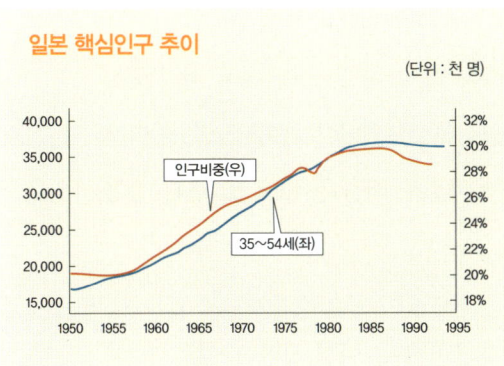

일본 핵심인구 추이

(단위 : 천 명)

인구비중(우)

35~54세(좌)

이런 현상은 미국에서도 벌어진 일이고, 대한민국에서도 똑같이 벌어질 수 있는 일이라는 경고의 목소리가 큽니다. 일본이 1990년에 겪은 노동 가능인구의 감소를 대한민국도 2015년에 겪게 될 것이기 때문입니다. 일본 경제의 구조적 위기는 대한민국도 똑같이 맞을 수밖에 없습니다. 미리 예고된 위기를 준비 없이 두들겨 맞아서는 안 되겠지요.

셋째로는 일본의 불황이 대차대조표 불황이라는 형식을 띠고 있기 때문입니다. 말이 좀 어려운데요. 쉽게 설명하면 이렇습니다. 거품이 꺼진 시기의 한 회사를 생각해봅시다. 부동산 투자를 주업으로 하는 이 회사는 100억 엔의 돈을 빌

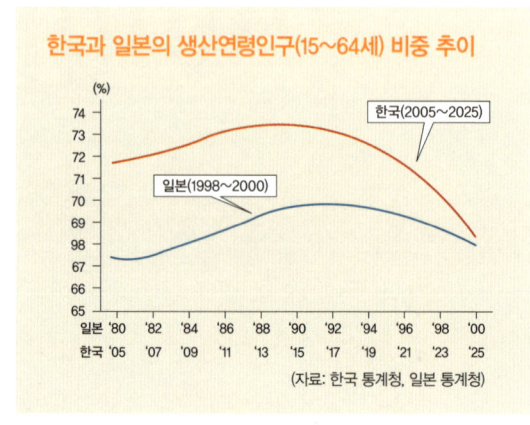

한국과 일본의 생산연령인구(15~64세) 비중 추이

(자료: 한국 통계청, 일본 통계청)

리고 자기 돈 100억 엔을 합쳐서 200억 엔짜리 토지를 사두었습니다만, 부동산 거품 붕괴로 이 땅은 지금 70억 엔밖에 되질 않습니다. 극단적인 예가 아니라, 실제로 일본에서 비일비재했던 일입니다. 처음 땅을 살 때 이 회사의 자산은 총 200억 엔이고, 부채와 자기자본은 100억 엔씩으로 균형이 맞아 있었습니다. 그런데 거품이 꺼지고 나니, 자산은 70억 엔인데 부채는 100억 엔이고 자기자본은 오히려 마이너스 30억 엔인 상황으로 변해버린 것입니다. 은행이 이 회사에 돈을 갚으라고 요구하면 그대로 부도가 날 수밖에 없습니다. 가진 땅을 다 팔아도 30억 엔이 비니까요. 이 회사는 이제 무슨 일이든 해서 열심히 돈을 벌어 마이너스로 떨어진 자기자본을 메꿔야만 합니다. 그동안 새로운 대출은 꿈도 못 꾸는 상황이 벌어지게 됩니다.

이해를 돕기 위해 예로 든 상황이지만, 이런 상황은 일본 전 기

업들에게 공통적으로 벌어집니다. 굉장히 우수한 기술력을 가진 제조업 회사들도 부동산과 주식에 투자했다가 망해버린 일은 수두룩하게 있었던 일입니다. 기업들이 돈을 빌려서 투자를 하지 않으니, 경제가 전반적으로 침체를 벗어날 수가 없는 것입니다. 일본 기업들은 그냥 늘 하던 대로 열심히 물건 팔아서 속으로 열심히 빚을 갚기만 하는 것입니다. 이 빚을 다 갚는 데에 엄청난 세월이 흘러버린 것입니다. 대차대조표 불황의 자세한 내용은 리처드 쿠 박사의 『대침체의 교훈』이라는 책에 잘 설명되어 있습니다.

네 번째로는 정부의 정책대응 실패입니다. 일본 정부는 불황이 닥치자, 교과서대로 금리를 낮추고 재정사업을 팍팍 벌였습니다. 이런 방향이 틀렸다는 것이 아닙니다. 두 가지가 문제입니다. 재정적자가 너무 크게 불어나자 조금만 경기가 호전되면 다시 재정을 건전화해야 한다는 압박감에 시달려서 재정정책을 줄이는 우를 범한 것이 첫 번째 잘못입니다. 정부가 재정을 풀다가 어느 순간에는 다시 재정을 죄는 방향전환을 하게 되는데 이것을 출구전략이라고 부릅니다. 그런데 이 출구전략을 너무 일찍 시작하면 그나마 조금 경기가 풀렸던 것이 다시 얼어붙게 되는 현상이 발생하는데 이것이 일본에서 벌어진 일이라는 것입니다. 그래서 2008년 금융위기 이후에도 어느 나라도 섣부르게 출구전략을 시행하지 못하고 있습니다. 이러다가 또 불황이 닥치면 정말 답이 없다는 생각이지요. 또 정부의 재정사업이 규모도 작고 너무 비효율적으로 이루어졌다는 비판이 있습니다. 재정사업 문제로 가면 정말 일본 정부는 열심히 했다 싶습니다. 10년 동안 무려 130조 엔이 넘는 돈을 퍼부었습니다. 그런데도 규모가 작다니요. 미국의 경제학자들은 일본의 자산붕괴 수준에 비추어보자면 오히려 이 정도도 규모가 작다고 평가합니다. 경기를 자극하기에는 부족했다는 말입니다. 여기에다가 재정사업들이 정말 도움 안되는 쓸데없는 사업에 쓰였다는 것도 문제입니다. 교통량도 없는 곳에다가 고속도로를 뻥뻥 뚫어대고, 지방마다 별별 테마파크를 만들어서 망해나가는 일이 수없이 벌어졌습니다. 일본 경제의 장기적 발전을 위한 사업들에 쓰였다면 훨씬 좋았을 것이라는 반성이 큽니다.

버블붕괴 후 일본의 주요 재정정책 추이

연도	주요 정책	효과
1992년 3월	공공사업의 75% 선집행 (재정적자 확대 우려)	주가급락, 경기침체, 세수감소로 오히려 재정적자 확대
1992년 8월	10.7조억 엔의 종합 경기대책	1993년까지 주가와 경기 일시적 회복 (엔고, 네오콘 의혹으로 재차 하강)
1994년 2월	15.3조억 엔 경기대책 (5.5조억 엔 소득세 감세 포함)	경기 일시적 회복
1994년 후반기	일시적 경기회복에 따른 금리인상 움직임	1995년까지 고베대지진, 사린가스 사건, 금리인상 움직임으로 경기와 주가 하강
1995년 9월	금리 0.5%로 인하, 14.2조 엔 경기의 경기부양책	1996년 경기회복
1997년 4월	경기회복으로 재정건전성 위해 소비세율 인상 단행	소비위축, 투자감소로 성장률 마이너스 진입, 신용경색강화, 기업도산으로 이어짐
1998년 4월	공공사업 7.7조 엔, 감세 4.6조 엔, 토지대책 2.3조 엔 규모 대책	경기후퇴지속, 하시모토 내각 퇴진계기
1998년 11월	17조 엔 경기대책, 재정구조 개혁법 동결 (재정건전성 유보조치)	일본경기 서서히 회복조짐, 그러나 일시적인 효과
2000년 10월	신발전 정책, 11조 엔 규모	일시적 회복 후 경기하강

일본, 어디로 갈 것인가

일본의 앞날을 긍정적으로 보는 학자들은 여전히 소수입니다. 수십 년간 불황을 견뎌온 힘을 높이 평가할 수도 있지만, 한편으로는 수십 년 동안 계속 제자리걸음이라는 것도 문제가 있으니까요. 일본에게 남겨진 과제는 어떤 것이 있을까요? 일본이 풀어야 할 숙제를 정부, 기업, 가계의 몫으로 나누어서 생각해보겠습니다.

가장 심각한 문제는 바로 정부입니다. 버블붕괴 이후, 가계와 기업은 무너져버린 자산 때문에 아무것도 할 수 없었습니다. 남은 것은 오로지 정부가 열심히 돈을 풀어서 불어난 구멍을 메꾸는 수밖에 없었습니다. 그래서 남은 것은 일본의 거대한 적자입니다.

다음의 표는 일본 은행의 대차대조표를 간단하게 요약해서 보여주고 있는데요. 1988년과 2006년의 가장 큰 차이는 민간부문 신용이 공공부문 신용으로 엄청 많이 이전했다는 것입니다. 1988년에는 592조 엔이었던 민간신용이 거의 20년이 흐른 후에도 오히려 100조 엔이나 줄

어버린 것입니다. 그 빈자리는
모두 공공부문 신용이 메꾸고
있습니다. 쉽게 말해 정부가 돈
을 풀어서 저 빈자리를 다 메꿔
버린 것입니다. 물론 그 덕분에
정부의 재정에는 피멍이 들었겠
지요.

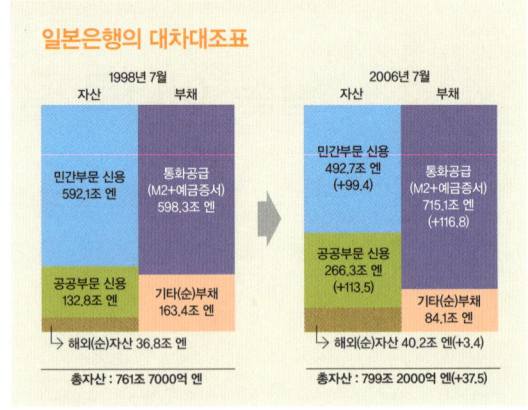

아래의 표는 대공황 당
시의 미국 은행 대차대조표입니
다. 일본의 표와 비교해보면 무
엇이 다른지를 알 수 있습니다.
일단 가장 큰 차이는 1933년의
총자산 규모 자체가 엄청나게 줄
어든 것입니다. 불과 4년 만에
총자산이 454억 달러에서 330억
달러로 거의 3분의 1이 없어져버

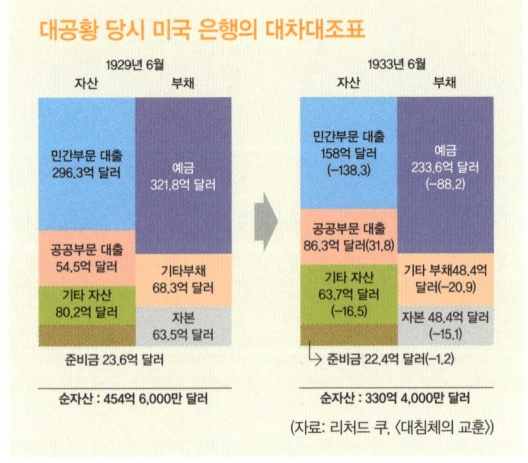

렸습니다. 이 말은 미국의 경제규모 자체가 이런 식으로 확 축소를 해버렸
다는 뜻입니다. 이런 일이 벌어진 것은 정부가 재정을 통해서 빈 구멍을
메꾸지 못해서 그런 것입니다.

　　　　일본이 그동안 수도 없이 온갖 재정정책을 펼치고, 그래서 쓸데
없는 곳에 돈을 쓴다고 욕을 먹어왔지만, 바로 그 정책들 때문에 일본이
버틸 수 있었던 것입니다. 정부라는 축이 무너져내리면, 그때는 불황이

아니라 정말 공황이 찾아오고 경제시스템 자체가 무너져내리는 수가 생길 수도 있습니다. GDP의 세 배가 넘는 자산손실을 겪고도 공황으로까지 치닫게 하지 않은 것은 일본 정부의 필사적인 노력 덕분이라고 해도 좋을 것입니다.

이로 인해 일본의 가계와 기업은 수십 년의 불황을 견디면서 차츰 정상을 찾아갔습니다만, 정부 재정은 그야말로 만신창이가 되어버렸습니다. 전 세계에서 GDP 대비 국가부채 비율이 가장 높은 국가가 바로 일본이 되어버린 것입니다. 유럽에서 제일 문제가 되고 있는 그리스보다도 심각하니 더 무슨 말이 필요하겠습니까? 일본 정부는 2010년 한 해 81조 엔을 세출로 썼는데, 이 중에서 세입은 고작 37조 엔밖에 안 되고, 나머지는 모두 국채를 발행해서 돈을 빌려야 했습니다. 세금으로 걷는 액수보다 국채를 발행해서 빌려 쓰는 돈이 더 많은 그야말로 기형적인 구조가 되어버린 것입니다. 더 눈물 나는 것은 이렇게 쓰는 돈 중에서 매년 20조 엔은 그냥 국채 원리금 갚는 데 써야 한다는 것입니다. 한마디로

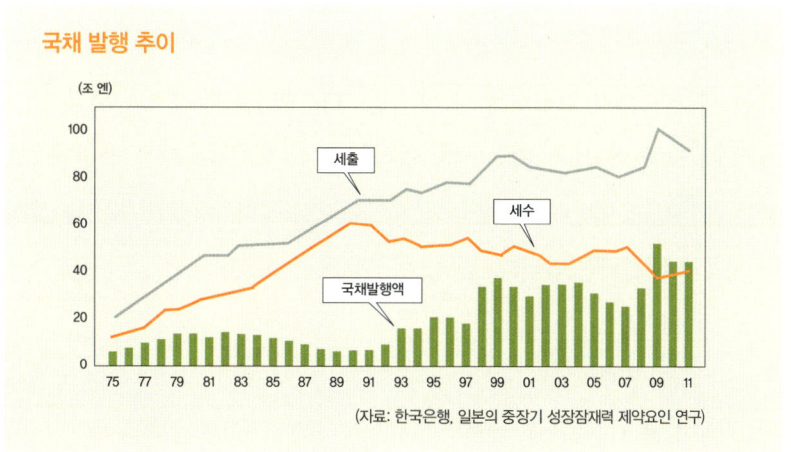

국채 발행 추이

(조 엔)

(자료: 한국은행, 일본의 중장기 성장잠재력 제약요인 연구)

일본 정부는 이제 빚더미에 눌려 살고 있다는 것입니다.

일본 재정이 이렇다 보니, 국가부채는 차곡차곡 쌓여서 이제는 연간 GDP의 두 배를 훨씬 넘는 수준까지 발전해버렸습니다.

물론 국가부채를 해결할 방법은 있습니다. 그것도 아주 간단합니다. 세금을 올리면 됩니다. 일본은 기업에 부과하는 법인세는 세율이 약 40% 정도라서 지금도 꽤 높은 편이라 올리기 힘들지만, 소비세(부가가치세)는 5%밖에 안 되기 때문에

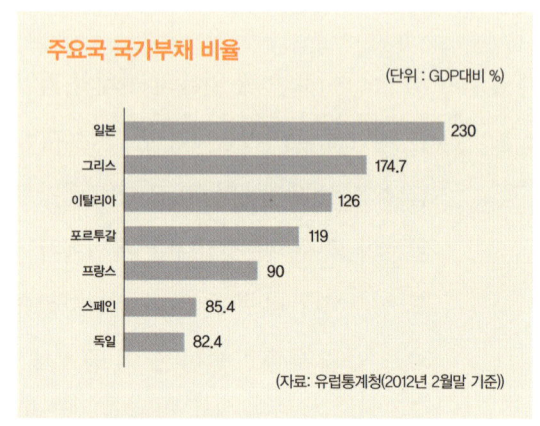

주요국 국가부채 비율

(단위 : GDP대비 %)

일본	230
그리스	174.7
이탈리아	126
포르투갈	119
프랑스	90
스페인	85.4
독일	82.4

(자료: 유럽통계청(2012년 2월말 기준))

항상 선거 때만 되면 이 소비세 인상 문제가 쟁점이 됩니다. 물론 소비세를 올리자고 주장하는 정당이 있으면 바로 선거패배입니다. 선거만 지는 것이 아니라, 안 그래도 내수가 위축될 대로 위축된 일본에서 소비세를 올리면 내수가 더 무너질 수 있어서 이 손쉬운 방법을 쓰기가 아주 어려운 면이 있습니다. 두 번째 방법은 말로 하기는 더 쉽습니다. 경기가 살아나면 세금이 많이 걷히니까 다 해결됩니다. 경기를 살리려고 세금 많이 써서 이 모양 이 꼴이 되었는데, 경기를 살리면 재정문제가 해결된다고 하는 소리는 동어반복밖에 안 되는 말이긴 합니다. 어쨌건 경기를 살리면 문제가 해결되긴 합니다.

국가부채 때문에 나라가 부도 직전까지 몰렸던 그리스는 국가부채 비율이 약 174%인데, 일본은 230%입니다. 그런데 일본은 별 이야기

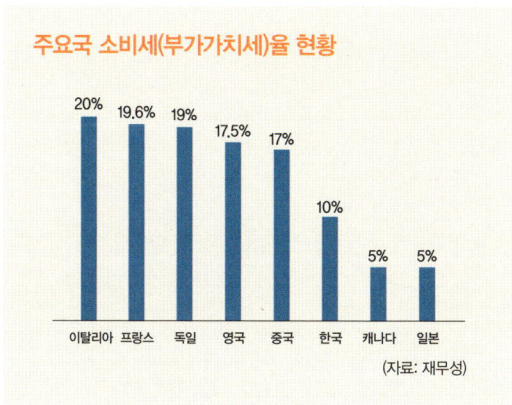

주요국 소비세(부가가치세)율 현황

20% 19.6% 19% 17.5% 17% 10% 5% 5%

이탈리아 프랑스 독일 영국 중국 한국 캐나다 일본

(자료: 재무성)

가 없고 그리스는 세계적으로 난리가 났습니다. 이것은 국채를 누가 사주느냐 차이 때문에 발생하는 문제입니다. 그리스의 국채는 대부분 유럽의 다른 나라들이 사주었기 때문에 외국 자본이 빠져나가면 바로 부도위기가 찾아오지만, 일본 국채는 세계적으로 인기가 정말 없어서 일본 국민들이 대부분 사줍니다. 일본 국채 금리가 1% 수준이니 누가 이런 이자 받으려고 일본 국채를 사겠습니까? 한편으로는 이런 초저금리 국채라도 살 게 없어서 꾸준히 사는 일본 국민들도 대단하다 싶기는 합니다.

어쨌건 이런 식의 구조를 계속 끌고 갈 수는 없습니다. 특히나 이제는 정말 일본의 화수분 같던 가계자산도 점점 턱에 차고 있습니다. 일본 국채는 일본 가계자금으로 산다는 것이 지금까지의 공식이었습니다. 그런데 국채잔고가 너무 불어나다 보니, 일본 가계자산으로도 메꿀 수 없는 수준이 곧 다가오게 됩니다. 일본 국민들이 일본 국채를 사주지 않는다면 전 세계 어디에도 일본 국채를 사줄 사람은 없습니다. 그렇다면 그때는 정말 일본도 그리스 같은 국가부채 위기를 맞게 될 가능성이 생기는 것입니다. 시간이 얼마나 남았을까요? 일본 정부도 정말 결단을 해야만 할 시간이 점점 다가오고 있습니다.

지금은 일본의 금리가 십수 년째 제로금리 수준이라서 국채 이

자부담이 매우 적습니다만, 금리라는 것은 언제 오를지 모르는 일입니다. 빚더미가 불어나서 좋을 일은 없습니다.

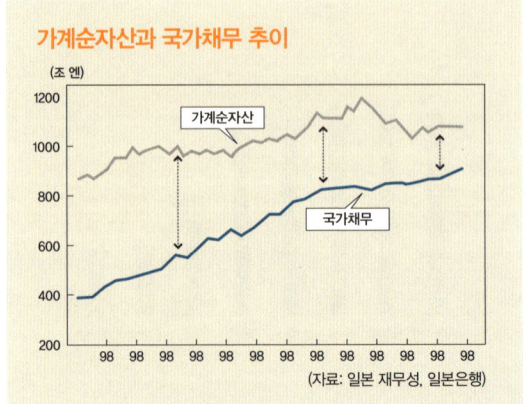

가계순자산과 국가채무 추이

(조 엔)

(자료: 일본 재무성, 일본은행)

일본 기업의 경쟁력 상실

아주 오래 전 이야기도 아닙니다. 불과 10년 전에 삼성은 소니를 따라잡겠다고 공언을 한 바 있습니다. 이 패기 넘치는 선언을 듣고, 다들 용기 있다고 칭찬은 해주었지만, 속으로는 그게 과연 될 법한 이야기냐는 생각을 하지 않은 사람은 드물었습니다. 소니는 당시 단연 세계 최고의 전자기업이었으니까요. 그런데 지금 삼성은 소니를 따라잡는 정도가 아니라, 소니를 우습게 보는 수준까지 성장해버렸습니다. 브라운관 TV 시절의 소니는 트리니트론 방식으로 세계 최고였고, LCD TV가 처음 시장에 나왔을 때는 샤프의 LCD가 최고라는 평가를 받았습니다. 그런데 지금 소니는 삼성에 LCD 패널을 수입해서 팔고 있고, 샤프는 삼성에 지분을 팔아야 하는 지경이 되었습니다. 이제 평판TV 시장에서 세계 1위와 2위는 모두 한국 기업이 차지하고 있습니다.

자동차 업계에서도 마찬가지입니다. 원래 현대자동차는 미쓰비시 자동차의 기술을 수입해서 차를 만들어왔습니다. 그 와중에도 꾸준히 독자기술을 개발해오던 현대자동차는 이제 세계 5위의 자동차 회사

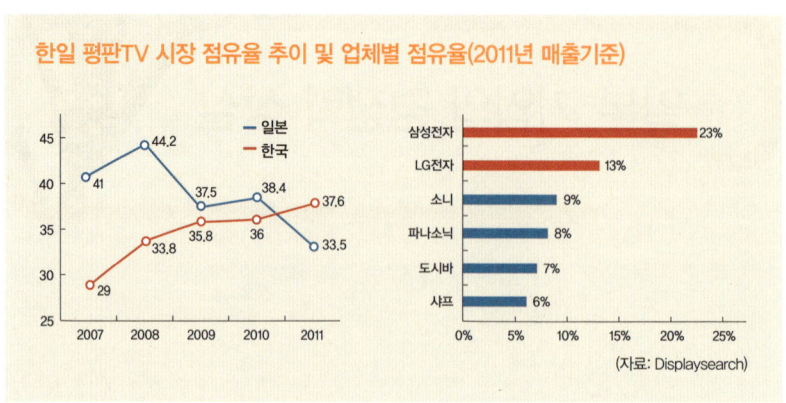

한일 평판TV 시장 점유율 추이 및 업체별 점유율(2011년 매출기준)

(자료: Displaysearch)

가 되었지만, 미쓰비시 자동차는 지금 계열사의 지원이 아니라면 망하기 직전 수준까지 추락해버렸습니다. 2011년 기준으로 현대자동차가 연간 660만 대를 판매하는 동안, 미쓰비시 자동차는 110만 대를 팔았습니다. 여전히 토요타자동차는 세계 1위를 고수하고 있지만, 현대자동차는 토요타를 제외한 나머지 모든 일본 기업을 추월한 상태입니다.

　물론 아직까지 일본 기업의 경쟁력은 대단히 높다고 평가하고 있습니다만, 많은 분야에서 한국과 중국에 비교우위를 빼앗기고 있는 것은 사실입니다. 특히 대한민국은 일본이 강점으로 있던 조선과 자동차, 반도체 분야에서 압승을 거둔 상태입니다. 세계 최강이라 불리던 부품산업에서도 한국 기업들은 대단히 선전하고 있습니다. 흔히들 우리나라가 일본과 중국 사이에서 샌드위치 신세가 되었다고도 하고, '너트 크래커' 즉 호두까기 인형 사이에 끼인 호두 같다고도 말합니다. 이런 말은 언론에서 자극적으로 쓰는 말이니 그리 신경 쓰지 않아도 됩니다. 전 세계 어느 나라가 샌드위치 신세 아닌 경우가 있겠습니까? 또한 지금까지 대한민국은 오히려 일본이라는 호두를 깨면서 커온 국가이며, 중국이라는 나라를 가장 잘 활용한 국가이기도 합니다.

일본 기업의 저력은 여전히 있습니다. 그 무시무시한 엔고를 이겨내면서 엄청난 원가절감을 이루었고, 결과적으로 망하지 않았다는 것입니다. 지금은 또다시 핵발전소 사태로 에너지 비용 상승으로 고통받고 있습니다만, 엔고 환경이 바뀌고 난 후에는 어떤 모습을 보일지 모르는 일입니다. 어쨌거나 일본 기업들이 다시 경쟁력을 회복해야만 일본 경제가 살아날 희망을 품을 수 있습니다.

그런데 세계 최고의 경쟁력을 지녔던 일본 기업들이 왜 이렇게 무너지게 되었을까요? 지금도 여전히 핵심기술을 보유하면서 압도적인 기술우위를 자랑하고 있는 기업들이 그렇게나 많은데 말입니다. 왜 일본 기업들은 이렇게 실패에 실패를 거듭하고 있을까요?

대표적인 기업이 바로 소니입니다. 소니의 몰락 원인은 수십 가지가 있겠지만, 간단하게 요약해보면 콜롬비아 영화사 인수 이후의 실패와 플레이스테이션3의 실패, 그리고 LCD TV 산업 진출 실패 정도를 들 수 있을 것입니다. 누구 탓할 것도 없이 소니가 제대로 대응을 못해서 그런 것이 맞기는 합니다. 그렇다고 한때의 최강 전자기업 소니가 이렇게 약해진 것이 '그냥 소니가 못해서'라고 설명하면 그만일까요? 소니 한 기업만이 아닙니다. 파나소닉, 히다치, 샤프 등 전자기업들이 전부 이런 신세가 되었고, 토요타와 혼다를 제외한 일본 자동차 기업들도 엄청난 적자에 시달리고 있습니다.

이런 이유의 근간에는 '대장성을 중심으로 한 정부주도의 산업 발전 전략의 한계'가 있지 않나 생각합니다. 물론 대장성은 2001년 폐지되고 재무성으로 권한을 넘겼습니다. 그러니 그 이후 일본 기업들의 쇠락과 대장성을 직접 연결시키기에는 무리가 있습니다. 그러나 대장성 중심의 산업발전 전략은 분명히 일본 경제의 한 축으로 작용했고, 그 이후로도 영향을 끼쳤습니다.

대장성은 일본어로 큰 창고라는 뜻인데, 1868년 메이지유신 때 생긴 부처입니다. 그러니 2001년 폐지 때까지 무려 132년간 유지되어온 것입니다. 일본 최고최대의 부처로 기능하면서, 국가예산의 관리 및 기획, 조세정책, 금융행정을 모두 통괄했으며, 국가의 재정정책 전반을 실질적으로 결정하는 부처였습니다. 한마디로 일본 정부 그 자체라고 해도 과언이 아닐 정도입니다. 대장성 관료라고 하면 일본 최고의 엘리트를 의미했으며, 이들은 국가경제를 이끈다는 자부심으로 살아왔습니다. 대장성의 계획 아래에서 일본의 발전전략들이 수립되었고, 기업들도 이를 충실히 따라왔습니다.

그런데 어느 순간부터 이 대장성의 작전이 잘 먹히지 않게 되었습니다. 일본 전자업계가 IBM의 메인프레임 컴퓨터를 따라잡겠다고 수십 년을 노력해서 겨우 성공하는가 싶었더니만, 메인프레임 분야가 아예 방향을 틀어버리고는 PC와 유닉스의 전성시대가 열려버렸습니다. 일본 TV 산업이 전 세계를 휩쓸면서 더욱 뛰어난 브라운관 TV를 만들고 있었는데, 언제부터인가 갑자기 세상은 LCD의 세계로 바뀌어버렸고, 아무도 뚱뚱한 브라운관 TV를 사지 않게 되었습니다. 플레이스테이션과 게임보이의 대성공으로 콘솔 게임기의 시대가 활짝 열리는가 싶었는데, 갑자기 사람들은 게임기 대신 스마트폰으로 게임을 하고 있습니다. 최첨단 휴대폰의 세계는 일본이 미국과 함께 열어갔는데, 언제부터인가 갑자기 노키아라는 핀란드 기업이 휴대폰 시장을 휩쓸고 또 어느 순간에는 애플과 삼성이 스마트폰 시장을 양분하는 시대가 되었습니다. 그 와중에 일본 기업들은 어디에도 보이지 않았습니다.

지금도 대장성이 직접 산업발전 전략을 짜고 기업들에게 지시하는 시대는 아닙니다. 그러나 여전히 그 문화의 찌꺼기는 남아 있습니다. 이미 이룩한 성공에 안주하면서 안정적인 이윤을 올리는 방식이 너무 빠르게 변하는 세계에서 마구 도태되는 현상이 빈번하게 발생하는 것입니다. 변화의 속도가 가장 빠른 전자업계에서 일본 기업들이 가장 빠르게 쇠락한 것은 세상의 변화에 속도를 맞추지 못하는 문화의 문제가 아닌가 하는 것입니다. 의사결정이 너무 느리고, 한 번의 실패에 계속 연연하면서 새로운 시도를 멈칫거리는 현상은 일본 기업들에게서 자주 볼 수 있습니다. 소니가 플레이스테이션3를 내놓으면서, 기다리는 팬들을 얼마나 열 받게 만들었는지는 아직도 이야기되고 있을 정도입니다. 이랬다저랬다를 반복하면서 수없이 발매일정을 연기하고, 결국 내놓은 제품은 안정화도 안 되었고 시대적 흐름에도 맞지 않았습니다. 삼성전자가 옴니아의 대실패 이후에 즉각 갤럭시로 대반격에 나서서 결국 애플과 자웅을 겨루는 수준까지 오른 것과는 매우 대조적입니다.

일본 기업들이 그렇게 느려진 것은 아무래도 관치경제의 유산이 남아 있기 때문은 아닌가 하는 의심이 듭니다. 정부가 큰 틀을 정해주고,

방법을 알려주던 그 시기의 유산 덕분에 기업 내부에도 관료주의가 깊이 뿌리박힌 원인의 하나일 것입니다.

장하준 교수는 국가주도의 산업발전 전략을 세우는 것이 필요하다고 주장하지만, 사실 그런 전략은 일본 대장성이 가장 열심히 한 분야이고, 그 효용성은 매우 떨어져버렸다는 것이 분명합니다. 국가경제가 초보적인 수준에 있을 때는 국가주도의 관치경제가 효율적일 수도 있겠지만, 어느 수준 이상으로 올라간다면 그런 전략은 사실상 불가능하겠지요. 관료가 그렇게 똑똑할 수 있다면, 뭣하러 공무원 월급 받으면서 일하겠습니까? 즉각 기업으로 스카웃되겠지요.

세 번째로는 일본 가계의 문제입니다. 일본 가계는 늙어가고 있습니다. 이 고령화 사회의 문제점을 그간 부양부담의 측면에서 살펴보았는데, 이제는 좀 다른 측면에서 생각해보겠습니다. 앞서 한 나라의 경제가 성장하기 위해서는 두 가지 요소가 필요하다는 점을 말씀드린 바 있습니다. 생산요소(토지, 노동, 자본)를 투입하거나, 생산(효율)성을 높이거나 둘 중 하나입니다. 그런데 고령화 사회가 되면 이 생산요소 투입 중에서 노동력이 기여하는 바가 오히려 마이너스가 되어버립니다. 일본에 이제 더 무슨 토지를 투입해서 경제를 성장시킬 여지가 있겠습니까? 자본투자도 이미 생산시설이 매우 효율화된 일본에서는 그리 효과적인 방법이 아닙니다. 일본은 오로지 생산성 향상만으로 경제를 성장시켜야만 하는 상황인 것입니다. 물론 일본의 생산성 향상은 놀라운 수준입니다. 세계 1위인 미국과 거의 대등한 수준입니다만, 문제는 생산요소 투입 면에서 까먹는 면이 크다는 것입니다.

고령화의 문제는 이렇게 심각합니다. 일본 경제의 가장 근본적인 문제를 단 하나만 꼽으라면 단연 이 고령화 문제라고 봐야 할 것입니다. 물론 말로는 쉽게 해결할 수 있습니다. 실버산업을 발전시키고, 고령자 취업을 늘려서 사회 전반적인 노동효율성을 높이자는 식으로 이야기할 수 있습니다. 또, 외국이민을 폭넓게 받아들이는 방안도 역시 가능합니다. 역시 문제는 그런 방법이 실제로 행하기에는 매우 어렵다는 것이지요.

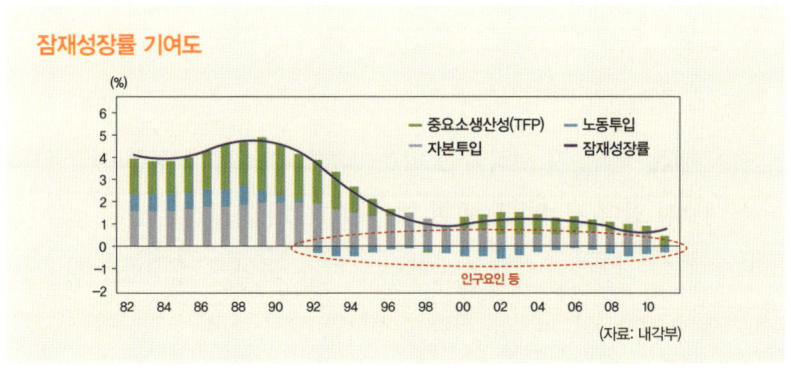

잠재성장률 기여도

총요소생산성(TFP) 비교

(%)	일본	미국	독일	프랑스	영국	이탈리아	캐나다
(%)	1.2	1.2	1.1	0.3	1.2	−0.8	0.1

2000~2010년 중 집계
(자료: ODCD)

일본도 무역적자가 생기나

SECTION 09

대일 무역수지 적자라는 말은 그동안 뉴스에서 정말 신물 나도록 들어보신 말일 것입니다. 반면 대일 무역수지 흑자라는 말은 정말 생소하게 들리지요? 정말 저는 신문에서 한 번도 들어본 적이 없는 것 같습니다. 맨날 적자가 늘어서 문제라는 기사만 봤지, 우리가 일본에 흑자를 봤다는 식의 뉴스는 들어본 적이 없습니다.

우리와 일본 간의 무역에서는 무역수지 적자가 당연한 일입니다. 현재 세계경제는 아시아의 생산과 북미의 소비라는 구조가 형성되어 있습니다. 한중일 아시아 3국은 그래서 모두 무역수지 흑자 규모가 엄청나고요. 미국이 이 물건들을 다 받아주는 그런 모양새입니다. 그중에서도 한국-일본-중국은 역할분담이 잘 되어 있습니다. 일본이 핵심기술부품을 한국에 수출하고, 한국을 이를 기반으로 최종상품을 만들거나 중간재 부품을 만들어서 중국으로 수출하고, 중국은 최종상품을 만드는 식입니다. 아주 대략적으로 이렇다는 말이지, 산업분야마다 양상은 많이 다르기는 합니다.

일본은 우리나라에만 그런 것이 아니라, 전 세계적으로도 최고 수준의 각종 자본재를 수출하는 제조업 강국입니다. 그러니 무역수지 적자를 본 해가 손으로 꼽을 만큼 적습니다. 그래서 늘 적자만 보는 미국이 허구한 날 일본 때리기를 하는 것입니다. 그런데 재작년부터 갑자기 상황이 바뀌기 시작합니다. 일본이 무역수지 적자를 본다는 것입니다. 통계를 보니, 무려 31년 만에 처음으로 일본이 무역수지 적자를 본 해입니다.

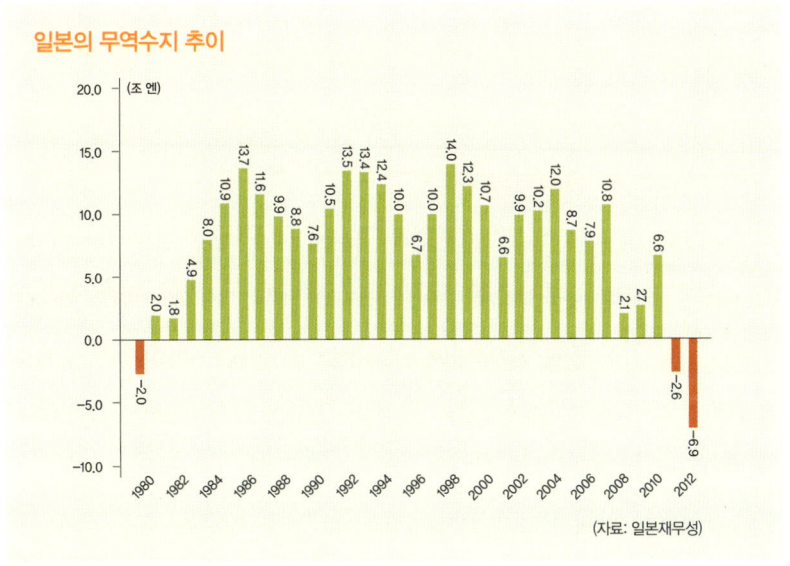

일본의 무역수지 추이

(자료: 일본재무성)

1985년 플라자 합의로 엔화 가치가 두 배로 뛰어 올랐을 때에도 일본수출은 흑자였고, 2008년 금융위기로 미국과 유럽의 수출시장이 박살 나고, 달러당 엔화 환율이 120엔대에서 80엔대로 뛰어 올랐을 때에도 일본의 흑자는 여전했습니다. 토요타 자동차가 미국 시장에서 대규모 리콜을 당하면서 일본 자동차 때리기가 극심해졌을 때에도 흑자는 계속되었습니다. 그런데 다시 미국 시장이 조금씩 회복을 하고, 금융위기 직후 때보다는 상황이 훨씬 나아진 2011년도에 웬 적자란 말입니까? 한 해 적자가 난 것은 그런가 보다 했는데, 그 다음 해인 2012년에는 적자폭이 훨씬 커져버렸습니다. 2년 연속으로 적자가 난 것은 아무래도 일본 경제에 뭔가 구조적인 변화가 생긴 것이라고 생각을 해봐야 하지 않을까요?

왜 31년 동안 한 번도 적자를 보지 않았던 나라에 갑자기 적자가 난 것일까요? 일본의 무역수지 적자는 안 그래도 재정적자에 시달리고 있는 일본 경제에 또다른 충격을 주게 되는 것은 아닐까요? 이 질문에 하나씩 답해보기로 합시다.

일본은 왜 무역적자에 빠졌나

2011년도 일본이 무역적자를 기록한 것은 불운 때문이었습니다. 2011년 일본에는 비극적인 사건이 있었지요? 바로 3월에 있었던 대지진과 후쿠시마 원전 붕괴사고입니다. 이 사건으로 수많은 변화가 생길 수밖에 없었지만, 경제적으로는 일단 원전을 가동 중단한 것이 가장 직접적인 변화입니다. 일본의 원전 54기 중에서 49기가 가동 중단되었습니다. 원전 중단으로 인해 전력이 모자라게 된 일본은 전국적인 절전 캠페인을 벌였고, 무더운 일본의 여름 날씨에도 에어콘을 최소한으로 줄이면서 버텨냈습니다. 그래도 전력은 모자랐고, 그래서 일본은 화력발전소 가동을 최대치로 유지해야만 했습니다. 원자력으로 모자란 부분을 화력으로 메꾼 것입니다.

화력발전소는 석탄이나 천연가스를 이용합니다. 이 발전 방식은 사실 발전단가가 가장 비싼 방식이지요. 특히 천연가스는 생산비는 가장 비싸지만 상황에 맞춰서 탄력적으로 발전소를 운영할 수 있기 때문에 전력이 모자랄 때에만 비상용으로 쓰는 식입니다. 반면 원자력은 발전단가는 가장 저렴하지만 한번 운영하면 멈추기가 아주 어렵기 때문에 기초전력 생산을 맡는 식입니다. 그런데 천연가스로 원자력을 대신하려다 보니, 정말 천연가스를 물 쓰듯이 해야 하는 상황이 온 것입니다. 그래서 2011년 일본의 천연가스 수입은 총 4.7조 엔에 달했는데, 2010년에는 3.5조엔 어치를 수입했으니 1년 만에 1.2조 엔이 늘어난 것입니다. 2011년 일본의 무역수지 적자액이 총 2.5조 엔이었으니, 천연가스 수입액 증가분만으로도 절반을 차지하게 됩니다.

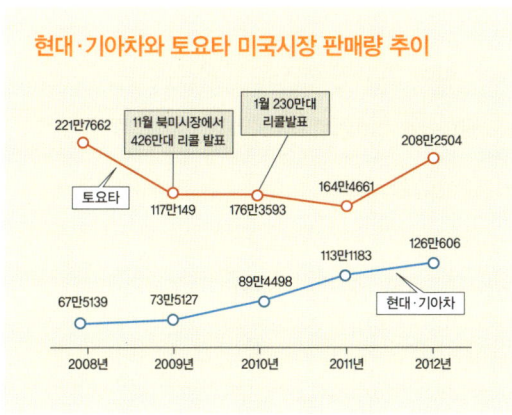

현대·기아차와 토요타 미국시장 판매량 추이

221만7662
11월 북미시장에서 426만대 리콜 발표
1월 230만대 리콜발표
208만2504
토요타
117만149
176만3593
164만4661

67만5139
73만5127
89만4498
113만1183
126만606
현대·기아차

2008년 2009년 2010년 2011년 2012년

여기에 2010년에 있었던 미국의 토요타 자동차 리콜 사태로 인해 2011년은 일본차 최악의 시기가 찾아왔습니다. 이때 가장 치고 올라온 회사가 바로 현대·기아 자동차이지요. 우리로서는 기회였습니다만, 일본으로서는 위기가 분명했습니다.

일본의 불행은 여기에서 그치지 않았습니다. 3월의 일본 대지진에 이어, 10월에는 태국 대홍수가 터졌습니다. 태국은 일본 기업들의 주요한 생산기지입니다. 대홍수 때문에 혼다 자동차 공장에서 차들이 물에 둥둥 떠서 다니고 있고, 주요한 전자부품 공장들이 물에 잠겨 몇 달 동안 가동이 중단되는 대형사고가 터져버렸습니다. 그때 우리나라에서도 한 개에 10만 원 정도 하던 하드디스크가 30만 원까지 올라서 용산 전자 상가 분들이 아주 힘들어하셨는데요. 그것도 역시 태국의 하드디스크 공장이 물에 잠겨서 생긴 사고였습니다. 태국 대홍수로 인한 생산타격도 일본의 무역적자에 큰 공헌을 하게 됩니다.

수입 면에서는 원전 사고로 에너지 수입이 크게 늘었고 수출 면에서는 대지진과 대홍수로 생산차질이 빚어졌으니, 결국 무역수지 적자가 생겨버린 것입니다.

2011년의 무역적자는 분명히 일본에게 충격이었지만, 불운이 겹쳐서라고 생각할 수 있었겠지요. 한 해에 대지진과 대홍수가 같이 터져서 둘 다 일본에 최악의 결과를 가져온 일이 2년 연속으로 있겠습니까? 그런데 2012년에는 오히려 적자가 세 배나 커져버렸습니다. 이건 또다른 문제입니다. 2012년에는 무슨 불운이 있었을까요?

2012년의 무역적자는 일본의 불운만은 아닙니다. 점점 일본 경제가 우려하고 있던 문제가 실체가 되어 나타난 것이라고 해도 될 것입니다. 2012년 적자의 원인은 크게 세 가지로 지목되고 있습니다.

첫 번째는 역시나 천연가스 수입이 계속 늘고 있다는 점입니다. 2012년에는 천연가스 수입이 6조 엔까지 늘었습니다. 전해의 4.7조 엔에 비해 또 1.3조 엔이 늘었는데, 역시나 원전사고의 여파가 계속되고 있는 것입니다. 앞으로 일본에서 원전을 재가동하거나 늘리는 것은 불가능할 것이기 때문에 일본도 새로운 에너지원에 대한 고민이 깊어갈 것입니다.

두 번째로는 좀 어이없게도 일본의 자업자득입니다. 수치로는 대중수출 급감 때문인데, 이는 일본이 계속 중국과 댜오이댜오(일본명으로는 센카쿠) 열도 영토분쟁을 하면서 중국을 감정적으로 자극했기 때문입니다. 중국 전역에서 일본상품 불매운동이 일어나고, 길거리에서 닛산이나 토요타 자동차를 때려 부수고 운전자를 폭행하는 일까지 벌어졌습니다. 운전자까지 폭행하는 일을 보면 너무하다 싶기도 하지만, 일본의 엄청난 역사적 원죄를 생각해보면 이해가 안 갈 일도 아닙니다. 일본의 극우정치인들이 자기들의 정치적 정체성을 드러내기 위해 보수민족주의적 발언과 행태를 일삼고, 이에 대해 중국이 격렬히 반대하다 보니, 일본 기업들이 중국에서 쫓겨나는 사태가 벌어지는 것입니다. 아래의 표에서도 보이듯 2012년의 중국 수출이 눈에 띄게 줄어든 모습이 보입니다. 중국 진출 일본 기업들은 정말 자기네 정치인들을 때리고 싶어질 상황인 것입니다.

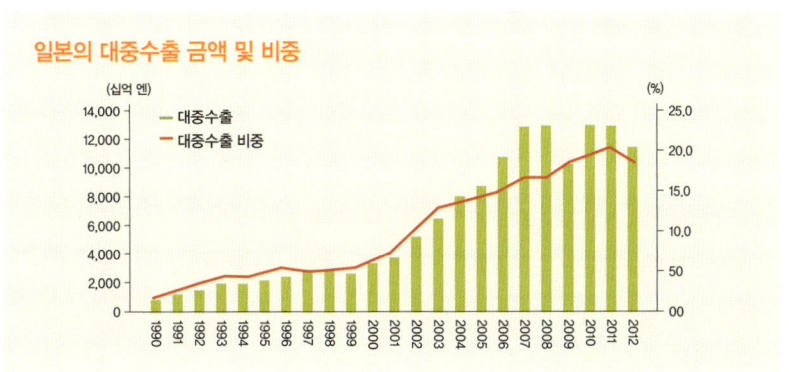

세 번째로는 역시 그간 지속되어 오고 있는 일본 경제의 산업공동화 현상 때문입니다. 일본 수출기업들은 정말 그놈의 엔고 때문에 얼마나 고생을 해왔습니까? 1980년대 초반에는 1달러당 250엔대 하던 것이 80년대 중후반부터는 120엔대로 떨어지고, 2000년대 와서는 100엔대를 위협하더니만, 금융위기 이후에는 무려 75엔대까지 기록한 적도 있습니다. 이렇게 가혹한 엔고환경에서 일본 기업들이 할 수 있는 방법은 공장을 해외로 뜯어가는 수밖에 없습니다.

일본 경제를 들여다보는 것은 한편으로 대한민국 경제를 다시 돌아보는 일이기도 합니다. 일본이 걸어왔던 수출 중심의 제조업 국가의 길을 대한민국이 걸었고, 중국이 그 뒤를 따르고 있습니다. 또한 일본이 맞닥뜨린 버블경제와 고령화의 문제도 대한민국에 닥친 문제이기도 합니다. 일본 경제도 한편의 성공과 한편의 실패를 모두 경험했습니다. 대한민국의 길도 마찬가지일 것입니다. 일본의 길은 우리의 미래를 설계하는 데 큰 반면교사가 될 것이라 생각합니다.

책 속의 경제용어 파헤치기

Part 1. 미국 경제특강

1. 환율

: 환율(換率, exchange rate)은 서로 다른 통화의 교환 비율이다. 고정 환율제와 변동 환율제가 있다. 명목환율(nominal exchange rate)이란 한 나라의 화폐가 외국의 화폐와 교환되는 비율을 말한다. 즉, 자국 화폐로 표시한 외국 화폐의 상대적인 가치라고 말할 수 있다. 명목환율이 상승한다는 것은 자국 화폐의 가치가 외국 화폐의 그것에 비해 상대적으로 떨어지는 것을 의미한다. 실질환율(real exchange rate)이란 한 나라의 상품이 외국의 상품과 교환되는 비율을 말한다. 즉, 자국 화폐로 측정한 외국 상품의 상대적인 가치라고 할 수 있다. 실질환율이 상승한다는 것은 자국 상품의 가격이 외국 상품의 그것에 비해 상대적으로 떨어져, 수출경쟁력이 상승함을 뜻한다.

2. 국채

: 국채(國債, Government bond)는 국가가 발행하는 채권이다. 국채는 발행 시 상환 기간과 금리가 정해져 있어, 구입자는 이에 따른 이자를 받을 수 있다. 상환 기한이 끝나면, 원금인 국채 발행 시 금액(액면 금액 또는 액면가)이 지불된다. 국채는 다른 채권과 마찬가지로 발행된 후에도 시장에서 판매하므로 가격은 항상 변하고 있다.

3. 균형예산

: 균형예산(均衡豫算, balanced budget)은 한 회계연도 내의 세입과 세출이 균등한 정부의 예산을 의미한다. 이는 정부의 재정지출을 조세 등의 경상수입 범위 내로 제한함으로써 균형예산을 유지하는 것이 건전한 재정의 존재양식이라는 생각에서 나온 개념이다. 그러나 정부지출의 증가 및 조세의 삭감에 대한 정치적 지지는 쉽게 얻을 수 있으나 균형예산을 고집한다는 것은 이러한 조치의 사용을 제한한다. 예산의 균형은 재정책임을 확보하는 고전적인 방법이었지만 오늘날 재정이 경제 중에 차지하는 비중이 커짐에 따라 정부지출, 조세, 국채관리 및 기타 재정수단의 조작에 의해 경제의 안정과 성장을 실현하려는 생각이 통념으로 되었다.

4. 리먼 브라더스

: 리먼 브라더스 홀딩스(Lehman Brothers Holdings Inc.)는 1850년에 생긴 다각화된 국제 금융 회사였다. 투자은행, 증권과 채권 판매, 연구 및 거래, 투자관리, 사모투자, 프라이빗 뱅킹

(PB; 자산관리) 등에 관여하고 있고 미국 국채 시장의 주 딜러이기도 하다.

5. 경상수지

: 경상수지(經常收支)는 한 나라에서 무역과 서비스 거래를 이용해서 벌어들인 돈이나 해외로 지출한 적이 있는 돈이다. 돈을 구별하여 상품 및 거래를 즉시 해외 여행과 유학 연수, 운수 서비스 등의 수입에 따라 지출을 합쳐서 계산하게 된다.

6. 무역수지

: 무역수지(貿易收支)란 무역으로 생기는 국제수지를 말한다. 무역수지는 수출과 수입을 비교한 개념이라는 점에서 무역수지를 교역조건의 면에서 분석해볼 필요가 있다. 왜냐하면 무역수지는 무역거래를 화폐액으로 표시한 것이며, 그 화폐액은 가격과 수량에 의하여 결정되는 것이기 때문에 무역수지의 변동에는 수출품과 수입품의 가격면과 수량면의 변화가 포함되기 때문이다.

7. GDP

: 국내 총생산(國內總生産, GDP, Gross Domestic Product)은 일정 기간 동안 한 국가에서 생산된 재화와 용역의 시장 가치를 합한 것을 의미하며 보통 1년을 기준으로 측정한다. 1980년대까지는 한 나라의 경제규모 등을 나타내는 국민소득의 지표로 국민 총생산(GNP, Gross National Product)이 주로 사용되었으나, 국내에 거주하는 국민의 실제적인 복지를 측정하는 데에는 GDP가 더 적합하다는 의식 하에 지금은 GDP가 널리 쓰이고 있다.

8. 재정적자

: 재정(財政)이란 세입·세출과 관련된 정부의 활동을 말한다. 세입(歲入)은 국민들로부터 세금을 거두는 것이고, 세출(歲出)은 세금으로 거둔 돈을 사용하는 것을 말한다. 원래 세입이란 정부의 모든 수입을 가리키는 말이지만 조세수입이 거의 대부분이기 때문에 흔히 세입은 국민들로부터 세금을 거두어들이는 것이라고 한다. 조세수입 이외에도 각종 벌금이나 수수료를 통해서 벌어들이는 세외수입, 정부의 재산을 팔아서 벌어들이는 자본수입 등이 있다. 세출은 정부의 모든 지출로 공무원의 임금 지불에 쓰이는 경상지출, 가난한 사람들에게 공짜로 나누어주는 이전지출, 정부가 필요한 땅을 사거나 건물을 사용하는 데 필요한 자본지출이 있다. 정부의 지출을 사용하는 돈의 기능에 따라 일반행정비, 국방비, 교육비, 사회개발비, 경제개발비 등으로 분류하기도 한다. 재정적자란 일반적으로 정부의 일반회계에 있어서 세입이 세출보다 적을 경우를 말한다. 이와 같은 부족액은 공채의 발행 또는 정부화폐의 발행 등에 의하여 메워진다. 반면에 세입이 세출보다 클 경우 재정흑자라고 한다.

9. 기축통화

: 기축통화(基軸通貨)는 금과 더불어 국제 간 결제나 금융거래에서 통용되는 통화를 가리

킨다. 키 커렌시(key currency)라고도 한다. 대표적으로 미국의 달러가 이러한 기축통화다. 그러나 이 나라의 통화의 신인도가 하락함에 따라 세계경제에서 중대한 문제로 대두되고 있다. 기축통화라는 표현은 예일대학교 교수였던 벨기에의 경제학자 로버트 트리핀이 1960년대 처음으로 사용한 것으로, 당시 기축통화로 미국의 달러화에 영국의 파운드화를 지목했다.

10. 다우존스 지수

: 다우존스 산업평균지수(Dow Jones Industrial Average)는 월스트리트 저널 편집자이자 다우존스앤컴퍼니(Dow Jones&Company)의 공동창립자 찰스 다우(Charles Dow)가 창안한 주가 지수로서 DJIA, Dow30 또는 비공식적으로 다우 지수 등으로도 불린다. 오늘날 다우지수는 미국의 증권거래소에 상장된 30개의 우량기업 주식 종목들로 구성된다. 주식분할이나 다른 조정의 효과를 상쇄시키기 위하여 다우지수는 주가의 산술평균이 아닌 비율평균(scaled average) 방식을 따른다. 산술평균에서는 주가의 총합을 회사의 개수로 나누지만, 다우지수는 주가의 총합을 제수(divisor)로 나누어 구한다.

11. 채무국

: 채무국(債務國)은 국제 관계에서 다른 나라에 빚을 진 나라를 말한다.

12. 채권국

: 채권국(債權國)은 국제 관계에서 다른 나라에 빚을 준 나라를 말한다.

13. 주식시황

: 주식이 시장에서 매매되거나 거래되는 상황.

14. 채권

: 채권(債券)은 정부나 기업이 필요한 자금을 차입하기 위하여 발행하는 유가 증권을 말한다(국채, 사채, 지방채 등).

15. 서브프라임 대출

: 신용등급이 낮은 저소득층을 대상으로 주택자금을 빌려주는 미국의 주택담보대출상품. 우리말로 '비우량주택담보대출'이라 한다. 신용도가 낮기 때문에 우대금리보다는 높은 금리가 적용된다. 미국의 주택담보대출시장은 집을 사려는 일반 개인들의 신용등급에 따라 크게 세 종류 대출로 나눈다. 신용등급이 높으면 프라임(Prime), 낮으면 서브프라임(Subprime), 그 중간은 알트에이(Alt-A; Alternative-A) 모기지다. 신용등급이 높을수록 우대금리를 적용받을 수 있다. 모기지 신용등급은 신용평가회사인 FICO(Fair Issac and Company)라는 곳에서 대출신청자의 과거 대출실적과 대출잔액, 거래기간, 신용대출실적과 신용조회수, 적정수준 대출유지 여부 등

5개 부문을 기준으로 점수를 매긴다. 거래기간이 길수록, 신용점수와 비교할 때 기존대출이 적을수록, 신용조회수가 많지 않을수록, 연체가 없고 적정수준의 대출을 유지할수록 신용점수는 높게 나온다. 점수는 최저 300점에서 최고 850점까지 나타난다. 일반적으로 신용점수가 620점 미만에 해당하는 사람들이 서브프라임 모기지를 받는다. 신용점수 620점은 넘지만, 소득증명이 불완전하거나 두 번째 주택을 구입하는 경우는 알트에이 모기지에 해당된다.

16. 시세조작

: 증권 거래소에서 거래되는 유가 증권의 시세를 인위적으로 올리고 내리는 행위이다.

17. 대공황

: 대공황(大恐慌, the Great Depression)은 1928년에 일부 국가에서 일어나기 시작한 경제 공황이 1929년 10월 24일, 뉴욕 주식시장 대폭락, 즉 검은 목요일 탓에 촉발되어 전 세계로 확대된 경제공황을 뜻한다. 이 탓에 여러 기업이 도산하고 대량 실업과 디플레이션이 야기됐었다. 개별 국가 경제가 밀접히 연결되어 있었고 자본 유동도 자유로웠으므로 공황은 전 세계에 걸친 규모로 단시간에 확대됐는데 시장을 통제할 규제는 당시 아직 발전되어 있지 못하여 피해 규모는 걷잡을 수 없이 커졌다. 자본주의는 대공황 탓에 1920년대 황금기 종언을 고하였다.

18. 분식회계

: 분식회계(粉飾會計, window dressing settlement)는 기업이 자산이나 이익을 실제보다 부풀려 재무제표상의 수치를 고의로 왜곡시키는 것이다. 이는 주주와 채권자들의 판단을 왜곡시킴으로써 그들에게 손해를 끼치기 때문에 법으로 금지되어 있지만, 공인회계사의 감사보고서를 통해서도 분식회계 사실이 제대로 밝혀지지 않는 경우가 많다. 아직 창고에 쌓여 있는 재고의 가치를 장부에 과대계상하는 수법, 팔지도 않은 물품의 매출전표를 끊어 매출채권을 부풀리는 수법, 매출채권의 대손충당금을 고의로 적게 잡아 이익을 부풀리는 수법 등이 주로 이용된다. 이와 반대로 세금 부담이나 근로자에 대한 임금 인상을 피하기 위하여 실제보다 이익을 적게 계상하는 경우를 역분식회계(逆粉飾會計)라고 한다.

19. 미국 증권거래위원회

: 미국 증권거래위원회(SEC; Securities and Exchange Commission)는 1934년 증권거래법에 의해 설립된 독립 감독관청으로 미국 증권업무를 감독하는 최고 기구다. SEC는 투자자보호 및 증권거래의 공정성 확보를 주목적으로 하고 있으며, 단순한 행정기관에 그치지 않고 연방 증권법을 시행하기 위한 제규칙을 제정하고 심의·의결하는 준사법적 권한을 갖는다.

20. 계량경제학

: 계량경제학(計量經濟學, econometrics)은 수량적 경제법칙을 검출하기 위해서 이론경제

학·수학·통계학의 성과를 종합, 적용하는 경제학이라 할 수 있다. 그것은 수량적 법칙을 검출하고 또한 그 현실타당성을 통계적 실험에 의해 검증한다는 점에서, 선험적 가설로부터 연역적 추론만에 의해 질적 법칙을 도출하는 것에 그치는 이론경제학과 다르다. 그것은 또한 먼저 가설을 세우고 다음에 그 현실적 타당성을 검증한다는 절차를 취하는 점에서, 어떠한 추상이론도 부정하고 통계자료의 수집·정리만으로부터 의미 있는 결론을 도출하려고 하는 통계적 경제학과도 다르다.

21. 유효수요

: 유효수요(有效需要)는 구매력이 뒷받침이 되는 수요를 뜻한다. 즉 물품을 살 만한 돈이 있어 물품을 입수하려고 하는 욕구이다. 경제 중에서 특히 거시경제학을 중시하는 것은 개인적인 유효수요가 아닌 사회 전체의 유효수요를 말한다.

22. 통화정책

: 통화정책 또는 화폐정책은 정부와 중앙은행 등이 한 국가의 화폐 공급, 유용성, 화폐가치, 금리 등을 경제 성장이나 안정성을 유지토록 하기 위해 수행하는 일련의 조치를 일컫는 말이다. 일반적으로는 통화 이론이 화폐 개혁에 가장 기초적이자 정통한 대책으로 여겨진다. 화폐정책은 대개 팽창적 화폐정책과 긴축적 화폐정책으로 규정되는데 말 그대로 팽창을 꾀하는 정책은 화폐의 공급을 늘리는 것을, 수축정책은 정반대의 원칙을 고수한다. 화폐의 공급을 늘릴 시에는 금리를 내리고 실직률이 줄어들도록 돕는 것을 말하며 반대 상황 시에는 금리/이자율을 올려 인플레이션을 억제하도록 한다. 대개 화폐정책은 일국의 국고 상황과는 대치되도록 운영되는데 이는 정부의 세입이나 여러 지출을 모두 고려해야 하기 때문이다. 화폐공급의 변화는 유동성 효과, 소득 효과, 피셔 효과를 시차적으로 나타내며 금리에 영향을 준다.

23. 재정정책

: 재정정책(財政政策, fiscal policy)이란 주로 경기를 안정시키거나 부양하기 위하여 정부의 세입과 세출의 크기를 조정하는 경제 정책이다. 한편, 경기대책적 재정정책을 간단히 재정정책이라 부르기도 한다.

24. 주가 버블

: 주가가 투기에 의해 상승하고 가격 상승이 유인되어 새로운 합작을 끌고 있는 상태를 말한다.

25. 물가

: 여러 가지 상품들의 가격을 한데 묶어 이들의 종합적인 움직임을 알 수 있도록 한 것으로 여러 가지 상품들의 평균적인 가격수준이다. 물가는 구체적으로 물가지수로 측정된다. 물가지수는 여러 가지 상품들의 가격을 특수한 방식으로 평균하여 하나의 숫자로 나타낸 것으로서 어느

시점의 물가를 100으로 놓고, 비교되는 다른 시점의 물가를 지수로 표시한다.

26. 실업률

: 실업률은 경제활동인구 중에서 직장이 없는 사람들의 비율을 말하며, 경제활동인구는 현재취업자와 적극적으로 구직활동을 한 실업자를 합한 것을 말한다. 이러한 실업률 계산에 포함되지 않는 비경제활동인구는 취업할 의사가 없는 사람들을 말하며, 구체적인 예로는 주부, 군인, 환자, 교도소 수감자 등이며, 구직활동을 포기한 실망노동자도 비경제활동인구에 속하게 되어 실업률 산출 시 제외된다.

27. 통화량

: 경제학에서 통화량(通貨量), 통화공급(通貨供給, money supply, money stock)은 특정 시기에 경제에서 사용할 수 있는 화폐 자산의 총량이다.

28. 금리

: 금리는 자금시장에서 구체적으로 거래되고 있는 자금의 사용료 또는 임대료이다. 자금을 대출할 때는 대출해주는 사람이 차용하는 사람에게 사용료를 부과하고 있는데, 그 외에도 대출에 소요되는 각종 수수료, 위험부담을 위한 보험료, 원금을 반환할 시기의 화폐가치 하락에 대한 손실에 대비하는 보상금 등을 부과하기도 한다.

29. 자유방임주의

: 자유방임주의(自由放任主義, Laissez-faire)는 개인의 경제활동의 자유를 최대한 보장하고, 이에 대한 국가의 간섭을 가능한 한 배제하려는 경제사상 및 정책을 말한다. 프랑스어로 'Laissez-faire'인 이 용어는 보통 "하게 내버려두다" 등의 의미를 가진다. 중상주의 정책에 반대했던 프랑스의 중농주의자들이 최초로 주장하였으며, 그 후 애덤 스미스가 『국부론』을 통해 경제학적으로 체계화시켰다.

30. 소득세

: 소득을 직접과세대상으로 하는 인세(人稅)로서 넓은 의미의 소득세는 개인소득세와 법인소득세를 총칭하지만 오늘날 소득세라 함은 개인소득만을 가리키는 경우가 많다.

31. 감세정책

: 세금을 줄이는 정책으로 세금을 줄이면 정부의 재정수입은 줄어들지만 가계의 소비와 기업의 투자 및 생산이 증가해 경기를 활성화시킬 수 있다. 1980년대 초 당시 미국 대통령이었던 로널드 레이건 대통령이 '레이거노믹스'라 불리는 감세정책을 실시한 바 있으며, 영국의 마거릿 대처 총리도 감세정책을 주도한 바 있다.

32. 금리정책

: 경제상태의 변화에 따라서 중앙은행이 어음할인, 기타 대출에 적용하는 공정이자율을 인상 또는 인하하고, 나아가서 통화량을 조절함으로써 시중은행의 대출을 증감시키고 일반금융시장의 금리에도 영향을 주어 물가 내지 경기를 조정하려는 정책을 말한다.

33. 금본위제

: 금본위제(金本位制)는 화폐의 가치를 금의 가치로 나타내는 것이다. 일반적으로 '금화본위제'와 '금지금본위제'(金地金本位制)를 포함해 금본위제라고 한다. 중앙은행이 화폐 제도의 기초가 되는 화폐를 금화로 발행하여 시장에 실제로 유통시키는 것을 금화본위제라고 한다. 하지만 운반이 불편하고 도난의 위험이 있어서 금화를 시장에 유통시킬 수 없는 경우가 많다. 그래서 나온 방안이 금지금본위제다. 금지금본위제는 중앙은행이 금화 대신 금화의 가치와 같은 가치의 지폐와 보조화폐를 발행하는 것이다.

34. 마진콜

: 마진콜(margin call)은 금융시장에서 자기 자금 비율이 투자 이전에 정해놓은 유지 증거금 비율보다 떨어졌을 때, 자기 자금 비율을 초기 증거금 비율까지 올려야 하는 것을 의미한다. 증거금이란 투자 거래를 원하는 투자자가 브로커에게 주는 소정의 증거금으로, 초기 증거금과 유지 증거금으로 나뉜다.

35. 뱅크런

: 뱅크런(Bank run)은 은행이 기업에 대출해준 돈을 돌려받지 못한다거나, 주식 등의 투자 행위에서 손실을 입어 부실해지는 경우, 은행에 돈을 맡겨두었던 예금주들이 한꺼번에 돈을 찾아가는 대규모 예금 인출 사태를 의미한다. 이 같은 현상의 원인은, 파산의 위험이 높은 부실 은행에게서 파산 후에 돈을 받지 못할 위험을 없애기 위해 자신의 돈을 확보하고자 하는 예금주들의 태도에서 비롯된 것이다. 은행에게 있어 뱅크런은 고객들이 은행에 맡겼던 돈을 한꺼번에 되찾아가기 때문에, 돈 없는 운영이 불가능한 은행에게 있어 상당한 타격을 주는 현상인 것이다. 이는 은행으로 하여금 돈을 빌렸던 기업 혹은 개인에게 상환을 촉구하는 효과도 가져와 기업과 개인에게도 부정적 영향을 끼칠 수 있다. 또한 뱅크런은 사회 전체적으로도 국가 경제 상황의 악화, 경제 공황의 발생 등으로 이어질 수 있다.

36. 은행예금보장제도

: 금융기관에 예치한 금액을 일부 보장받을 수 있는 제도이다. 부실한 금융기관에 대한 소액예금자의 보호 및 과도한 예금보험금 지급에 따른 예금보험기금의 고갈을 방지하여 예금보험제도를 안정적으로 운영하기 위한 제도이다.

37. 금융규제책

: 양적 규제와 질적 규제로 나눌 수 있다. 질적 규제는 자금의 사용 목적에 따라 규제의 강도에 차이를 두어 한쪽을 우대하는 경우이다. 각종 소비자신용·주식신용 등에 대한 규제나 중소기업이나 농·어업 자금에 대한 특혜 혹은 사치향락산업에 대한 여신 규제 등을 예로 들 수 있다. 이것은 양적 규제를 중심으로 하는 금융 정책에 있어서 보완적인 역할을 하는 경우가 많다. 금융의 양적 규제는 자금의 사용 목적에 관계없이 자금으로서의 통화신용의 절대량을 규제하는 것으로, 그 수단으로서는 할인 정책(금리 정책)·공개시장 조작·지급준비율 정책 등이 있다. 국민 경제가 정상적인 상태에 있는 경우에는 중앙은행의 양적 규제가 금융 정책의 중심이 되는 것이 일반적이다.

38. 수입관세

: 수입품에 대해 부과되는 관세를 말한다. 수입관세를 부과하는 목적은 의정수입을 획득하고, 미발달의 국내 산업을 보호·육성하며, 국내 산업을 외국산업의 부당한 경쟁에서 방위하는 등이다. 특히 당초의 목적이 세입에 있을 때 수입관세라고 한다. 수입관세의 가장 전형적인 것은 국내에서 거의 또는 전연 산출되지 않는 수입품에 대하여 부과하는 것으로서 이를테면 우리나라, 유럽 국가들이 수입 커피·코코아 등에 부과하는 관세이다.

39. 스무트-홀리 법

: 미국이 자국의 불황을 타개하기 위해 1930년에 제정한 관세법. 이 관세법의 제정 후 세계 공황은 확대되었다. 1929년 10월 24일 뉴욕증시의 대폭락에서 발단된 불황으로 세계 각국의 생산은 급감하고 실업은 급증했다. 이처럼 내수기반이 붕괴되자 미국이나 유럽의 기업들은 수입품 규제에 눈을 돌렸고, 각국 업계와 의회는 수입제한을 위해 높은 관세를 매기도록 정부에 압력을 가했다. 그 첫 조치로 미국에서는 스무트와 홀리 의원이 주도해 '스무트-홀리 관세법'을 제정, 관세율을 대폭 인상했다. 미국의 이 같은 조치에 자극받은 영국과 프랑스 등의 유럽 국가들도 잇달아 경쟁적으로 수입관세를 높였다. 1930년 통과된 스무트-홀리 관세법은 관세율을 100년 내 최고치인 59%로 인상해 전 세계에 보호무역주의 연쇄효과를 일으켰고, 1929~1932년간 국제무역이 63% 감소했다.

40. 보복관세

: 보복관세(報復關稅, retaliatory duties)는 자국 상품에 대해 불리한 대우를 하는 나라의 상품에 대한 보복의 성격을 띤 관세이다. 보복관세는 대개 각국이 국내법에 정하고 있는데, 우리나라도 관세법 제11조에 교역상대국이 우리나라의 수출 물품 등에 대하여 관세 또는 무역에 관한 국제협정 또는 양자 간 관세 또는 무역협정 등에 규정된 우리나라의 권익을 부인하거나 제한하는 행위, 기타 우리나라에 대하여 부당 또는 차별적인 조치를 취하는 행위를 함으로써 우리나라의 무역이익이 침해되는 경우에는 그 나라로부터 수입되는 물품에 대하여 피해상당액 범위 안에서 관세를 부과할 수 있다고 규정하고 있다. 그러나 보복관세는 어떤 한 나라를 선정하여 불리한

조치에 대해서 보복적으로 관세를 부과하는 것이므로 보복을 당한 나라가 다시 보복함으로써 관세전쟁을 유발시킬 가능성이 많다. 그리고 GATT(관세무역일반협정)에는 보복관세란 용어가 없다. 다만 보조금 상계관세와 세이프가드(긴급수입제한조치) 두 가지가 있다.

41. 근린궁핍화 전략

: 다른 국가의 경제를 희생, 즉 궁핍하게 만들면서 자국의 경기회복을 도모하려는 경제정책으로, 영국의 경제학자 J. V. 로빈슨이 명명한 용어다. '베거 마이 네이버(Beggar-my-neighbor)'란 '상대방의 카드를 전부 빼앗아 온다'는 트럼프 용어에서 유래된 것으로, 세계경제가 전체적으로 침체돼 어려움을 겪을 때 흔히 행해진다. 예컨대 이 정책을 시행하는 국가는 무역상대국으로부터의 수입을 줄이고 대신 자국의 수출량을 늘림으로써 자국의 경기를 부흥시키고자 한다. 이를 위해 환율 인상·임금 인하·수출보조금 지급·관세율 인상 등이 대표적 수단으로 사용된다.

42. 자유무역

: 민간업체에 의한 무역활동을 국가가 일체 간섭하지 않고 자유롭게 방임(放任)함으로써 국가의 무역관리 또는 통제가 가해지지 않는 무역이다. 대부분의 국가들은 자국의 국내산업을 보호하고 국제수지개선(國際收支改善)을 도모하고자 무역을 국가가 통제·관리하고 있다. 다만 정도의 차이에서 보호무역(保護貿易)과 구별될 뿐이다.

43. 보호무역

: 자국의 산업을 보호하기 위해 국가가 간섭하여 수입을 제한하는 무역 정책. 국가 권력을 배제하고 외국과 자유롭게 무역을 하는 '자유무역'과 반대되는 입장에 있다. 국내 산업을 보호하기 위해 관세율 인상, 수입량을 제한하는 수입할당제, 특정 품목의 수입제한, 수입과징금 정책 등 외국과의 무역에 국가가 간섭하여 수입을 제한하는 무역 정책이다. 국제사회에서는 수입 제한을 어느 정도 인정하지만 이로 인해 수출입국 간에 무역마찰이 발생할 수 있다.

44. 반덤핑

: 국내 산업의 보호를 목적으로 덤핑업체나 덤핑국가의 수출품에 고율의 관세를 부과하여 수입을 규제하는 조치이며, 이때 덤핑 상품에 부과하는 높은 관세를 반덤핑관세라고 한다. 어떤 국가의 제품이 정상가격보다 낮은 가격으로 수출되어 수입국가의 국내 산업에 피해를 주는 불공정 무역행위를 방지하기 위한 제도이다.

45. 상계관세

: 상계관세(相計關稅, Countervailing duties 또는 anti-subsidy duties)는 외국의 공급자가 공급국 정부로부터 보조금 또는 장려금을 지급받아 수출경쟁력이 높아진 물품이 수입됨으로 인하여 국내 산업이 실질적인 피해를 입거나 입을 우려가 있는 등의 사유가 발생한 경우, 보조금 범

위 내에서 상계관세를 부과함으로써 국내 산업이 공정경쟁을 도모하고 관련 국내 산업을 보호하는 제도이다. 관세 및 무역에 관한 일반협정(GATT)에서는 수출국에서 지원한 보조금을 상쇄하도록 상계관세 부과를 인정하고 있다. 상계관세는 기본관세 외에 해당상품에 지급되는 장려금이나 보조금만큼 더해져 산정되며, 부과요건은 생산 및 수출에 직·간접적으로 장려금·보조금을 받는 수입품, 이러한 수입품에 의해 국내 산업이 저해되거나 저해될 우려가 있는 경우 등이다.

46. 뉴딜정책

: 뉴딜정책(New Deal)은 실업자에게 일자리를 만들어주고, 경제 구조와 관행을 개혁하고, 대공황으로 침체된 경제를 되살리기 위해 프랭클린 D. 루스벨트 미국 제32대 대통령이 1933~1936년에 추진한 경제 정책이다. 뉴딜정책은 미국 정치와 정책의 중대한 변화이다. 경제와 화폐 공급, 물가, 농업 생산량에 대한 연방 정부의 통제와 간섭이 증가했다. 노동 조합 활동을 곧 노동자들이 권리와 이익을 위해 단결하는 활동을 더 넓게 보장했고, 복합적인 사회 정책이 시행됐다. 지금도 경제학자와 역사가들은 뉴딜정책의 효과와 결과에 대해 논쟁하고 있다.

47. 재건금융공사

: 재건금융공사(RFC, Reconstruction Finance Corporation) 또는 부흥금융회사로 불렸다. 1932년 의회 법령에 의해 설립된 공공회사로서, 전신은 전(全)미국 신용 회사다. 공업·상업 및 은행업 등에 융자 및 그 밖의 금융상의 원조를 했는데, 1957년에 폐지되었다.

48. 글래스-스티걸 법

: 미국에서 1933년에 제정된 상업은행에 관한 법률로서 제안의원의 명칭을 따라 글래스-스티걸 법이라고 불리고 있다. 서로 다른 금융업종 간에 상호진출을 금했던 것이 요지이다. 1929년의 주가 폭락과 그에 이은 경제대공황의 배경 가운데 하나로 상업은행의 방만한 경영과 이에 대한 규제 장치가 없었다는 점이 지적됨으로써 이에 대한 근본적인 개혁이 이루어졌다. 주요 내용은 지점망의 재조정, 연방예금보험제도의 창설, 예금금리의 상한설정, 연방준비제도의 강화, 투자은행 업무로부터의 완전분리 등이었는데, 그 결과 기업이 발행하는 유가증권 인수업무는 투자은행에만 한정되고 상업은행에 대해서는 일체 금지되었다.

49. 그램-리치-블라일리 법

: 미국에서는 1999년 금융회사의 겸업을 다시 허용하는 '금융서비스현대화법(Gramm-Leach-Bliley Act)'이 만들어졌다. 금융그룹을 통한 겸업을 허용하는 대신 겸업의 부작용을 완화하기 위해 한 금융회사가 여러 업무를 직접 겸업하는 것은 허용하지 않은 것을 말한다. 이런 방식의 겸업은 미국뿐만 아니라 겸업을 제한하던 다른 국가들로 퍼져갔다. 영국에서는 1987년 런던 증권시장 개혁을 골자로 하는 금융 빅뱅이 단행됐고, 일본과 한국은 각각 1998년과 2000년 금융지주회사제도를 도입했다.

50. 국가산업부흥법

: 국가산업부흥법(National Industrial Recovery Act)은 1933년 6월에 미국에서 제정한 법률이다. 같은 해 3월에 시작된 초기 뉴딜정책의 중심을 이룬다. 대공황으로 파멸에 직면한 산업의 부흥과 실업자 구제를 목표로 한 것으로 공정경쟁규약 작성과 그것을 위한 전국부흥국(NRA) 설치, 공공실업대책을 시행하는 공공사업국(PWA)의 설치를 정하였다. 규약은 500명 이상의 각 산업체마다 노사공대표(勞使公代表)가 생산량·가격·임금·노동시간 등의 기준을 정하는 것이었다. 그리하여 노동자는 단결권·단체교섭권이 인정되고 기업에는 일종의 카르텔이 용인되었다. 각 규약제정까지의 일반규약이 정부에 의해 제시되고 표준적인 노동조건을 정했다. 이것을 지키는 기업에는 청취기장(靑鷲記章)이 교부되며 이를 위한 국민운동이 전개되었다. 1935년 5월 최고재판소에서 이 법은 주내통상(州內通商)에서의 연방법 부적용(不適用), 입법권 부당위임(不當委任)으로 위헌판결을 받아 소멸되었다. 그러나 그 일부는 와그너법과 기타 법규에 계승되었다.

51. 카르텔

: 카르텔 혹은 담합은 기업(사업자) 간에 상품 또는 용역의 가격이나 생산 수량, 거래 조건, 거래 상대방, 판매 지역을 제한하는 것이다. 공동행위, 기업연합(企業聯合)이라고도 한다. 카르텔은 계약, 협정, 결의 기타 등 어떠한 방법으로 형성하든지 그 방법은 묻지 않는다. 한국은 1980년에 제정한 '독점규제 및 공정거래에 관한 법률'로 통제하고 있다. 미국은 연방독점금지법(셔먼법)으로 원래는 미국 내의 독점만 규제하려는 목적으로 1890년 제정되었으나 1997년 이후로 국제카르텔에 대해서 처벌을 강화하고 있다.

52. 단체교섭권

: 단체교섭권(團體交涉權). 헌법 제33조 제1항은 단체교섭권을 적극적으로 보장하고 있는데 근로자가 노동조합이나 기타 노동단체의 대표를 통해 사용자와 근로조건에 관하여 교섭하는 권리이다. 즉, 노동조합은 사용자에 대하여 단체교섭을 요구할 수 있는 권리를 헌법상의 권리로 부여받고 있다고 할 수 있으며 노동조합법은 노동조합이 단체교섭을 요구할 수 있는 권리와 사용자가 단체교섭에 대응할 의무를 규정하고 있다. 사용자는 정당한 이유 없이 이를 거부할 수 없다.

53. 누진소득세

: 누진소득세란 과세표준이 증가함에 따라 세율이 높아지는 형태의 누진구조를 갖는 소득세를 말한다. 경제 이론적으로 소득이 많은 사람에게는 높은 세 부담, 소득이 적은 사람에게는 낮은 세 부담이 되므로 소득의 재분배기능에 가장 적합하다.

54. 신자유주의

: 신자유주의(新自由主義, neo-liberalism)는 1970년대부터 부각하기 시작한 경제적 자유주의 중 하나이다. 토머스 우드로 윌슨 대통령이 1920년대 제창했던 새로운 자유(The New Freedom)

정책, 그리고 정치적·문화적 자유에도 중점을 두었던 자유주의와는 다른, 고전적 자유주의에 더 가까운 것이며, 사회적인 면에서는 보수자유주의적인 가치를 지향한다. 국가 권력의 개입증대라는 현대 복지국가의 경향에 대하여 경제적 자유방임주의 원리의 현대적 부활을 지향하는 사상적 경향이다. 고전적 자유주의가 국가개입의 전면적 철폐를 주장하는 데 비해, 신자유주의는 강한 정부를 배후로 시장경쟁의 질서를 권력적으로 확정하는 방법을 취한다. 신자유주의는 1980년대의 영국 대처 정부에서 보는 것처럼 권력기구를 강화하여 치안과 시장 규율의 유지를 보장하는 '작고도 강한 정부'를 추구한다. 신자유주의는 한국에서 주로 노동 시장의 유연화(해고와 감원을 더 자유롭게 하는 것), 작은정부, 자유시장경제의 중시, 규제 완화, 자유무역협정(FTA)의 중시 등의 형태로 나타나고 있다.

55. 금태환제

: 금본위제도 하에서 해당국 화폐 소유자가 해당국 정부(중앙은행)에 화폐를 제시하며 금과의 교환을 요구했을 때 해당국 정부(중앙은행)가 화폐와의 교환으로 금을 제공하는 것을 말한다.

56. 고정환율제

: 고정환율제(固定換率制, fixed exchange rate)란 각국 화폐 사이의 환율을 일정수준에 고정시키는 제도를 의미하며, 대표적인 것으로 1870년대에 확립된 금본위제도와 제2차 세계대전 후에 국제통화기금(IMF)에 의해 운영된 브레튼 우즈(Bretton Woods) 제도를 들 수 있다. 고정환율제도의 장점은 불의의 환율변동으로 인한 손해를 입을 염려가 없다는 점으로써, 환율에 관한 불확실성이 없으므로 국제거래를 촉진하고 국제시장을 확대하는 데 도움이 된다.

57. 닉슨쇼크

: 1971년 8월 15일 닉슨 미국 대통령이 발표한 달러방위정책으로 인해 발생한 충격을 말한다. 신경제정책 '제1단계'라고 불리는 달러 방위조치는 금과 달러와의 교환정지, 10%의 수입과징금의 실시 등을 포함하고 있으며, 특히 대미수출 의존도가 높은 한국과 일본, 중남미 등에 큰 충격을 주었고 고정환율제에서 변동환율제로 바뀌는 전환점이 되었다.

58. 온스

: 온스(ounce)는 야드 파운드법과 미국 단위계의 질량 단위이다. 1온스는 28.349523125그램이고 1파운드의 16분의 1이다.

59. 오일쇼크

: 유류 파동. 석유 파동. 오일 쇼크는 원유 값이 급등하여 전 세계 각국에 경제적 타격을 준 경제 위기를 말하며, 지금까지 대한민국에 가장 큰 영향을 끼친 두 차례의 유류 파동은 각각 1973년과 1979년에 일어났다.

60. 인플레이션

: 인플레이션(inflation) 또는 물가상승은 한 국가의 재화와 용역 가격 등의 전반적인 물가가 지속적으로 상승하는 경제 상태를 말한다. 이는 동시에 해당 국가의 통화가치 하락과 구매력의 약화현상을 가져온다. 인플레이션의 주요 원인으로는 유통되는 통화 공급의 증가 등이 있으며, 구체적인 원인을 바라보는 관점은 경제학파별로 차이가 있다.

61. 스태그플레이션

: 스태그플레이션(stagflation)은 스태그네이션(stagnation)과 인플레이션(inflation)의 합성어로, 거시 경제학에서 고 물가(인플레이션)와 실직, 경기 후퇴(스태그네이션)가 동시에 나타나는 경우를 뜻한다. 이 경우 총공급이 줄어들어 물가가 오르고 GDP가 후퇴하며 이 결과로 투자 위축이 발생하여 실업률이 오르게 된다. 역사적으로는 1970년대 중동국가가 석유를 자원무기화 하면서 석유공급을 인위적으로 감소시켰고, 이로 인해 원유 공급가격이 급등하면서 전반적인 인플레이션이 발생했고, 인플레이션 부담으로 경제침체가 오면서 실업률이 높아진 경험이 있다.

62. 기준금리

: 기준금리라 함은 외화자금의 조달과 운용에 관한 적용 금리의 상한 또는 하한을 정하는 것으로 외국환 관리상 중요한 규제 중의 하나이다. 국제수지의 적자 시에는 부채에 의한 외화자금조달을 촉진하기 위하여 조달금리 상한을 높이게 되나 반대의 경우에는 부채에 의한 외화자금 조달을 억제하기 위하여 조달금리 상한을 인하하게 된다. 한편 운용금리는 조달 금리와 기업의 자금 부담 능력 등을 감안하여 결정되는데 궁극적으로는 국제수지 사정에 따라 변동된다고 할 수 있다. 현재 외국환거래에 적용되는 기준금리는 국제금융 시장의 금리(LIBOR, SIBOR, BIBOR)에 연동되어 있으며 일반적으로 개별거래 항목별로 국제수지를 감안하여 재무부장관이 정하고 있다.

63. 예금금리

: 금융기관이 특정인의 예금에 대하여 예금자에게 지급하는 금리다. 한편, 예금 잔액에 대한 예금금리의 비율을 예금이율이라고 한다. 예금 중에도 유동성이 높은 통화성예금에는 이자가 없는 것이 통상적이며, 예금금리는 예금의 거치기간이 긴 것일수록 높은 것이 원칙이다. 예금금리를 규제하고 있는 나라와 특별한 규제가 없는 나라가 있는데, 한국은 그동안 금융통화운영위원회에서 금융기관의 각종 예금에 대한 이자, 기타 지급금의 최고율을 정하여 규제 금리제를 실시하여 왔으나, 1993년 11월 1일을 기해 금리자율화가 실시되었다. 따라서 은행금리가 각 금융기관의 자율에 맡겨진 것이다. 당좌예금과 별단예금에는 이자가 없고, 가장 금리가 낮은 보통예금으로부터 가장 높은 정기예금까지 예금의 종류마다 금리가 다르게 정해져 있다.

64. 볼커쇼크

: 오일쇼크로 높아진 미국의 물가를 잡아보겠다고 당시 미국의 중앙은행인 FRB(연방준비

은행)의 의장인 폴 볼커가 자국의 금리를 20% 가까이 높인 사건을 말한다. 이 사건으로 미국은 제조업이 붕괴되며 대신 금융업이 급부상했다.

65. 블랙먼데이

: 검은 월요일(Black Monday)은 1987년 10월 19일 월요일에 뉴욕증권시장에서 일어난 주가 대폭락 사건이다. 이날 다우존스 산업평균지수(DJIA)는 22% 하락했는데, 이 수치는 대공황의 발단이 된 검은 목요일보다 더 큰 폭락이다. 이 여파로 세계 각국의 증시가 동반 폭락했다. 이후 증권 시장이 큰 폭락이 생기는 날을 발생일의 요일을 붙여 부른다.

66. 저축대부조합

: 미국에서 조합원들의 저축을 이용하여 주택저당대출을 하는 일종의 협동저축기관으로 근본적 목적은 조합원들의 주택매입 또는 주택수리비용을 제공하기 위한 것이다. 동 조합의 자금은 대부분 주택저당대출에 운용되며 특히 조합원에게 우선 대출된다. 그리고 운용결과 생긴 순이익은 주주들에게 배당금으로 지급되고 저축예금가입자에게 예금에 대한 이자로 지급된다.

67. 나스닥

: 나스닥(NASDAQ)은 나스닥 OMX 그룹의 자회사이며 미합중국의 장외주식거래시장이다. 1961년 미국 증권거래위원회는 지역 내 모든 주식시장에 대한 조사를 통해 장외시장이 분열되고 모호하다는 보고서를 냈으며 이에 따라 장외시장의 자동화를 통한 거래시장의 통합을 이루고자 탄생한 것이 나스닥이다. 나스닥은 1971년 2월 8일에 개설되었다.

68. 골디락스 시대

: 성장세가 지속되더라도 인플레이션 우려가 거의 없는 이상적인 경제 상황이다. 골디락스는 금을 뜻하는 '골드(Gold)'와 머리카락을 뜻하는 '락(lock)'의 합성어로, 영국 동화『곰 세 마리』에 등장하는 금발머리 소녀의 이름이기도 하다. 동화 속에서 골디락스는 숲 속을 걷다 길을 잃고 곰 세 마리가 사는 집에 도착한다. 허기가 졌던 골디락스는 곰들이 끓여놓고 나간 세 가지 온도의 수프 중 뜨겁지도 차갑지도 않고 온도가 적당한 수프를 선택해 만족스럽게 식사를 끝낸다. 골디락스 경제는 이처럼 뜨겁지도 차갑지도 않아 먹기 좋은 수프에서 유래했으며, 고성장 속에서도 물가상승이 없는 이상적인 경제 상황을 말한다. 1990년대 후반의 미국 경제가 골디락스의 대표적인 예이다. 당시 미국은 정보기술(IT) 산업 육성으로 생산성이 향상돼 물가상승을 동반하지 않고도 수년간 4% 이상 고성장을 달성했다. 골디락스란 용어는 2008년 불거진 금융위기로 한동안 자취를 감췄지만, 2009년 들어 글로벌 증시의 랠리가 지속되자 골디락스에 대한 기대감이 다시 커지고 있다. 그러나 여전히 더블딥(이중침체)에 대한 우려가 있어 골디락스는 시기상조라는 분석도 만만치 않다.

69. 신경제 이론

: 인터넷 등 컴퓨터 분야를 비롯한 정보통신산업 기술 혁신이 생산성 향상을 초래해 경제성장을 가져온다는 이론이 신경제 이론이다. 신경제의 가장 큰 특징 중 하나는 규모수익체증 현상이 발생할 가능성이 매우 높다는 것이다. 규모수익체증 현상이란 특정 상품을 추가로 생산할 경우 이에 대한 단위당 비용(한계비용)이 감소하기 때문에 생산을 늘릴수록 수익규모가 점차 커지는 현상을 가리킨다. 컴퓨터 소프트웨어가 그 대표적인 사례다. 소프트웨어를 처음 고안, 생산할 때는 거액의 연구개발비가 필요하지만 추가 생산의 경우에는 소액으로도 대규모 생산이 가능하기 때문이다.

70. S&P500 지수

: S&P500은 500개 대형기업의 주식을 포함한 지수이다. 500개의 기업 중 대부분이 미국 기업이다. 맥그로-힐 계열사인 스탠더드 앤드 푸어스가 소유 및 관리를 맡고 있다. S&P500은 지수 자체를 일컬을 뿐 아니라 지수에 포함된 해당 500개 기업 자체를 지칭하기도 한다. S&P500 지수는 더 넓은 폭의 주식시장지수인 S&P1500과 S&P 글로벌1200의 한 부분이다.

71. 주가수익배율

: 주가(시가총액)가 일정기간 동안 기업이 올린 주당 순이익(당기 순이익)의 몇 배나 되는지를 나타내는 배율지표이다. 특정 주식의 주당시가를 주당이익으로 나눈 수치로, 주가가 1주당 수익의 몇 배가 되는가를 나타낸다. 어떤 기업의 주식가격이 6만6,000원이라 하고 1주당 수익이 1만2,000원이라면 PER는 5.5가 된다. 여기에서 PER이 높다는 것은 주당이익에 비해 주식가격이 높다는 것을 의미하고 PER이 낮다는 것은 주당이익에 비해 주식가격이 낮다는 것을 의미한다. 그러므로 PER이 낮은 주식은 앞으로 주식가격이 상승할 가능성이 크다.

72. 시가총액

: 전 상장 주식을 시가로 평가한 금액을 말하는 것으로 전 상장 종목별로 그날 종가에 상장주식수를 곱한 후 합계하여 산출하는데 거래소에서 산출·발표하고 있다. 시가총액은 주식시장의 규모를 표시하는 것은 물론 한 나라의 경제규모를 측정할 수 있는 중요한 경제지표로서 의미를 갖고 있다. 국민총생산과 비교함으로써 국민경제 전체에서 차지하는 주식시장의 비중을 알 수 있으며, 또 경제성장률과 시가총액 증감률을 비교함으로써 주식시장 성장이 경제성장에 선행하는가를 파악할 수 있다. 또한 상장주식 시가총액은 국제 간 증권시장 규모를 비교해볼 수 있는 척도로도 이용된다.

73. 나스닥 지수

: 나스닥(NASDAQ, National Association of Securities Dealers Automated Quotation) 지수란 벤처·중소기업들의 주식을 장외에서 거래하는 나스닥 시장의 종합주가지수이다. 나스닥지

수는 지수 100의 기준시점이 1971년 2월 5일이며 이후 나스닥증시의 모든 보통주를 시가총액에 따라 가중치를 부여해 산출하고 있다.

74. 코스닥 지수
: 코스닥시장에 상장된 기업의 주식가격에 주식수를 가중 평균한 시가총액지수를 말한다.

75. 풋옵션
: 콜옵션(Call option)의 반대되는 개념으로 시장가격에 관계없이 특정상품을 특정시점, 특정가격에 '매도'할 수 있는 권리를 말한다. 일반적으로 풋옵션에서 정한 가격이 시장가격보다 낮을 경우에는 권리행사를 포기하고 시장가격대로 매도하는 것이 유리하지만 반대로 옵션행사 가격이 시장가격보다 높을 경우에는 풋옵션 권리를 행사, 차액만큼의 이득을 얻을 수 있다. 팔 수 있는 권리를 보유하게 되는 '풋옵션 매수자'는 '풋옵션 매도자'에게 권리를 넘겨준 대가로 일정 금액을 지불하게 되는데 이를 '풋옵션 가격'이라고 한다. 풋옵션의 가격은 매입당시 시장가치인 본질적 가치에 프리미엄을 덧붙인 금액으로 결정된다. 본질적 가치는 옵션권리를 당장 실현했을 때 받을 수 있는 금액이며 시간가치는 만기일까지 가격변동 가능성이라는 위험부담을 현재가치로 환산한 것이다.

76. 콜옵션
: 기초자산을 정해진 기간 내(또는 정해진 일시)에 일정한 행사가격으로 매수할 수 있는 권리를 말한다. 기초자산 가격이 상승할 것으로 예측되면 콜옵션을 매수해 시세차익을 얻을 수 있다. 상승할 가능성이 낮을 것 같으면 콜옵션을 매도해 프리미엄만큼의 이익을 얻는다. 풋옵션의 반대개념이다. 콜옵션 구매자는 콜옵션 판매자로부터 콜옵션 만기일에, 또는 만기일 이전에 언제라도 옵션대상상품을 옵션 행사가격에 구매할 수 있는 권리를 갖게 되며, 콜옵션 판매자는 콜옵션 구매자가 옵션 기초상품을 구매코자 할 때는 언제라도 판매해야 할 의무가 있으므로 콜옵션이 행사되었을 경우에는 대상상품을 행사가격에 판매하게 된다. 콜옵션을 행사할 수 있는 사람은 콜옵션 구매자이며 콜옵션 판매자는 요구에 따라 수동적으로 움직이게 된다.

77. 파생금융상품
: 채권, 금리, 외환, 주식 등의 금융자산을 기초로 파생된 상품이다. 전통적인 금융상품 자체를 대상으로 한 상품이 아니라 금융 상품의 장래 가격변동을 예상해 만든 '금융상품의 가격움직임'을 상품화한 것이다. 대표적인 파생금융상품으로는 선물, 선물환, 옵션, 스왑 등을 들 수 있으며 이들 파생상품을 대상으로 한 선물옵션, 스왑선물, 스왑옵션 등 2차 파생상품들 이외에도 약 1,200종의 파생상품이 있다.

78. 헷지펀드

: 100명 미만의 투자자들로부터 개별적으로 자금을 모집하여 주로 조세회피지역에 거점을 확보하고 자금을 운용하는 사모투자신탁을 말한다. 주식, 채권 등의 기본적인 금융상품은 물론 선물, 옵션, 스왑 등의 파생금융상품과 원유 등의 1차 상품도 헷지펀드의 투자대상이 되고 있다. 헷지펀드는 시장 또는 상품 간 재정거래와 투기적 거래를 통해 자금을 운용하며 펀드자산을 담보로 자금을 차입, 이를 재투자함으로써 높은 위험을 부담하고 수익률을 극대화하는 것이 특징이다. 따라서 헷지펀드는 시장의 효율성을 높인다는 긍정적인 면도 있으나 높은 레버리지를 이용하는 펀드의 특성으로 인해 국제금융시장을 교란시키는 요인으로 작용하는 부작용도 초래하고 있다.

79. 신용파생상품

: 금융기관 등이 신용대출 및 금융자산 투자에 따른 신용리스크를 회피하기 위해 신용리스크를 이전시키고, 상대방은 신용리스크를 흡수함으로써 수익을 올릴 수 있는 파생금융상품 또는 금융기술을 총칭하는 말이다.

80. 모기지론

: 법률적 관점에서는 모기지(mortgage)는 금융 거래에서 부동산을 담보로 하는 경우 그 부동산에 설정되는 저당권 또는 그 저당권을 나타내는 증서를 말하며, 모기지론(주택저당대출, mortgage loan)은 그러한 저당증권을 발행하여 장기주택자금을 대출해주는 제도를 가리키는 말이다. 그러나 일상적으로는 '모기지론'을 간단히 '모기지'로 쓰는 경우가 많다. 대한민국에서는 한국주택금융공사가 운용한다.

Part 2. 중국 경제특강

---

81. 원바오

: 등소평의 3단계 발전전략 중 1단계인 원바오(溫飽)는 의식(衣食)이 풍족한 생활을 말한다. 음식을 배불리 먹고, 옷을 따뜻하게 입는 풍족한 생활을 가리킨다.

82. 샤오캉

: 중국이 2020년 건설을 목표로 하고 있는 사회상이다. 샤오캉(小康)은 의식주를 걱정하지 않는 물질적으로 안락한 사회, 비교적 잘사는 중산층 사회를 의미한다. 장쩌민 국가주석이 2002년 16차 당 대회에서 "2020년까지 전면적인 샤오캉 사회를 달성하겠다"고 말한 이후 중국 발전의 상징어로 자리 잡고 있다.

83. 따퉁

: 등소평의 3단계 발전전략 중 3단계인 따퉁(大同)은 말 그대로 태평성대를 뜻한다.

84. 중진국 함정

: 개발도상국이 경제발전 초기단계에서는 순조로운 성장세를 보이다가, 중진국 수준에 이르러서는 성장이 장기간 둔화되어 정체되는 현상을 뜻한다. 2006년 국제통화기금(IMF)이 제시한 개념으로, 중진국 함정에 빠지게 되면 고속 성장을 하던 국가 내부의 문제들이 집중적으로 폭발해 산업 구조의 선진화 및 도시화, 빈부 격차의 가속화 등 각종 사회 모순들이 드러나게 된다.

85. 생산요소

: 재화·용역의 생산에 필요한 요소를 말하며 전통적으로는 자본·노동 및 토지로 분류된다.

86. 한계 생산성 체감의 법칙

: 일반적으로 다른 생산요소는 불변으로 하고 한 요소만이 가변적일 때 그 요소의 한계생산성은 초기에는 증가하다가 어느 수준을 지나면 차차 감소하게 되는 경향을 보이는 것을 말한다.

87. R&D

: 연구개발로서 'research'는 기초연구와 그 응용화 연구, 'development'는 이러한 연구 성과를 기초로 제품화까지 진행하는 개발업무를 가리킨다.

Part 3. 유럽 경제특강

88. 브레튼 우즈 협정

: 브레튼 우즈 체제(Bretton Woods system)는 국제적인 통화제도 협정에 따라 구축된 국제통화 체제로 2차 세계대전 종전 직전인 1944년 미국 뉴햄프셔 주 브레튼우즈의 45개국이 참가한 연합국 통화 금융 회의에서 각국의 대표들이 협의 하에 탄생되었다. 이 협정을 브레튼 우즈 협정이라 부른다. 협정에 따라 국제통화기금(IMF)과 국제부흥개발은행(IBRD)이 설립되었다. 통화 가치 안정, 무역 진흥, 개발도상국 개발을 목적으로 하며 환율을 안정시키는 것이 주요한 목표였다.

89. 국제수지

: 한 나라가 일정한 기간에 다른 나라와 행한 모든 경제거래를 집계한 계정이다. 이것을 하나의 표로 나타낸 것을 국제수지표라고 한다. 국제수지표는 한 나라 국민경제의 총괄적인 대외거래

를 파악할 수 있도록 해주고, 정부가 통화·재정·무역정책을 수립하는 데 중요한 자료로 사용된다.

90. 국제청산동맹

: 국제적 어음교환소의 역할을 하는 은행기관(일반적으로 각국의 중앙은행)의 국제적 연합체. 정산방법은 일국이 어느 나라에 대한 국제수지의 적자를 다른 나라에 대한 국제수지의 흑자로 상계·결제하는 것이지만 거래상대국 전체와의 순전한 흑자 내지 적자만을 그 대상으로 한다.

91. 방코르

: 영국 정부가 제안한 국제 청산동맹안(영국의 경제학자 케인즈가 제안) 속에서 창설이 시도되었던 국제통화이다. 방코르는 금을 기준으로 한 일정한 가치에 고정되며(절대 불변은 아님), 이것을 공통의 국제통화단위로 하여, 각국은 자유통화의 평가를 방코르로 표시한다. 그리하여 각국은 동맹 안에 방코르 계정을 개설하고, 이 계정의 대체에 의하여 국가 간의 결제를 한다.

92. 당좌계좌

: 은행이 예금자의 요구에 따라 예금액의 일부 또는 전부를 언제든지 지급할 것을 약속하는 계좌이다. 지급을 요구할 때는 반드시 수표 또는 어음을 발행하도록 되어 있다. 이것은 은행이 예금자의 출납을 대행하므로 예금자의 비용과 노력을 절약시켜주며, 은행에서는 장기적 대출 등의 운용이 불가능하므로 무이자인 것이 원칙이다. 다른 계좌는 이자나 저축을 목적으로 하는 데 비해 당좌계좌는 자금의 보관이나 지급 위탁을 주목적으로 한다.

93. IMF

: 국제통화기금(國際通貨基金, International Monetary Fund)은 환율과 국제 수지를 감시함으로써 국제 금융 체계를 감독하는 것을 위임받은 국제기구이다. 회원국의 요청이 있을 때는 기술 및 금융 지원을 직접 제공한다. 국제통화기금은 세계무역의 안정된 확대를 통하여 가맹국들의 고용증대, 소득증가, 생산자원개발에 기여하는 것을 궁극적인 목적으로 한다.

94. 화폐가치

: 화폐가 상품을 지배할 수 있는 힘, 즉 화폐의 구매력을 뜻한다. 다시 말해 화폐가치는 상품에 대한 화폐의 교환가치를 의미한다. 물가가 상승하면 화폐가치는 하락하고, 반대로 물가가 하락하면 화폐가치는 상승한다. 화폐가치는 국내적으로는 상품의 구매력을 가지고, 대외적으로는 자국 화폐와 외국 화폐와의 교환 비율, 즉 외국환 시세에 의해서 표현된다.

95. 유럽환율조절매커니즘

: 유럽환율조정장치(ERM, European Exchange Rate Mechanism)는 불안정한 세계의 환율변동에 대응하여 유럽 환율시장의 안정을 꾀하고, 유럽이 관세동맹이나 공동시장을 넘어 단일

통화를 통한 단일경제권으로 이행하기 위해 1979년 3월 설립한 유럽통화제도(EMS)의 핵심적인 제도로, 각 회원국의 통화 상호간 환율이 일정 범위 내에서 변동되도록 조정하는 역할을 했다.

96. 단기금리

: 적용 기간이 1년 미만인 금리를 단기 금리라고 한다. 콜 시장 금리, 정부 단기 증권금리의 어음 할인율 등은 단기 금리의 대표적인 것으로 이밖에 단기 예금 금리나 단기 대부 금리도 포함된다.

97. 외환보유고

: 외환보유고(外換保有高)는 중앙은행 및 외국 국립 은행 등에 예치된 외국 통화 예금이다. 정부의 자산으로 달러, 유로, 엔화 등이 준비 통화로 사용된다. 일반적으로 외환보유고는 중앙은행을 통해 자국의 통화를 매입하여 환율을 안정시키는 데 사용한다. 각 국가는 외환 투기 및 경제적 충격으로부터 환율이 급격히 변동되는 것을 막기 위해 외화를 비축한다.

98. 스네이크 체제

: 유럽통화제도 가맹국 통화의 대미환율 변동폭과 가맹국 통화 간의 환율변동폭을 상하 2.25% 내에서 운영하게 함으로써 그 변동이 마치 뱀의 모습과 흡사하다는 점에서 유래하였다. 공동변동환율제라고도 한다. 역내통화 간의 환율안정을 위해, 환율변동폭을 일정한 범위 내로 유지하고 있는 EC의 공동변동환율제를 말한다. 참가국 상호 간에는 고정평가를 유지하면서, 달러 등 역외통화에 대해서는 유동화시킴으로써 시장실세에 의해서 환율이 결정되도록 하는 제도이다.

99. 역내무역

: 역내무역(域內貿易)은 경제협력이 이루어지고 있는 광대한 지역 내의 조직적인 무역 교류를 말한다. 관세동맹이나 자유무역지역 등과 같이 경제통합이 이루어진 지역에서 가맹국 간에 이루어진다. 전형적인 역내무역으로는 유럽공동체(EC)와 유럽자유무역연합(EFTA)의 가맹국 간의 무역이 있다.

100. EU 집행위원회

: EU 집행위원회는 유럽 연합(EU)의 회원국 정부의 상호동의에 의해 5년 임기로 임명되는 위원들로 구성된 독립 기구이며, 유럽 연합의 보편적 이익을 대변하는 초국가적 기구이다. 공동체의 집행기관으로서 심장 역할을 하고 있는 위원회는 공동체의 법령을 발의한다. 권고와 계획안 작성을 통해 위원회는 이니셔티브권과 제안권을 행사한다. 위원장은 조제 마누엘 바호주이다. 이 같은 위원회의 권한은 회원국 정부의 대표들로 구성된 유럽연합이사회의 권한에 대해 공동체적 균형을 형성한다. 현실적으로 유럽연합이사회의 법령 의결 및 제정은 집행위원회의 발의를 바탕으로 하도록 되어 있다. 공동체 조약의 수호자인 위원회는 그 밖에도 회원국들의 조약 이행을 감시하는 역할을 맡고 있다. 공동체의 집행기관인 위원회는 유럽연합이사회로부터 공동체 법령의 실행 그

리고 특히 공동 정책과 통합 단일 시장의 실현을 위한 중대한 임무를 위임받고 있다. 유럽 위원회는 경쟁분야 내에서는 대단히 중요한 권한을 누리고 있다. 그리고 공동체 예산의 전안을 작성하며, 공동체의 공적 개입에 따른 재정 부담을 충당하는 데 배당된 구조기금을 관리한다.

101. 환차손

: 외화자산 또는 부채를 보유하고 있을 경우 환율변동에 따라 자국통화로 평가한 자산(부채)의 가치가 변동하게 된다. 이때 이익이 발생한 경우 환차익이라고 하고 반대로 손실이 발생한 경우를 환차손이라고 한다.

102. 최적통화지역

: 단일 화폐가 통용되기에 가장 적합한 지역을 말한다. 국가 간 환율을 고정시키는 것은 단일 화폐를 사용하는 것과 같은 효과를 가지므로 국제경제에서의 최적통화지역(OCA, Optimum Currency Area)이란 고정환율제도의 유지에 적합한 지역을 말한다. 최적통화지역이 되기 위해서는 각국 간 대외불균형이 발생하더라도 인플레이션 등의 경제적 비용을 지불하지 않고서도 불균형이 해소되어야 한다. 이를 위해서는 금융시장의 통합과 경제정책의 협조, 생산요소의 자유로운 이동이라는 요건이 충족되어야 한다. 그렇지 않으면 고정환율을 유지한 상태에서 인플레이션, 실업 등의 경제적 비용을 지불하지 않고서는 대외불균형을 해소할 수 없기 때문이다. 국제통화제도의 논의도 이러한 최적통화지역의 크기에 대한 견해차로 귀결된다. 즉, 고정환율제는 전 세계를 하나의 최적통화지역으로 보는 반면 변동환율제는 한 나라만을 최적통화지역으로 보는 것이다.

103. 외환안정비용

: 외환당국이 외환시장에 개입하여 적극적으로 외환의 매매를 조작함으로써 자국 통화의 대외가치를 안정시키거나, 혹은 투기적인 외화의 이동을 규제하기 위하여 마련된 외화자금을 의미한다. 이는 외환정책의 일환으로 운용되는 외환조작자금의 일부이며, 외환통제자금제도의 가장 전형적인 유형이다.

104. 실질실효환율

: 교역국 간의 물가변동을 반영한 실효환율로서 교역 상대국과의 상대 물가 지수를 이용하여 산출한다. 즉 물가변동에 따른 실질구매력의 변동을 실효환율에 반영하기 위해 명목환율을 교역상대국의 상대적인 물가지수로 나누면 실질실효환율이 얻어진다. 각국 상품의 국제경쟁력이 중장기적으로는 각국 내의 상대적 물가상승률에 의해 좌우된다는 점에 착안, 현재의 명목환율 혹은 통화가치가 국제경쟁력을 감안할 경우 어느 수준에 있는가를 평가하기 위해 개발됐다.

105. 하이퍼 인플레이션

: 하이퍼 인플레이션(Hyper inflation)이란 경제학적으로 물가상승이 통제를 벗어난 상태로서 수백퍼센트의 인플레이션율을 기록하는 상황을 말하며, 이의 원인은 전쟁이나 경제불안 등으로 인한 재화와 서비스의 희소성이 증가하여 가격이 상승하고, 정부가 이를 통제하지 못하고 계속된 화폐발행을 실행할 때 나타난다.

106. 변동환율 제도

: 환율을 외환시장의 수요와 공급에 의해 자유롭게 결정되도록 하는 환율제도이다. 변동환율제도는 환율의 실세를 반영하여 융통성 있게 변동할 수 있는 장점이 있으나 환투기의 가능성이 있을 때에는 환율의 안정을 잃게 되는 단점이 있다.

107. 마스트리흐트 조약

: 마스트리흐트 조약(Maastricht Treaty, 공식적으로는 유럽연합에 관한 조약)은 1992년 2월 7일, 네덜란드 마스트리흐트에서 유럽 공동체 가입국이 서명하고 1993년 11월 1일부터 발효한 조약으로 유럽연합의 기초가 되는 조약이다. 이 조약은 유로화의 도입을 이끌었으며, EU의 세 가지 중심 구조(경제 및 사회 정책, 공동의 외교 및 안보, 사법과 국내 문제)를 제안했다. 공동의 외교 및 안보에 관한 조항은 유럽 정책 연합(EPC, European Political Cooperation)의 기초 위에 만들어졌으나 이것을 더 확대해 조약으로 만들었다. 사법과 국내 문제에 관한 조항은 사법 집행, 형법 재판, 민사 문제, 임시 피난처(Asylum) 및 이민에 대한 협력에 관한 것을 담고 있다.

108. 국제수지

: 국제수지(國際收支)는 일정 기간에 걸친 나라(또는 그에 준하는 지역)의 대외경제거래(재, 서비스, 소득의 거래, 대외자산)를 기록한 것이다. 국제 간에 있어서의 경제 거래의 결과 화폐가 이동한다. 지급의 흐름(지급 계정)과 수취의 흐름(수취 계정)이 그것이다. 이 두 가지 흐름을 어떤 일정 기간(보통은 1년)에 걸쳐 종합적으로 기록한 것이 국제수지표이다. 따라서 국제수지는 국제 거래의 화폐적 측면에서 착안한 것이며 또 그것은 일정 기간의 유동성을 문제 삼은 것으로 국제 대차와는 다르다. 후자는 대차대조표처럼 어느 일정 시점을 문제로 한 것이며, 일정 시점에서 나라와 나라 사이에 존재하는 채권 채무의 현 재고로서의 스톡을 나타낸 것이다. 그런데 국제수지의 내용은 대별하여 경상계정(또는 소득계정)과 자본계정으로 나뉜다. 경상계정 속에는 상품 수출입, 해운·보험·여행·관광 등 서비스의 이전, 송금·증여(贈與) 등 일방적 지불이 들어가고, 자본계정 속에는 장기 자본 이동, 단기 자본 이동 및 금(金)의 이동이 포함된다. 경상계정은 재(財)와 서비스의 수출입과 증여에 대해서 자국에 유입되는 수취액을 좌측 란에, 지급액을 우측 란에 총거래 액으로 기록하는데, 자본계정은 경상 거래에 의해 야기된 대외채권 채무의 변화와 화폐용 금의 이동을 나타낸다. 다만 대외채권 채무의 변화는 자산 부채의 순 증감액으로 표시된다. 경상계정의 잔고와 자본계정의 잔고는 복식 부기의 원리에 따라 일치한다. 국제 거래 중, 상품 무

역(눈에 보이는 무역)이 중요한 위치를 차지하고 있다는 사정도 있어서 중상주의(重商主義) 이래 무역 수지와 무역 외 수지로 나누는 습관이 있는데, 이론적으로는 경상계정과 자본계정으로 나누어야 한다. IMF의 표준 형식이 이 방식을 채택하고 있는 것은 이 때문이며 대한민국에서도 IMF 표준 형식을 채택하고 있다. 국제수지표의 좌변의 합계와 우변의 합계는 항등적으로 같고 국제수지는 사후적·형식적으로는 반드시 균형을 취한다. 또한 국제수지의 순조(順調)나 역조(逆調)라 할 경우에는 경상계정의 수지에 대해서 말하는 것으로서 일반적으로 국제수지가 불균형하게 되었다든가 혹은 적자가 되었다고 할 경우는 경상계정을 가리키고 있는 것이다.

109. 재정기능

: 현대의 재정은 어느 나라에서나 경제에 큰 비중을 차지하고 있으며, 이로 인해 재정이 민간경제에 미치는 영향은 매우 크다. 이와 같은 재정의 경제적 기능은 크게 네 가지로 나눌 수 있다. 첫째, 재정이 유효수요의 일환으로서, 생산 활동을 자극하고 국민소득 수준을 높이는 역할을 한다. 재정지출의 증가는 재정지출승수를 통하여 그의 몇 배가 되는 국민소득의 증가를 가져오며, 조세 등에 의한 재정수입증가는 재정수입승수(財政收入乘數)의 작용에 따라 그의 몇 배가 되는 국민소득의 감소를 가져온다. 둘째, 재정의 산업 활동에 대한 기능이다. 재정은 경제정책의 구체적인 수단이며, 재정지출을 통한 각종 산업정책, 조세특별조치 등을 통한 기업 감세·저축장려·투자우대의 제반정책, 재정투융자정책을 통한 재정자금의 공급 등에 의하여 각 경제부문 및 각 산업을 발전 또는 정체시키고, 나아가서는 산업구조 및 경제구조를 변동시키는 역할을 한다. 셋째, 재정의 재분배기능이다. 소득세의 누진세제는 세차인 후의 소득분배를 평등화한다. 또 재정지출 중의 사회보장관계 등의 이전적 지출은 소득을 재분배하는 기능을 행한다. 넷째, 재정의 금융적 기능이다. 이에는 재정투융자 등에 의한 재정자금이 공급된다는 측면과 더불어 한편으로, 조세 등 재정수입은 민간통화를 흡수하는 것이고, 재정지출은 민간에 대하여 통화를 공급하는 것이라는 의미에서 재정은 통화공급기구라는 또 하나의 측면을 갖는다.

110. 유럽중앙은행

: 유럽중앙은행(European Central Bank)은 1999년 유럽통화연맹(EMU, European Monetary Union) 출범으로 형성된 유로지역에서, 단일통화 정책을 수행한다. 유럽연합 조약은 유럽중앙은행의 최우선목표를 '물가안정의 유지'로 규정하고 있다. 유로 시스템, 즉 유럽중앙은행과 회원국 중앙은행의 기본 과제는 유로지역의 통화정책을 정의하고 시행하는 것이다. 아울러 외환업무를 수행하고 회원국의 공적 외환보유액을 보유하고 관리하는 역할을 담당한다. 유로 시스템은 또 지급 결제시스템의 원활한 운용을 촉진한다. 유럽중앙은행은 유로지역에서 독점적인 은행권 발행 권한을 가지고 있기도 하다.

111. 드라크마

: 그리스의 화폐(은화) 단위이다.

112. 디폴트

: 디폴트 또는 채무불이행(non payment)이란, 민간 기업이 공채나 사채, 은행 융자 등을 받았는데 이자나 원리금을 계약대로 상환할 수 없는 상황, 또는 정부가 외국에서 빌려온 차관을 정해진 기간 안에 갚지 못하는 경우를 말한다. 뿐만 아니라 차관 계약상 부과의무 사항을 위반한 경우에도 디폴트가 성립한다. 디폴트(채무불이행) 상황이라고 판단한 채권자가 채무자나 제3자에게 통보하는 것을 디폴트 선언(declaration of default)이라고 한다. 디폴트가 선언되면 채권자는 디폴트 선언을 당한 채무자에게서 상환 날이 되기 전에 빌려준 돈을 회수할 수 있다. 한 융자 계약에서 디폴트가 선언되면 다른 융자에서도 채권자가 일방적으로 디폴트를 선언할 수 있는데, 이것을 크로스디폴트라고 한다. 채무자가 원리금이나 이자 등을 계약에 정해진 상환일까지 지불하지 못할 경우, 단순한 태만으로 지불하지 못할 경우, 채무자의 의사가 중개인 때문에 제대로 전달되지 않았을 경우에는 지불유예 기간이 주어진다. 계약 문서에는 의무 위반으로부터 채권자를 보호하고 구제하기 위해 유예 기간 조항이 들어가지만, 그 의무가 신용의 기초를 이루는 것이거나 위반 사항이 신속히 해결될 가능성이 없을 경우에는 적용되지 않는다. 공채나 사채, 은행 융자 등에 디폴트가 발생하는 위험을 디폴트 리스크라고 하며, 국가와 관련된 디폴트 리스크를 컨트리 리스크라고 한다. 이에 비해 모라토리엄(moratorium)은 빚을 갚을 시기가 되었으나 부채가 너무 많아 일시적으로 상환을 연기하는 것으로 '채무지불유예'라고도 한다.

Part 4. 일본 경제특강

113. 경상 GDP

: 경상 GDP는 당해 연도의 최종생산물의 수량에 당해 연도의 시장가격을 곱하여 산출되는 GDP이다.

114. 가나가와 화친 조약

: 가나가와 조약(Convention of Kanagawa)은 1854년 3월 31일에 체결된 미국과 일본의 조약으로서 미 해군의 매슈 페리와 일본의 천황 사이에 체결된 조약이다. 조약은 몇몇 구역을 개항하는 것을 포함하였는데 지금의 시모다 시와 하코다테는 이때 개항하게 되었다. 미국과의 무역을 목적으로 개항한 이들 항구는 미국 선박의 안전을 보장해줄 것을 요구하는 한편 페리의 함대에 굴복한 일본이 맺은 조약이었기에 불평등조약일 수밖에 없었다. 하지만 200년간 유지되던 일본의 쇄국이 문을 열게 되는 계기가 된다. 사실 페리는 일본의 행정관들이 아닌 국가 수장과 담판을 짓겠다는 입장을 굳건히 하였다. 하지만 당시 일본에서 쇼군 도쿠가와 이에요시가 실권자였으므로 그는 쇼군을 비롯한 대표자들과 협상을 맺기로 합의한다. 가나가와 조약으로 인하여

1860년 내분이 일어나기도 하였으며 황제에 실권이 다시 집중됨에 따라 1868년 이 조짐이 완전히 없어진다. 미국과의 수교가 맺어지자 러시아, 프랑스, 영국 등이 일본 열도에 본격적으로 다가서기 시작하였다.

115. 메이지유신

: 1854년 미국의 무력에 굴복하고 문호를 개방하면서 서구의 군사적 위력을 느낀 일본은 하층 무사들이 주동이 되어 에도 막부를 타도하는 존왕 운동이 일어났다. 1867년에는 국왕 중심의 새 정권이 성립되고, 이듬해 5개조의 어서문이 발표되면서 개혁이 시작되었는데, 이를 메이지유신이라고 한다. 이로써 700년에 걸친 무인 정치가 막을 내리고 왕권이 회복되었다. 그 뒤 일본은 중앙집권 체제 강화와 산업 육성, 군비 확충을 위한 부국강병 정책을 폈으며, 헌법이 제정되고 의회가 개설되었다. 그러나 일본의 헌법은 국왕의 신성불가침을 규정하여 의회를 통한 왕권의 견제는 이루어질 수 없었다. 결과적으로 일본의 근대화는 국수주의, 군국주의, 제국주의로 치달았다.

116. 단카이 세대

: 단카이 세대는 일본에서 제2차 세계대전 이후 1947~1949년 사이에 베이비붐으로 태어난 세대를 말한다. 단괴세대라고도 한다. 단카이 세대와 관계가 밀접한 키워드는 수험전쟁, 경쟁, 학생운동, 청바지, 뉴뮤직, 뉴패밀리 등으로 이문화(異文化)와 다른 가치관이 그 시대에 외국으로부터 도입되었다. 그들은 콜라, 햄버거와 같은 미국문화의 상징들을 적극 수용하였고 대중소비세대의 주역이었으며 물질적으로 풍요로운 시대를 보냈다. 그때까지 일본 남성들에게 찾아볼 수 없었던 패션에 대한 관심과 그룹사운드, 포크송, 장발이 단카이 세대의 상징이었다.

117. 경박단소

: 잘 팔리고 있는 상품이 가지고 있는 '가볍고', '얇고', '짧고', '작은' 특성을 말한다. 유통업계에서 사용되어온 말로, 그 반대어는 중후장대이다. 소비자의 욕구 면에서 주거 공간의 여유 확보, 휴대하기 쉬운 소형 고성능 제품에 대한 욕구, 가볍고 담백한 기호품의 욕구 등이 강화되고 있는 것 등을 기본적 배경으로 하고 있다. 탁상용 계산기, 텔레비전, 컴퍼넌트 스테레오 등의 소형화, 박형화, 소형 경량 자동차, 저니코틴 담배, 문고판서적, 북클릿 등의 보급이 좋은 예이다. 또 급성장을 하고 있는 정밀 기계나 전기·전자 기계 등의 기계 산업을 '경박단소' 형으로 보는 한편 종래 구조적 불황에 있던 장치형의 기초 소재 산업이나 조선업 등을 '중후장대' 형으로 보는 등 업종 구분을 할 때도 사용되는 경우가 많다.

118. 머스키법

: 1970년 12월 E. S. 머스키 상원의원의 제안으로 성립된 미국의 대기오염 방지법이다. 이 법의 자동차에 대한 규제(規制)로서는 일산화탄소와 탄화수소는 1975년형 차에서, 질소산화물은 1976년형 차에서 각각 평균 배출량을 5년 전 차의 90%로 줄여야 되는 것으로 했으며, 그러한 규

제로 5만 마일(8만km)의 주행에 견딜 수 있도록 정하고 있다.

119. 플라자 합의

: 플라자 합의(Plaza Agreement 또는 Plaza Accord)란 1985년 9월 22일 미국 뉴욕에 있는 플라자 호텔에서 G5 경제선진국(프랑스, 서독, 일본, 미국, 영국) 재무장관, 중앙은행총재들의 모임에서 발표된 환율에 관한 합의를 가리킨다. 당시 미국은 대외 무역수지 불균형과 안으로는 재정적자에 시달리고 있었다. 일본 자동차에 의해 일자리를 잃은 미국 노동자들이 일본 차량을 부수며 시위를 하기도 하였다. 이것이 레이건 정부의 유명한 쌍둥이적자이다. 그리하여 경제선진 국들에 도움을 요청하여 성립한 합의가 플라자 합의이다. 합의에서는 달러화의 가치를 내리고 엔화의 가치를 높이는 정책이 채택되었다. 발표일 다음 날에 달러화 환율은 1달러에 235엔에서 약 20엔이 하락하였다. 1년 후에는 달러의 가치가 거의 반이나 떨어져 120엔 대에 거래가 이루어지는 상태까지 되었다. 이 합의로써 일본에서는 급속한 엔고 현상이 진행되어 엔고에 의한 불황의 발생이 우려되어 저금리 정책의 시행이 계속되었다. 이 저금리 정책이 부동산이나 주식에로의 투기를 가속화하여 거품 경제 가열을 초래하였다. 또 엔고에 의하여 일본 경제의 규모는 상대적으로 급속히 확대되었다. '반액 세일'이라고까지 일컬어지는 미국자산 사들이기, 고부가가치 상품의 생산, 해외여행의 붐, 자금이 싼 나라로의 공장 이전 등이 계속되었다. 이러한 현상을 일본인들은 일억총중류라는 개념으로 파악하기도 하였다.

120. 전환사채

: 전환사채(轉換社債, CB; Convertible Bonds)란 주식으로 전환할 수 있는 권리, 즉 주식으로의 전환권이 인정되는 사채를 말한다. 일반 채권과 똑같이 만기일이 정해져 있고 그때까지는 정기적으로 이자가 지급되는 채권이기도 하다. 투자자는 사채의 확실성과 주식의 투기성을 비교, 교량하여 선택할 수 있으며, 발행회사는 전환에 의한 사채상환의 효과를 누릴 수 있고 이자비용의 감소에 의한 자금조달상의 편의를 주는 의미를 지닌다. 발생은 원칙적으로 이사회가 결정하나 정관의 규정에 의해 주주총회가 결정할 수도 있다.

121. 신주인수권부 사채

: 미리 정해진 가격으로 일정액의 신주를 인수할 수 있는 권리가 붙은 채권이다. 전환사채(CB)와 다른 점은 전환사채가 전환에 의해 그 사채가 소멸되는 데 비해 신주인수권부사채는 인수권의 행사에 의해 인수권 부분만 소멸될 뿐 사채부분은 계속 효력을 갖는다는 점이다. 따라서 인수 권리를 행사할 때에는 신주의 대금은 따로 지불해야 한다. 신주인수권부사채의 가격은 전환사채의 경우와 마찬가지로 주가가 행사가격보다 높아지면 주가와의 연동성이 강해지고 주가가 행사가격보다 낮아지면 채권으로서의 이율이 중시돼 형성된다. 한편 3일부터는 신주인수권만 따로 떼어 거래되는 신주인수권 시장이 별도로 형성된다. 만기보장, 수익률, 인수권 행사자격 등 발행조건이 대체로 전환사채의 경우와 같다.

122. DTI

: 총부채상환비율(Debt-to-income ratio)은 총소득에서 부채의 연간 원리금 상환액과 기타 부채의 이자 상환액을 합한 금액이 차지하는 비율이다. 한국에서는 부동산 투기 과열에 따라, 2007년 은행권에서 투기지역과 투기과열지구에 대하여 주택담보대출에 DTI 규제를 확대하였다. 소득을 적게 신고한 자영업자나 상환능력은 있지만 현재 소득이 없는 은퇴자의 경우에 불리하게 적용될 수 있다.

123. LTV

: 담보 인정 비율(LTV, loan-to-value ratio)은 금융기관에서 대출을 해줄 때 담보물의 가격에 대비하여 인정해주는 금액의 비율을 말한다. 흔히 주택담보대출비율이라고도 한다. 대출자 입장에서는 주택 등 담보물 가격에 대비하여 최대한 빌릴 수 있는 금액의 비율이라고 생각할 수 있다. 예를 들어 대출자가 시가 2억 원 주택을 담보로 최대 1억 원까지 대출할 수 있다면 LTV는 50%이다.

124. NINJA론

: 'No Income No Job No Asset'의 약자로 일자리나 자산, 수입도 없는 고위험 채무자에게 이뤄진 대출을 뜻한다. 닌자론은 미국의 서브프라임모기지 부실을 초래한 요인이기도 하다.

125. 대차대조표

: 대차대조표(貸借對照表, balance sheet) 또는 재무상태표(財務狀態表, statement of financial position)는 특정시점의 기업의 재정 상태를 알 수 있게 나타낸 재무제표이다. 일반적으로 대차대조표에 표시되는 재무정보들의 기준일인 대차대조표일은 기업의 결산일이며, 때에 따라 반기 또는 분기별로 작성되기도 한다. 대차대조표를 통해서 제공되는 정보는 기업의 대차대조표일 현재의 자산과 부채, 자본의 총계와 그 과목별 내역을 확인할 수 있다. 대차대조표는 일반적으로 복식부기에 의해 작성된 회계정보를 통합하여 만들어지기 때문에 차변의 자산총액과 대변의 부채와 자본총액이 일치하게 된다. 이러한 원리를 대차 평균의 원리라고 한다. 국제회계기준(IFRS)에서는 기존의 대차대조표라는 명칭 대신 재무상태표라는 명칭을 사용한다.

126. 출구전략

: 경제회복을 위해 공급됐던 과잉 유동성이나 각종 완화정책을 경제에 큰 부작용 없이 서서히 거두는 전략. 모든 경제정책에는 긍정적인 효과가 있으면 그에 따른 부작용도 거의 반드시 따르는 법이어서 일정한 정책을 사용했을 경우에는 그 정책의 목표가 어느 정도 달성되었을 경우, 해당 정책을 다시 거둬들일 필요가 있다. 문제는 어느 시기에 어떤 정도로 이를 시행하느냐가 관건이다. 너무 빠르면 해당 정책의 효과가 충분히 발생하기도 전에 이를 철회하는 것이 될 수 있고 너무 늦으면 부작용이 너무 커질 수도 있다. 서브프라임 사태 이후 미국을 비롯한 전 세계 대

부분의 국가들이 이자율을 낮추고 유동성공급을 확대해 왔으나 경기회복에 대한 기대감이 커지면서 원자재가격이 급등하는 등 인플레이션에 대한 우려가 커지고 있다. 이러한 과잉유동성의 부작용을 견제하기 위해 이자율 인상, 채권매입축소 등이 출구전략으로 논의되고 있다. 탈출계획, 탈출전략, 이탈전략 등의 용어로도 쓰인다.

127. 소비세(부가가치세)

: 일본에서 상품을 살 때 상품 값의 일정률로 부과하는 간접세의 일종으로 우리나라의 부가가치세에 해당한다. 일본은 1989년 4월 소비세(3%)를 처음 도입했으며 1997년 4월 자민당 하시모토 정권 당시 5%로 인상했다. 세율을 인상할 당시 말이 많았다. 1996년 일본 경제는 버블 붕괴 이후 가장 높은 성장률인 2.63%를 달성했다. 이에 자신감을 얻은 하시모토 내각은 1997년 부가가치세를 3%에서 5%로 전격 인상하고 의료비 부담을 올리는 결정을 내렸다. 하지만 이로 인해 물건 값이 오르는 등 내수가 위축돼 결국 하시모토 내각은 실각하고 물러났다. 부가가치세 논란은 2000년대 들어 고이즈미 내각 때 다시 불거졌다. 재정난 해소와 복지재원 마련을 위해 소비세 인상이 불가피한 상황이 이어졌기 때문. 하지만 그때마다 소비자뿐 아니라 기업, 야당의 격렬한 반대에 부딪혀 뜻을 이루지 못했다. 또 2011년 노다 요시히코 총리가 부가가치세를 높이겠다고 해 논란이 재개됐다. 처음에 노다 총리는 2013년부터 단계적으로 부가가치세를 올리는 안을 시행하려 했다. 하지만 여당 등의 반발에 직면하고 무려 46시간에 걸친 마라톤 회의 끝에 2012년 6월 여당인 민주당과 야당인 자민·공명당이 소비세 인상에 가까스로 합의했다. 현행 5%인 소비세율을 2014년 8%, 2015년 10%로 단계적으로 끌어올린다는 게 주된 내용이다. 일본은 지금 막대한 국가부채를 메우기 위해 부가가치세 인상이 필요한 상황이다.

경제용어 찾아보기

대한민국 진짜 교양을 책임진다!
교과서를 기반으로 일반인의 교양지수를 높여줄 대국민 프로젝트

최고의 선생님이 뭉쳤다
〈휴먼 특강〉 프로젝트
HUMAN SPECIAL LECTURE

1. 사상 최초, 전무후무한 스타강사진

: 국내 최초로 스타강사, 일타강사를 과목별 저자군으로 선정,
그 어디에도 볼 수 없었던 초호화 스타강사진 형성.
〈최진기·설민석·한유민·이현·이지영 등〉

2. 쉽고, 재미있게! 국민교양서

: 교과서를 기반으로 일반인의 교양지수를 높여줄 대국민 프로젝트.
인생을 살아가는데 꼭 필요한 필수 교양을 마스터하는 대중 지식의 향연.

3. 검증된 〈휴먼 특강〉 기획위원단

: 교과서 출제위원, 사교육계 자문위원, 현직 고등학교 선생님, 대학교수진 등
콘텐츠의 자문과 기획 등 조언을 해주는 검증된 기획위원 도입.

4. 개론과 각론 등 계속해서 이어지는 〈휴먼 특강〉 시리즈

: 긴 호흡을 갖고 종횡으로 스타강사진의 전공과목 및 주제 등을 선정하여 단행본화.
〈인문학·경제학·철학·역사학 등〉

쉽고! 재미있게!
실생활에 당장 써먹을 수 있는
생생한 글로벌 경제 이야기!

왜, 우리는 글로벌 경제를 알아야 하는가?

우리는 어떻게, 강대국의 상황을 파악하고 이해해야 하는가?

우리는 무엇을 배우고 어디로 가야 하는가?

최진기의
글로벌
경제 특강

살아 있는, 삶에 유용한 경제 이야기

최진기 지음

MBC 〈무한도전〉이 선택한
최고의 한국사 선생님 설민석과 함께하는
대국민 '한국사 바로 알기' 프로젝트!

꼭 알아야 하는 우리의 역사!
꼭 지켜야 하는 우리의 문화!

왜, 우리는 한국사를 알아야 하는가?
스타 강사 설민석이 명쾌하게 말하는 쉽고 재미있는 한국사!

설민석의

무도 무지 쉽고 도움 되는

한국사
특강

설민석 지음

『최진기의 끝내주는 전쟁사 특강』 세트

최진기의 끝내주는 전쟁사 특강 1, 2

최진기 지음

가장 대중적인 인문학 강사
최진기가 전쟁을 통해 바라본
세계 역사의 변화

한유민의
그럴법한
생활법률
특강

한유민·조태욱 지음

스타강사와 변호사가 말하는
쉽고 재미있는
생활밀착형 법률 이야기!

법을 알면 세상이 제대로 보인다
민사/형사/비즈니스 3개의 장으로 구성된 일상 속 법률 이야기!

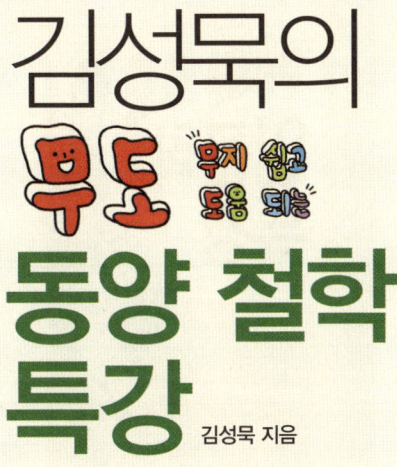

김성묵의 무지 쉽고 도움 되는
동양 철학 특강

김성묵 지음

공자부터 정약용까지,
유학부터 동학까지
한 눈에 파악하는 동양 철학 길라잡이

15년차 스타강사와 함께하는
대국민 '공맹순' 바로 알기 프로젝트!

최진기의
거의 모든
인문학
특강

최진기 지음

죽은 지식이 아닌
'생활밀착형' 인문학을 말하다!

가장 대중적인 인문학 강사 최진기와 함께하는
대국민 '인문학' 바로 알기 프로젝트!

박대훈의
사방팔방
지식 특강

박대훈 + '최선을 다하는 지리 선생님 모임' 지음

스타강사와 현역 지리 선생님들의 지식 프로젝트
지리 속에 숨어 있는 문화/경제/생활/음식/여행/스포츠 등

세상을 품은 지리, 지리를 품은 지식!

〈근간〉

최진기의 정의와 자본 특강 | 이현의 서양 철학 특강 | 최원규의 영어 특강
이지영의 인문학 특강 | 이은직의 고전 특강 | 곽주현의 세계사 특강 등
휴먼 특강 시리즈는 계속 됩니다.

최진기의 **글로벌 경제특강**

살아 있는, 삶에 유용한 경제 이야기

ⓒ 최진기 2013

1판 1쇄 2013년 5월 15일
1판 8쇄 2016년 5월 26일

지은이 최진기
펴낸이 황상욱

기획 황상욱 **편집** 황상욱
디자인 이보람 **마케팅** 방미연 최향모 함유지
홍보 김희숙 김상만 한수진 이천희
제작 강신은 김동욱 임현식 **제작처** 영신사

펴낸곳 (주)휴먼큐브
출판등록 2015년 7월 24일 제406-2015-000096호
주소 10881 경기도 파주시 회동길 210 1층

문의전화 031-955-1902(편집) 031-955-1935(마케팅) 031-955-8855(팩스)
전자우편 forviya@munhak.com **트위터** @humancube44 **페이스북** fb.com/humancube44

ISBN 978-89-546-2129-8 13320

● (주)휴먼큐브는 (주)문학동네 출판그룹의 계열사입니다. 이 책의 판권은 지은이와 휴먼큐브에 있습니다.
● 이 책 내용의 전부 또는 일부를 재사용하려면 반드시 양측의 서면동의를 받아야 합니다.

이 도서의 국립중앙도서관 출판예정도서목록(CIP)은 서지정보유통지원시스템 홈페이지(http://seoji.nl.go.kr)와 국가자료공동목록시스템(http://www.nl.go.kr/kolisnet)에서 이용하실 수 있습니다.
(CIP제어번호: CIP2013004463)